KB273425

차이나 비즈니스 트렌드 2026

차이나 비즈니스 트렌드 2026

반도체·AI·금융·제조·인재까지
세계 경제를 움직이는 중국의 비즈니스 구조와 전략

이선민 권재현 문고운 박철용 박훈종 안현웅
엄운현 우아파파 이충섭 최영진 최현길 Bruce

잇담북스

추천사

20년 넘게 중국을 들여다보며 변함없이 떠올리는 사실이 있습니다. 바로 '뉴스로 보는 중국'과 '현장에서 만나는 중국' 사이의 간극입니다. 『차이나 비즈니스 트렌드 2026』은 그 간극을 메워주는 보기 드문 책입니다. 베이징 산업박람회 현장에서 직접 보고 듣고 걸으며 얻은 통찰을, 반도체·AI·로봇·디지털 금융·럭셔리·콘텐츠·인재 전쟁까지 8가지 전략 축으로 체계적으로 엮어낸, 말 그대로 '2026년 중국 사용 설명서'라 부를 만한 깊이를 갖춘 책입니다.

이 책의 장점은 두 가지입니다.

첫째, 중국을 '규모'가 아니라 '구조'로 읽는다는 점입니다. 반도체 빅펀드와 딥시크 AI모델, BYD·CATL·유니트리 로봇, e-CNY와 알고리즘 트레이딩, '조용한 럭셔리' 소비와 국풍國風 콘텐츠, 996을 넘어 균형을 찾는 인재 정책까지, 각 장은 개별 산업 리포트가 아니라 '중국식 시스템'을 해부하는 분석으로 채워져 있습니다. 그래서 읽다 보면 '어떤 기업이 뜨는가?'라는 질문을 넘어 '어떤 룰을 설계하는 나라가 되었는가?'가 한층 명확하게 보입니다.

둘째, 한국 기업과 투자자에게 무엇을 어떻게 활용할지까지 연결해준다는 점입니다. 단순히 '중국은 크다, 빠르다'에서 끝나지 않고, 어디를 벤치마킹하고 어디에서 냉정하게 거리를 둬야 하는지 산업별·정책별로 구체적으로 짚어줍니다. 중국을 두려움이나 선입견이 아니라, 배울 건 배우고 넘어설 건 넘어서는 전략적 대상으로 바라보게 만드는 책입니다.

저는 이 책을 세 부류의 독자에게 특히 권합니다.

① 중국과 경쟁·협력해야 하는 기업의 CEO와 임원

② 향후 10년간의 자산 배분을 고민하는 실질 투자자

③ 한국의 산업·인재 정책을 설계하는 정책 리더들

중국을 좋아하든 싫어하든, 이 거대한 이웃을 제대로 이해하지 않고 앞으로 10년을 설계할 수는 없습니다. 중국을 둘러싼 소음은 많지만, 정작 이렇게 현장과 데이터를 토대로 쓴 차분한 중국 보고서는 드뭅니다. 이 책이 독자 여러분께 중국을 두려워하는 마음 대신 중국을 도구로 활용하는 지혜를 선물하길 바라며, 기꺼이 이 책을 추천합니다.

– **안유화**(전 성균관대학교 중국대학교 재무론 교수,
국제금융·중국경제 전문가, 중국증권행정연구원 원장)

한국 사회에서 중국이 다시 화두가 되고 있습니다. 제조, AI, 콘텐츠, 인적 자원 등 거의 모든 분야에서 괄목할 만한 성장과 혁신이 이어지면서, 중국을 새롭게 배우려는 흐름도 다시 힘을 얻고 있습니다. 중국을 찾는 기업인과 연구자의 발길이 늘고 있으며, 서점의 진열대에도 중국 관련 서적이 하나둘씩 늘고 있습니다.

이러한 중차대한 순간, 필자는 네 가지 이유로 오늘날의 중국을 이해하는 데 충실한 안내서로 이 도서를 추천합니다.

첫째, 이 책은 수면 위의 트렌드만 스케치하는 시류적 해설서가 아니라, 수면 아래에 놓인 중국 시스템을 짚어내는 입체적 분석서입니다. 현상 묘사에 그치지 않고, 오늘날 중국이 어떠한 구조적 맥락 속에서 형성되었는지까지 보여주는 밀도 높은 보고서입니다.

둘째, 이 책은 중국의 앞날을 가볍게 점쳐보는 추측형 담론이 아니라, 이미 작동하고 있는 중국의 미래를 묵직하게 보여주는 다큐멘터리입니다. AI, 제조, 금융, 콘텐츠, 인적 자원 등 전 세계가 중국에 대해 알고 싶어 하는 핵심 분야를 깊이 있게 다룹니다.

셋째, 이 책은 각 분야 최고 전문가들이 최신 데이터와 현장 방문을 토대로 재해석한 분석이기에, 현업 종사자들에게 실질적이고 괴리감 없는 인사이트를 제공합니다.

마지막으로 『차이나 비즈니스 트렌드 2026』은 중국 분석을 바탕으로 한국 사회와 기업이 앞으로 어떤 방향과 전략을 선택해야 할지에 대해 분명한 시사점을 제시합니다. 범람하는 정보의 홍수 속에 사회 전체가 표류하기 쉬운 지금, 이 책은 중국 경험을 어떻게 한국의 미래에 녹여낼 것인지에 중요한 화두를 던집니다. 일독을 권합니다.

– **정선욱**(서강대학교 경영학과 교수)

서문

2025년 가을, 이 책의 모든 저자는 서울에서 비행기로 두 시간 떨어진 중국 베이징에 도착했다. 첨단 산업 분야에서 급부상하는 중국을 피부로 느끼고자 베이징에서 열리는 한 산업박람회에 방문한 것이다. 이 책은 중국 베이징에서 열린 한 박람회를 넘어 중국 산업 전체에 꿈틀대는 엄청난 역동과 폭발적인 도약의 모습을 여러 산업 분야 전문가의 시각으로 조망한 글이다.

아득한 시간 속에서 중국은 언제나 거대한 몸짓으로 세상을 놀라게 해왔다. 한때는 인구(머릿수)와 생산의 나라였고, 돌을 켜켜이 쌓아 올리듯 산업을 세워 '세계의 공장'이라고 불렸다. 그러나 이제 그 거대한 몸체의 심장이 다시 뛰고 있다. 2015년 5월 발표한 '중국 제조 2025^{Made in China 2025}'가 씨앗이 되어 중국의 2025년은 완전히 다른 리듬으로 호흡하기 시작했다. 이 계획이 발표된 10년 전까지만 해도 중국이 미국이나 유럽 강대국을 위협할 정도로 첨단 분야에서 강국이 될 가능성은 희박해 보였다. 하지만 중국 지도부가 '중국 제조 2025'에 명시한 핵심 기술 분야 10개와 2018년에 추가한 인공지능^{AI} 분야 성과를 분석한 한 보고서에 따르면, 2025년 기준 최소 8개 분야에서 세계 1위를 차지한 중국 기업이 탄생했고, 나머지 산업에서도 선두권 기업을 다수 배출했다. 전기차 분야의 BYD, 배터리 분야의 CATL, 드론 분야의 DJI, 태양광 패널 분야의 론지솔라, 5G 분야의 화웨이, 전력설비 분야의 국가전력망공사, 고속철 분야의 CRRC, 신소재 분야의 바오우스틸이 세계 최정상 자리에 우뚝 섰다.

이런 반면에 우리는 어떠한가? 1970년대에 국가 주도로 중장기 산업 정책을 펼쳐 글로벌 경쟁력을 갖춘 초일류 대기업을 만들어냈던 한국 정부는 현재 제대로 된 산업 정책을 수립하지 못하고 강대국 사이에서 눈치 보며 표류하고 있다. 우리는 지금 세계 1위 기업이라 불릴 만한 기업을 보유하고 있는가?

우리가 실제로 가본 중국에서는 수많은 기계의 심장박동과 알고리즘의 숨결이 얽힌 묘한 음악이 흐르고 있었다. AI와 반도체, 로봇과 디지털 금융이 어우러진 이 새로운 교향곡은 마치 인간이 만든 기술이 인간의 질서를 다시 설계하는 별곡처럼 들렸다. 우리가 만난 중국은 이제 더는 누군가의 지도를 받아 움직이는 추종자가 아니라, 스스로 문명을 설계하는 거대한 디자이너에 가까웠다. 모든 영역에서 중국은 '규모의 시대에서 구조의 시대'로 이동하고 있다. 이 책 『차이나 비즈니스 트렌드 2026』은 바로 그 전환의 현장을 여덟 가지 시각으로 해부한 기록이다.

〈제1부, 용의 두뇌: 반도체에서 AI 굴기까지〉에서는 중국 굴기의 출발점이 반도체임을 알린다. 2014년 '국가 집적회로빅펀드'로 시작된 거대한 실험은 자립과 통제의 전략으로 진화했다. 그러나 7나노 공정과 EUV(극자외선) 장비의 벽은 높기만 했는데, 이 벽 위에서 중국은 새로운 길을 택했다. 바로 'AI'이다. 반도체가 엔진이라면, AI는 두뇌이다. 중국은 이제 자본이 아니라 AI 산업 생태계를 구축해 세계를 정복하려 한다. 결핍을 기어코 성장 동력으로 만든 나라, 바로 현재의 중국이다.

〈제2부, AI 소프트웨어의 혁신과 시장의 변화〉에서는 AI가 더는 기술이 아니라 체제임을 알린다. 중국은 세계 최대의 AI 오픈소스 실험장이 되었고, BATX(바이두·알리바바·텐센트·샤오미)가 주도하는 거대언어모델 LLM 경쟁 속에서 '거대함보다 효율성'을 추구하는 독자 전선을 구축했다. 아이러니하게도 미국발 GPU 수출 봉쇄 시도는 오히려 새로운 혁신의 촉매가 되었다. AI 학습 효율을 높이고, 구형 칩을 조합하며, 자체 알고리즘으로 돌파구를 찾는 과정은 일종의 '기술 민족주의의 실험'이었다. 대표적으로 딥시크가 '소전문가 혼합 모델'을 통해 낮은 비용으로 GPT-4급 성능을 구현하면서 '효율 기반의 혁신'이라는 새로운 경쟁 패러다임을 열었다. AI 관련 특허 등록 건수(중국 69.7% vs 미국 14.2%)를 보면 중국이 얼마나 무서운 국가로 성장하는지 알 수 있다. AI는 이제 중국의 새로운 산업 언어이며, 과학기술 패권을 향한 거대한 영화의 서막을 올리고 있다.

〈제3부, 초격차 제조 굴기의 시작(모바일), 현재(모빌리티), 미래(로봇)〉에서는 중국이 더는 저가 조립국이 아님을 알린다. 값싼 스마트폰의 조립 라인을 지나 비싼 모빌리티와 로봇이 그 자리를 대신했다. BYD의 전기차, CATL의 배터리, 유니트리의 휴머노이드 로봇이 보여주는 것은 단순한 생산력의 확장이 아니다. 완벽한 생태계적 결합에 따른 성과이다. 바야흐로 중국이 자랑하던 저비용 시대는 끝났고, 이제 지능과 전력의 시대가 열렸다. 모빌리티는 바퀴 달린 컴퓨터가 되었고, 로봇은 산업의 새로운 쌀이 되었다. 중국이 만들어가는 '기계화된 인간성' 속에서 기술은 이윤을 뛰어넘는 '주도권 싸움'을 의미한다.

〈제4부, 금융 패러다임의 전환: 화폐·기술·자본의 새로운 질서〉에서는 중국 금융의 디지털화를 알린다. 중국의 금융 생태계는 '국가 통제형 디지털 금융'으로 재편되고 있다. 디지털 위안화e-CNY, 홍콩을 통한 이중 금융(통화 주권+투자 유치) 실험, 알고리즘 트레이딩의 부상, 인내자본 성격을 띠는 공공자본의 활약, 이 모두가 '기술+자본'이라는 교향곡으로서 강력한 지휘자에 의해 연주된다. 중국 금융의 진짜 속도는 자본의 크기로 측정되지 않는다. 자본의 속도를 통제할 수 있는 형태로 설계하는 것, 그것이 중국 금융 모델의 본질이다.

〈제5부, 럭셔리 시장의 변화와 미래 럭셔리 리테일〉에서는 중국 럭셔리 시장의 실상을 알린다. 한때 '보여주기 위한 소비'를 상징하던 중국의 럭셔리 시장은 이제 '취향의 경제'로 진화했다. 중국의 MZ에게 명품은 이제 부의 배지가 아니라 정체성의 언어가 되었다. 이전과 달리 로고보다는 스토리를, 가격보다는 가치를 사기 시작했다. '조용한 럭셔리'의 흐름 속에서 브랜드는 제품이 아니라 경험을 판매한다. 럭셔리 브랜드들은 예술, 문화, 기술을 융합한 멀티센서리 '체험형 공간 비즈니스'로 전환 중이다. 이러한 변화는 명품 시장의 심장이 글로벌에서 로컬로, 물질에서 감성으로 옮겨가고 있음을 보여준다.

〈제6부, 애니메이션 산업의 진화〉에서는 중국 콘텐츠 산업의 성장을 알린다. 중국 애니메이션 산업은 오랜 하청 시대를 청산하고 '국만부흥国漫复兴'의 깃발을 들었다. 애니메이션은 이제 국가 소프트파워의 무기이다. OTT 플랫폼과 머천다이징/커머스 모델, IP 비즈니스의 결합으로 산업 구조가 폭발적으로 성장했다. AI 작화와 데이터 기반 기획 등 기술이 서사를 견인하는 이 새로운 산업은 '문화적 기술력'이라는 새로운 경쟁력을 중국에 안겨주고 있다. 중국 애니메이션은 이제 아시아의 변방이 아니라, 글로벌 콘텐츠 산업의 새로운 중심으로 부상하고 있다.

〈제7부, 중국 기업의 '치열함' 문화와 인재 전쟁〉에서는 탈바꿈하고 있는 중국의 인재 정책을 알린다. 중국 기업 성장의 강박은 '996 근무제(오전 9시~오후 9시, 주 6일)'로 상징되었다. 화웨이의 늑대 정신, 텐센트의 경마 경기 같은 내부 경쟁 시스템, 핀둬둬의 파격적인 성과주의 등 모두가 속도의 제단 위에서 효율을 숭배한 결과이다. 그러나 중국의 인재들도 예외 없이 번아웃과 세대 갈등에 직면하고 있다. 이제 중국은 치열함 대신 균형, 속도 대신 지속가능성을 논하기 시작했다. 젊은 세대는 "드러눕기躺平"를 외치며 새로운 노동 윤리를 요구했고, 기업은 이를 흡수해 속도와 몰입을 재정의하면서 '균형의 시대'로 나아가고 있다. AI와 사람, 효율과 인간성의 경계에서 중국 기업 문화는 또 한 번 진화를 모색하고 있다.

〈제8부, 중국, 자본이 아닌 사람〉에서는 사람이 '무기'인 중국의 신新인해전술을 알린다. 전략의 끝에는 결국 '사람'이 있다고 했던가? 중국은 인재를 인적 자원이 아닌 국가 자산으로 재정의했다. 천인계획을 넘어 정부·지방·기업이 협업하는 인재 생태계를 설계하고, 해외 귀환 인재와 여성 과학자를 결집시켜 새로운 지식경제 플랫폼을 구축하고 있다. 인재를 정책으로 다루지 않고 경험으로 머물게 만드는 구조를 바탕으로 인적 자산을 확보해가고 있다. 중국의 사람 중심 전략은 결국 기술 경쟁력의 기저를 이루는 사람들을 위한 '총체적 경험의 설계'라는 점에서 시사하는 바가 크다.

이상 8부에 걸친 업계 전문가들의 중국 '실물 영접담'을 간략하게 정리해보았다. 2026년의 중국을 읽는 일은 단순히 이웃의 경제를 관찰하는 일이 아니다. 21세기 문명의 변화를 읽는 일이며, 기술과 인간, 통제와 자유의 경계가 어디쯤에서 타협하는지를 묻는 여정이라고 볼 수 있다. 그렇다면 중국을 바라보는 우리는 어떻게 해야 하는가? 아직 희망은 있다. 중국의 산업 굴기는 체제의 크기에서 오는 힘이자, 계획과 속도가 결합된 시스템의 산물이다. 그러나 크기가 곧 지혜를 의미하지는 않는다. 양으로는 중국을 이길 수 없지만 질로는 앞설 수 있다. 전체를 뛰어넘을 수는 없지만 부분에서는 이길 수 있다. 이 책이 그 거대한 흐름 속에서 한국이 중국에게 무엇을 배우고, 어디에 집중해야 하며, 어떻게 그들을 뛰어넘을지 사유하는 지적 나침반이 되기를 바란다.

- **장영균**(서강대학교 경영학과 교수)

차례

추천사   4
서문   6

반도체 & AI

제1부 용龍의 두뇌: 반도체에서 AI 굴기까지

1장 초석礎石 - 반도체 굴기의 빛과 그림자   23

절박함이 쏘아 올린 공: '중국 제조 2025'와 반도체 자립

중앙과 지방의 합작: 국가대기금Big Fund, 허페이 모델, 천인계획

10년간의 성적표: 눈부신 성장과 넘지 못한 벽

2장 비상飛上 - AI 굴기의 현재와 미래   29

세계 1위를 향한 야망: 차세대 AI 발전계획

딥시크 쇼크: 효율성 혁명

설계자의 도구상자: 중국은 어떻게 AI 제국을 건설하는가

혁신의 심장: 중관춘 생태계

미국의 제재를 넘어서려는 안간힘: AI 칩 자립과 생태계 구축

플레이어의 등장: 국가 대표 기업들의 약진

3장 거울과 교훈 - 한국 AI를 위한 제언   37

한중 AI 정책 비교 분석: 무엇이 같고 무엇이 다른가

한국의 청사진: AI 대전환과 초혁신 경제

한국의 길: 양이 아닌 질로 승부하라

제2부 AI 소프트웨어의 혁신과 시장의 변화

1장 거대한 AI 전환의 서막   49

글로벌 AI 패권 시대, 중국은 어디에 서 있는가

중국 정부의 AI 전략과 디지털 굴기

AI 오픈소스 이유와 방향성

2장 AI 소프트웨어의 혁신과 LLM 생태계   55

GPU 규제 및 봉쇄에 대한 소프트웨어 학습 전략
4대 AI 빅테크 및 중소 4대 AI 소프트웨어
AI 산업별 확장 사례
LLM 경쟁과 어니봇의 탄생
오픈소스 LLM 시장의 급성장
AI 스타트업 투자 트렌드와 자본의 흐름
인재 양성과 AI 교육 체계

3장 중국 AI가 세계에 시사하는 점   70

기술 주권 시대의 새로운 패권 경쟁
중국식 AI 발전 모델의 지속가능성
통제된 혁신이라는 딜레마
AI의 공진화와 역할

제조

제3부 초격차, 제조 굴기의 시작(모바일), 현재(모빌리티), 미래(로봇)

1장 제조 굴기의 시작, 모바일   86

시장 구도와 경쟁의 역학 관계
혁신 기술과 프리미엄 시장의 격돌
중국 소비자를 사로잡는 마케팅과 디자인 트렌드
거시 환경과 미래 시장 전망

2장 제조 굴기의 현재, 모빌리티   102

전동화와 함께 시작된 중국 모빌리티의 반격
모빌리티 굴기의 2막: 전동화에서 스마트화로
이미 다가온 모빌리티의 미래(로보택시, eVTOL & 드론)

3장 제조 굴기의 미래, 로봇   129

중국은 로봇 굴기에 왜, 그리고 어떻게 승부를 거는가

로보틱스의 최대 강점, 생태계
중국의 로봇 굴기, 우리에게는 기회가 없는가
모빌리티 굴기의 파장

금융

제4부 금융 패러다임의 전환: 화폐·기술·자본의 새로운 질서

1장 디지털 통화 패권을 노리는 중국　　151
　미국과 중국, G2의 패권 경쟁과 기축통화
　중국의 이중 전략: 규제와 통제 그리고 홍콩을 통한 개방
　한국의 스테이블코인 준비 상황

2장 알고리즘 거래가 바꾸는 새로운 자본시장　　180
　중국 알고리즘 거래의 기술 기반과 성장 배경
　고빈도 매매 동향과 거래소의 대응
　규제 변화와 미·중 생태계 비교
　알고리즘 거래의 위험 요소와 시장 건전성에 대한 도전
　중국식 알고리즘 자본주의 모델의 부상

3장 사모펀드의 겨울과 리스타트: 중국 사모펀드 3.0　　206
　중국 PE/VC 시장 구조 변화
　사모펀드 혹한기: 퍼펙트 스톰이 몰고 온 시장의 냉각
　공공자본의 부상: 시장의 판도를 바꾸는 '보이는 손'과
　하이브리드 시장의 탄생
　투자 흐름의 지형 변화: 새로운 투자 아틀라스

럭셔리

제5부 럭셔리 시장의 변화와 미래 럭셔리 리테일

1장 럭셔리 소비자의 변화   236

MZ세대 럭셔리 소비자의 새로운 가치관
글로벌 럭셔리 브랜드의 전략적 대응

2장 럭셔리 리테일의 혁신 성공 사례   240

젠틀몬스터: 예술-리테일의 경계 파괴
루이뷔통: 체험형 몰입 플래그십의 시대
플래그십 내의 VIP·VIC 맞춤형 전략 - 샤넬의 살롱과 에르메스의
초대형 이벤트

3장 미래 럭셔리 리테일 인사이트   247

럭셔리 리테일의 미래 포맷
기술 진화에 따른 개인화 및 고객 맞춤형 서비스
새로운 라이프스타일 체험으로서 문화 공간 역할
고객 세분화 전략과 차별화 포인트
중국을 넘어 글로벌 럭셔리 리테일 성장을 위한 미래 핵심 전략

Contents

제6부 애니메이션 산업의 진화

1장 애니메이션의 변화 흐름(과거~현재)   261

영유아 타깃 및 외주 중심 제작부터 국만부흥까지
웹툰/웹소설 IP 활용과 OTT 플랫폼의 성장

2장 주요 변곡점과 대표 사례   265

주요 변곡점이 되는 작품 : 〈대성귀래〉, 〈나타지마동강세〉, 〈강자아〉
인디/창작자형 성공 사례의 등장과 OTT 플랫폼의 IP 투자 확대

3장 현재 중국 애니메이션의 특징   272

전통문화와 고유의 신화를 활용한 IP와 정책 주도 제작의 딜레마
OTT와 머천다이징의 결합 및 글로벌 시장 진출

4장 산업·기술·글로벌 전략에 대한 전망   279

HR

제7부 중국 기업의 '치열함' 문화와 인재 전쟁

1장 속도와 혁신이 바꾼 글로벌 판도   289

중국 인사제도의 특징
추월 본능으로 시장을 뒤집은 기업들
데이터가 주도하는 실험 조직, AI 시대의 새로운 속도 경쟁

2장 치열함의 명암과 인재 전략의 진화   297

996 번아웃 시대와 젊은 세대가 일깨운 변화의 시도
AI 패권 경쟁의 기로: 중국의 인재 역량과 노동시장 유연성 관리 전략
반도체 인재 확보 전쟁과 글로벌 스카우트 전쟁
여성 과학 인력: 잠재된 성장동력의 전략적 활용
리텐션과 조직 몰입: 보상·성장·문화의 삼각구도
속도를 넘어 균형의 시대로
젊은 세대의 가치 전환과 조직문화의 변곡점
치열함의 문화, 그리고 새로운 균형의 모색

3장 한국 기업을 위한 시사점: 속도와 몰입의 재정의   313

데이터 기반 속도
실행력과 집중
몰입의 질
본질의 재해석

제8부 중국, 자본이 아닌 사람

1장 중국은 왜 인재에 집착하는가　318
구조적 배경
인재 프로그램의 진화

2장 중국 빅테크의 HR 실험　322
AI 인재 수요의 지형
인재가 머무는 생태계의 다섯 가지 조건

3장 한국의 선택: 인재가 머무는 생태계로　327
한국의 인재 순환 구조, 무엇을 보완할 것인가
인재는 정책이 아니라 총체적 경험으로 머문다
정부의 역할: 규제자에서 설계자로 전환
기업의 역할: 평가하는 조직에서 성장시키는 조직으로

4장 당신은 인재 전쟁에서 승리할 준비가 되어 있는가　332
미래 HR의 혁신: AI, 데이터, 경험이 만드는 새로운 질서
인재 구조 설계의 시대, 관리에서 플랫폼으로

참고문헌　338

반도체 & AI

제1부

용龍의 두뇌: 반도체에서 AI 굴기까지

2025년 9월 18일 상하이에서 열린 '화웨이 커넥트 2025' 행사장에서 순환 회장 쉬즈쥔Eric Xu, 에릭 쉬이 공개한 로드맵 한 장이 참석자의 시선을 사로잡았다. 자체 개발 인공지능AI 칩 '어센드Ascend' 수천 개를 연결한 대규모 컴퓨팅 클러스터의 청사진과 2028년까지 구체적인 개발 일정이 담긴 발표였다. 이는 미국의 강력한 기술 봉쇄 속에서도 중국이 단순한 생존을 넘어 미래 기술 주도권을 향해 질주하고 있음을 보여주는 상징적인 장면이었다.

이 광경은 우리에게 근본적인 물음을 던진다. 왜 중국은 반도체와 AI, 두 기술 영역을 동시에 밀어붙이는 전략을 선택했을까? 답은 명료하다. 두 기술은 분리된 영역이 아니라 하나의 거대한 국가 전략을 구성하는 쌍둥이 기둥이기 때문이다. 반도체는 AI를 작동시키는 물리적 토대이고, AI는 미래 산업 경쟁력의 핵심이다. 마치 심장과 두뇌가 서로 연결되어 있듯 이 둘은 긴밀하게 얽혀 있다.

2014년 중국이 '반도체 굴기'를 선언했을 때만 해도 회의적인 시각이 지배적이었다. 반도체는 수십 년간의 기술 축적이 필요한 분야이고, 중국이 너무 늦게 출발했다는 평가가 많았다. 그러나 10년이 지난 지금, 비록 당초 목표했던 '자급률 70%'에는 미치지 못하지만 중국 반도체 산업은 눈에 띄게 성장했다. 2014년 약 3,000억 위안이던 산업 매출은 2024년에 1조 위안을 돌파했고, 팹리스(반도체 설계 전문) 기업 수는 680여 개에서 3,000개 이상으로 급증했다.

더 주목할 만한 변화는 AI 영역에서 일어났다. 2025년 초, 항저우의 스타트업 딥시크DeepSeek의 R1 모델 개발은 업계에 적잖은 충격을 안겼다. 이 모델은 선도 모델 훈련비용의 1% 수준(약 4억 원)으로 오픈AI의

GPT-4에 필적하는 성능을 구현해냈다. 최첨단 고성능 칩을 제대로 공급받지 못하는 제약 속에서도 효율적인 알고리즘과 독창적인 접근법으로 돌파구를 찾아낸 사례이다.

중국의 두 굴기에는 공통된 패턴이 존재한다. 국가가 명확한 목표를 설정하고 막대한 자본을 투입하며, 시장의 모든 플레이어를 한 방향으로 정렬시키는 것이다. 이 책의 제1부에서는 반도체에서 AI로 이어지는 중국 기술 굴기의 흐름을 '정부 정책'과 '산업 지표'라는 두 축을 중심으로 살펴본다. 반도체 자립 과정에서 겪은 시행착오와 성공 경험이 어떻게 AI 전략으로 이식되었으며, 첨단 기술 부족이라는 약점을 극복하려고 중국이 어떤 해법을 찾았는지 살펴보는 과정에서 거대한 용龍이 스스로의 두뇌를 어떻게 만들어왔는지 그 윤곽이 드러날 것이다.

이 이야기는 한국에도 중요한 시사점을 제공한다. 중국의 '양적 팽창' 모델을 교훈 삼아 한국은 이제 자신만의 '질적 성장' 모델을 구축해야 할 시점에 와 있기 때문이다. 중국 기술 굴기의 여정을 살펴보는 동안, 한국이 AI 3대 강국으로 도약하려면 무엇을 배우고 무엇을 경계해야 하는지 자연스럽게 발견하게 될 것이다.

1장
초석礎石 – 반도체 굴기의 빛과 그림자

절박함이 쏘아 올린 공: '중국 제조 2025'와 반도체 자립

모든 변화는 절박한 결핍에서 시작된다. 2014년 이전까지 중국은 흔히 '세계의 공장'으로 불렸지만, 정작 그 공장을 움직이는 핵심 부품인 반도체는 전적으로 수입에 의존했다. 매년 원유 수입액을 초과하는 금액을 반도체 수입에 쏟아부어야 했다. 이는 단순한 무역 적자를 넘어 국가 안보 차원에서 심각한 취약점이었다. 자동차를 만들 수는 있지만 엔진은 모두 해외에서 들여와야 하는 상황과 다름없었던 것이다.

이러한 위기의식 속에서 2014년 중국 국무원은 '국가 집적회로 산업 발전 추진 요강'을 발표하면서 반도체 자급자족을 국가의 운명이 걸린 과제로 격상시켰다. 이어 2015년 발표한 '중국 제조 2025'에서는 반도체를 10대 핵심 전략 산업 중 최우선 순위로 지정하고, 2025년까지 핵심 부품·소재의 자급률을 70%로 끌어올리겠다는 목표를 제시했다. 여기에서 '70%'라는 숫자는 단순한 경제 지표가 아니었다. 미국이 언제든 첨단 기술 수출을 차단할 수 있다는 위협에 대응하려는 생존 목표였다. 실제로 2018년 미국이 중국의 통신장비 기업 ZTE에 제재를 가하자, ZTE는 미국산 반도체 공급이 끊기면서 거의 파산 직전까지 내몰렸다. 이 사건은 중국에 기술 자립의 필요성을 각인시킨 결정적 계기가 되었다.

중앙과 지방의 합작: 국가대기금^{Big Fund}, 허페이 모델, 천인계획

중국의 기술 굴기는 중앙정부의 거시적 설계와 지방정부의 과감한 실행이 결합된 산물이다. 오른쪽 그림에서 보듯이 2023년 3월, 중국은 과학기술 분야에서 당黨의 통제력을 강화하고자 '중앙과학기술위원회'를 신설하고 과학기술부의 역할을 재편했다. 이는 첨단 기술 자립을 최고 수준의 국가 전략으로 끌어올린 조처였다. 핵심 목표는 이른바 '카보쯔卡脖子', 즉 국가의 목을 조르는 핵심 기술 병목을 해결하는 것이었다. 중앙과학기술위원회는 당 중앙이 직접 과학기술 전략을 총괄 지휘하고, 과학기술부는 거시적 전략 수립과 조정 역할에 집중하도록 개편되었다. 이는 과거 중국이 원자폭탄·수소폭탄·인공위성 개발이라는 '양탄일성兩彈一星' 프로젝트를 국가 총력 체제로 성공시킨 경험을 현대적으로 부활시킨 것이며, '신형 거국체제'라고 부를 수 있다. 이러한 지휘 체계 아래 중앙은 자본과 인재를, 지방은 산업의 터전을 제공하는 방식으로 역할을 분담했다.

중앙정부의 가장 강력한 무기는 일명 '빅펀드大基金'로 불리는 국가 집적회로 산업 투자기금이었다. 정부 주도로 1, 2기에 이어 2024년 3기 펀드까지 총 6,900억 위안(약 130조 원)에 달하는 천문학적인 자금을 산업 생태계 전반에 공급했다. 이는 한국의 연간 국방예산(약 61조 원, 2025년 예산 기준)을 훌쩍 뛰어넘는 규모이다.

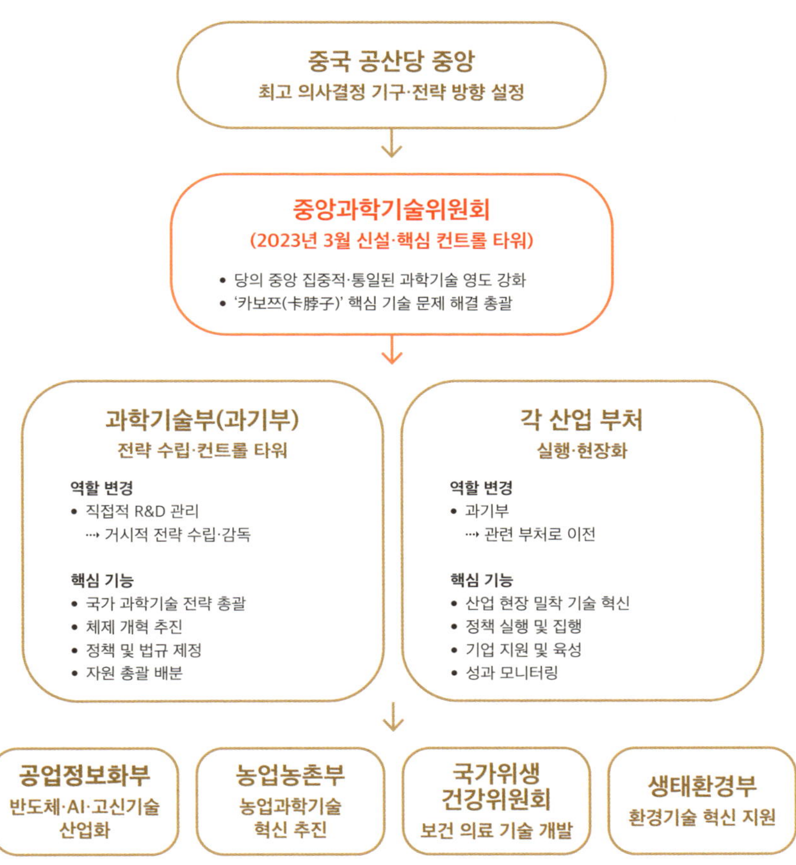

중국 공산당 중앙과학기술위원회 설립 방안(2023.3.) 및 과학기술부 개혁 방안

돈과 함께 투입된 또 다른 핵심 자원은 해외의 우수 인재였다. 중국은 2008년부터 시행된 '천인계획千人計劃'을 바탕으로 해외에서 활동하던 세계적 수준의 중국계 과학자와 기술자를 파격적인 조건으로 귀국시켜 기술 개발의 두뇌로 활용했다. 선발된 인재에게는 연구비 지원은 물론 주택 제공, 자녀 교육 지원 등 전폭적인 지원이 따라붙었다. 반도체 분야에서도

이러한 인재 귀환 전략이 효과를 거뒀다. 예를 들면, 중국 파운드리 기업 SMIC中芯国际의 전 CEO 자오하이쥔趙海軍처럼 천인계획을 계기로 돌아온 전문가들이 기술 발전에 결정적인 역할을 수행했다.

지방정부들도 파격적인 지원책을 내세우며 기업 유치 경쟁에 나섰다. 안후이성 허페이의 '허페이 모델'은 그 대표적인 성공 사례이다. 허페이는 초기 투자금 지원부터 사무 공간 무료 임대, 연구개발R&D 보조금, 인재 정착 지원, 금융 지원에 이르기까지 지자체가 동원할 수 있는 모든 수단을 총망라한 '올인All-in' 전략을 펼쳤다. 이는 정부가 단순한 지원자가 아니라

지원 분야	상세 내용
초기 투자	총투자 5,000만 위안 이상 기업에 실제 투자액의 5%(최대 500만 위안)
사무/생산 공간	• **임대 지원** 1,000m² 이내 임대료 3년간 100%, 이후 2년간 50% • **매입 지원** 건물 매입 시 가격의 10%(최대 200만 위안)
설비 투자	신규 생산라인 고정자산 투자액의 10% 3년간(최대 2,000만 위안)
R&D	• **MPW·IP** MPW(시제품 제작), IP 구매 비용의 30%(연간 최대 500만 위안) • **R&D 비용** R&D 비용의 10% 추가 보조(연간 최대 1,000만 위안)
인재 유치	• **창업지원** '천인계획' 전문가 창업 시 최대 100만 위안 일시 장려 • **주거 지원** 고급 인재 주택 구매 시 20만 위안 또는 3년간 임대료 전액
성장 인센티브	연매출 최초 1억 위안 돌파 시 200만 위안, 10억 위안 돌파 시 500만 위안 일시 장려
금융 지원	• **이자 지원** 대출 이자의 50%(연 최대 100만 위안) • **보증료 지원** 보증료의 50%(연 최대 100만 위안)
특별 지원	대규모 핵심 기업 유치 시, 위 모든 정책을 뛰어넘는 '일사일의', 즉 '원포인트 맞춤형' 협상으로 파격 지원

허페이 반도체 산업 지원 정책 요약(2018년 S社 사례 참조)

기업과 함께 성장하는 '벤처캐피털VC, Venture Capital' 역할을 자처한 것이나 다름없었다.

10년간의 성적표: 눈부신 성장과 넘지 못한 벽

'반도체 굴기'가 구호에 그치지 않았다는 증거는 지난 10년간의 산업 지표에 명확히 드러난다. 정부 주도의 막대한 투자 덕분에 중국 반도체 산업은 양적 성장과 질적 발전을 동시에 이뤘다. 산업 매출은 2014년 약 3,000억 위안에서 2024년 1조 위안을 돌파하며 3배 이상 증가했고, 팹리스 기업 수는 680여 개에서 3,000개 이상으로 급증했다. 후공정(패키징·테스트) 분야에서는 세계 10대 업체 중 4곳이 중국 기업일 정도로 경쟁력을 키웠으며, 핵심 장비의 국산화율도 2014년 10% 미만에서 2024년 약 35% 수준까지 상승했다. 양적 팽창과 함께 기술 자립도도 서서히 높아진 것이다.

그러나 화려한 성적표의 이면에는 미완의 과제가 존재한다. 가장 야심차게 내걸었던 자급률 70% 목표는 달성하지 못했고, 실제로는 20~25% 수준에 머문 것으로 평가된다. 무엇보다 7나노미터 이하 최첨단 반도체 공정에 필수인 네덜란드 ASML사의 EUVExtreme Ultraviolet, 극자외선 노광 장비는 미국의 강력한 견제에 막혀 여전히 중국에 공급되지 않고 있다. 설계도를 아무리 잘 그려도 초정밀 반도체 노광기(일종의 첨단 인쇄기)가 없으면 원하는 칩을 만들 수 없는 것이 냉혹한 현실이다.

반도체 제조는 수천 개 공정과 장비·소재 수백 종이 완벽한 조화를 이루어야 가능한 거대한 오케스트라와 같다. 중국은 지난 10년간 이 오케스트라의 일부 악기를 다룰 수 있게 되었지만, 가장 중요한 악기인 EUV 노광 장비는 확보하지 못했다. 이 넘지 못한 벽은 중국에 뼈아픈 교훈으로 남았고, 곧이어 시작된 AI 굴기 전략에 깊이 반영되었다.

IC 산업 매출액

2014년		2024년
3,000억 위안	→	1조 위안

333% 성장

반도체 자급률

2014년		2024년
<10%	→	20~25%

목표 70%까지 갈 길이 멀다.

팹리스 기업 수

2014년		2024년
680개	→	3,000개+

441% 증가

장비 국산화율

2014년		2024년
<10%	→	35%

꾸준한 상승세

국가대기금 규모

2014년		2024년
0	→	6,900억 위안

천문학적 투자

중국 반도체 굴기 10년간의 변화(2014년 ⋯➛ 2025년 주요 지표 비교)

2장
비상飛上 – AI 굴기의 현재와 미래

세계 1위를 향한 야망: 차세대 AI 발전계획

반도체 굴기가 추격을 위한 전략이었다면, AI 굴기는 선도를 위한 전략이다. 중국은 AI를 미래 산업의 두뇌이자 국가 경쟁력의 핵심으로 규정하고, 2017년 국무원을 통해 '차세대 인공지능 발전계획'을 공표했다. 이 계획에는 2030년까지 중국을 세계 1위 AI 강국으로 만들겠다는 야심 찬 청사진이 담겨 있다. 이 계획은 국무원이 제시하는 마스터플랜(1)을 중심으로 각 부처와 지방정부가 수립한 다수의 세부 실행계획(N)이 유기적으로 움직이는 '1+N' 추진 체계로 이행되고 있다. 마치 총사령부의 지휘 아래 각 부대가 일사불란하게 작전을 수행하는 군사 체계와 유사하다.

중국은 이 계획에서 3단계 로드맵을 제시했다. 1단계(2020년)에서는 AI 기술과 응용 수준을 세계 선도 단계로 끌어올리고, AI 핵심 산업 규모를 1,500억 위안(약 30조 원), 관련 산업 규모를 1조 위안(약 203조 원)까지 성장시키겠다는 목표를 세웠다. 2단계(2025년)에서는 AI 기초 이론 분야에서 중대한 돌파구를 마련하고, 일부 분야에서는 세계 최고 기술력을 확보하며, 핵심 산업 규모 4,000억 위안(약 81조 원), 관련 산업 규모 5조 위안(약 1,015조 원)을 달성하겠다는 계획을 세웠다. 마지막 3단계(2030년)에서는 AI 전 분야에서 세계 최고 수준에 도달하고, 핵심 산업 규모 1조 위안(약 203조 원)과 관련 산업 규모 10조 위안(약 2,029조 원)이라는 거대한 비전을 실현하겠다고 선언했다.

그리고 2025년 초에 등장한 딥시크 R1 모델의 성공은 이 로드맵 2단계 목표가 현실화하고 있음을 보여주는 상징적인 사건이었다. 계획대로만 된다면 매우 이상적이라고 비판받던 청사진이지만, 중국은 착실히 그 그림을 현실로 바꿔가고 있다.

딥시크 쇼크: 효율성 혁명

2025년 1월, 항저우의 AI 스타트업 딥시크는 업계 판도를 뒤흔드는 발표를 했다. 딥시크의 R1 모델은 성능 그 자체보다는 '효율성'이라는 새로운 경쟁 요소를 부각시켰다. 불과 29만 4,000달러(약 4억 원) 비용으로 GPT-4에 필적하는 성능을 구현해낸 것이다. 이는 선도 모델 훈련비용의 1% 수준에 불과하며, 하드웨어의 제약을 극복한 혁신이었다. 이러한 혁신은 몇 가지 독창적인 기법으로 이룰 수 있었다.

첫째, 전문가 혼합 모델MoE, Mixture of Experts이라는 독창적인 AI 아키텍처를 활용했다. 거대언어모델LLM, Large Language Model, 즉 방대한 텍스트 데이터를 학습해 인간의 언어를 이해하고 생성할 수 있는 AI 모델을 작은 전문가 모듈 여러 개로 분할하고, 입력 상황마다 최적의 전문가 모듈 하나만 활성화하여 연산 자원을 극도로 효율화했다. 둘째, 학습 데이터를 매우 영리하게 활용했다. 강화 학습 기법을 적용하여 적은 데이터로도 최대한 높은 성능을 끌어내는 방법을 찾아냈다. 한정된 데이터로 더 뛰어난 모델을 만들도록 훈련 프로세스를 최적화한 것이다. 셋째, 저렴한 하드웨어를 적극 활용했다. 미국의 수출 규제에 막혀 최신 엔비디아NVIDIA GPU를 구하기 어렵게 되자 구형 칩과 중국산 칩을 조합하는 과정에서 오히려 새로운 혁신을 촉발한 셈이다. 첨단 부품 부족이 역설적으로 창의적 해법을 낳았고, 이로써 비용을 획기적으로 낮추면서도 성능 목표를 달성하게 된 것이다.

딥시크가 R1 모델을 과감하게 오픈소스로 공개한 것은 막대한 자금력과 최첨단 칩만이 AI 경쟁의 승패를 좌우하는 유일한 해법이 아님을 전 세계에 증명한 사건이었다.

설계자의 도구상자: 중국은 어떻게 AI 제국을 건설하는가

반도체 굴기에서 얻은 교훈은 중국의 AI 정책을 한층 더 정교하게 만들었다. 단순히 자본을 투입하는 수준을 넘어 자본, 인프라, 산업 적용이라는 세 축을 중심으로 산업 생태계를 설계하는 전략으로 진화한 것이다. 중국은 반도체 분야 빅펀드의 성공을 AI 영역에도 적용했다. 상하이에 600억 위안(약 12조 원) 규모로 AI 전용 펀드를 설립하는 등 국가가 직접 거대한 자금을 마련하여 AI 스타트업과 핵심 기술 개발에 투자하고 있다. 이로써 민간 투자 시장의 불확실성을 보완하고, 국가 전략 분야로 지정된 AI 핵심 기술에 자본을 집중 투입하도록 유도하고 있다.

한편 이러한 자본력을 바탕으로 인프라 구축에도 힘쓰고 있다. 인프라 영역에서 중국 정부는 바이두Baidu의 '어니Ernie, 文心一言', 알리바바Alibaba

의 '퉁이첸원^{通義千問, Qwen}' 등 국산 LLM 개발을 전폭 지원하고 있다. 이는 단순히 기술 경쟁력 확보를 넘어 자국 기술로 작동하는 AI 생태계를 구축하려는 전략이다. 또 국가데이터국을 신설하여 데이터 자원을 통합 관리하고, '동수서산^{東數西算}' 프로젝트로 전기료가 저렴한 서부 내륙에 데이터센터를 집중 건설하여 컴퓨팅 비용을 절감한다.

이렇게 확보된 자본과 인프라는 궁극적으로 중국 AI 발전의 가장 큰 강점 중 하나인 기초과학 연구와 실제 산업 적용을 긴밀히 연결하는 탁월한 실용화 능력을 보여준다. 예를 들어, 중국은 'AI 포 사이언스^{AI for Science}' 플랫폼을 통해 신소재(샤오미 전기차 '타이탄 합금') 개발을 지원하고, 바이두 자율주행 플랫폼 '아폴로^{Apollo}' 기반의 완전 무인 로보택시 상업 운행을 허가하여 새로운 시장을 창출하고 있다. 또 AI 신약 개발 및 스마트 제조(등대공장) 혁신 등 다양한 산업에서 빠르게 성과를 내고 있다.

이렇듯 중국은 다양한 산업 분야에 AI 기술을 활발히 적용함으로써 실용화 중심으로 혁신을 이끌어가고 있다. 논문과 특허 숫자를 늘리는 데 그치지 않고, 실제 산업 현장에서 작동하는 AI 솔루션을 만들어내는 데 집중하는 것이 중국 AI 전략의 핵심이다.

혁신의 심장: 중관춘 생태계

앞서 살펴본 정책적 노력과 자원 투입이 집약되어 시너지를 발휘하는 곳이 있다. 바로 베이징 중관춘^{中關村}이다. 흔히 '중국의 실리콘밸리'라고 불리는 중관춘은 중국 AI 혁신의 심장부로서 독특하고 개방적이며 포용적인 창업 생태계가 가장 큰 강점이다. 혁신의 3요소인 인재, 기술, 자본이 한 지역에 응축되어 있다. 중관춘에는 칭화대, 베이징대 등 중국 최고 수준의 대학과 50개가 넘는 국가중점실험실이 밀집해 있어 첨단 원천 기술이 끊임없이 탄생한다.

이렇게 연구소와 대학에서 개발된 기술들은 곧바로 바이두, 레노버 같은 대기업과 수많은 스타트업을 통해 상업화로 이어진다. 실험실에서 시장까지의 거리가 매우 짧다는 뜻이다. 정부는 중관춘에 입주한 기업에 무료 사무 공간 제공부터 파격적인 자금 지원까지 아낌없이 뒷받침하고 있다. 매년 열리는 '중관춘 포럼'은 전 세계의 기술, 자본, 인재가 한데 모여 교류하는 국제적인 장으로 자리 잡았다. 이 포럼에는 노벨상 수상자부터 글로벌 빅테크 CEO, 벤처캐피털리스트, 젊은 창업가까지 모여들어 미래 기술을 논의한다.

세계적인 AI 유니콘 기업으로 성장한 센스타임SenseTime과 메그비Megvii도 모두 중관춘의 산학연 생태계에서 탄생하거나 성장했다. 칭화대와 중국과학원 등에서 이룬 우수한 연구 성과가 기업 창업과 글로벌 기업 성장으로 이어진 대표 사례이다. 센스타임은 컴퓨터 비전 기술로 시작해 안면 인식, 자율주행, 스마트시티 등으로 사업을 확장했고, 메그비는 AI 기반 IoT 솔루션으로 전 세계 시장을 공략하고 있다.

이처럼 중관춘 생태계는 중국이 AI 혁신을 이루는 데 엔진 역할을 하며 중국 AI 굴기의 심장부로 뛰고 있다. 실리콘밸리가 미국 혁신의 상징이듯, 중관춘은 중국 기술 혁신의 아이콘이 되었다.

미국의 제재를 넘어서려는 안간힘: AI 칩 자립과 생태계 구축

그럼에도 불구하고 중국 AI 굴기에는 중대한 아킬레스건이 있다. 바로 미국이 시행한 NVIDIA 등 고성능 AI 칩의 수출 통제이다. 중국으로서는 최첨단 AI 연산을 뒷받침하는 핵심 GPU 칩에 접근하지 못하는 심각한 제약을 안고 있는 셈이다. 그러나 아이러니하게도 이 제재는 중국에 기술 자립이라는 강력한 동기를 부여하는 촉매제 역할을 했다.

화웨이Huawei가 자체 개발한 '어센드' AI 칩세트는 이러한 상황에서 NVIDIA 칩을 대체하는 플랫폼으로 급부상했다. 화웨이는 단일 칩의 성능 한계를 극복하고자 시스템 차원의 확장 전략을 구사하고 있다. 이른바 'AI 인해전술'이라 불리는 접근법이다. 개별 칩 성능이 최고 수준에 못 미치더라도 칩 수백 개를 병렬로 연결해 전체 시스템 차원에서 막대한 연산 능력을 확보하는 방식이다. 그 예로 화웨이는 'CloudMatrix384'라는 초대형 AI 컴퓨팅 시스템을 선보였다. 이 시스템은 NVIDIA의 최고 성능 AI 컴퓨터보다 5배 많은 어센드 가속기 384개를 하나로 묶어놓은 것이다. '칩 384개를 연결한 거대 컴퓨터'를 만들어낸 것이다.

개별 군인의 전투력이 다소 떨어지더라도 압도적인 전체 병력 수로 승부를 거는 전략과 비슷하다. 물론 이러한 방식으로는 전력 효율 면에서 희생을 감수해야 한다. 칩 하나하나의 성능이 낮은 대신 수량으로 승부하다 보니, 똑같은 연산을 수행하는 데 드는 전기 소모가 늘어나고 와트당 연산 효율은 떨어질 수밖에 없다. 그러나 상대적으로 전력 인프라 제약이 느슨한 중국 산업 환경에서는 이 점을 충분히 감내할 만한 전략적 선택으로 평가받는다.

이러한 자구책을 실행한 결과, 화웨이는 이제 중국 내에서 '중국의 NVIDIA'로 불릴 만큼 AI 반도체 분야에서 입지를 굳혔다. BAT(바이두, 알리바바, 텐센트) 등 중국 빅테크 기업들도 자국산 AI 칩인 어센드를 대거 구매해 자사 AI 인프라에 활용하기 시작했다. 게다가 미국의 제재가 장기화되면서 중국 내 반도체 장비·소재·EDA(설계자동화) 툴 등 자체 생태계도 오히려 자생력을 갖추게 되는 의외의 효과가 나타나고 있다. 미국과의 기술 디커플링 속에서도 중국은 AI 칩 자립과 이를 둘러싼 생태계 구축에 안간힘을 쓰며 나름의 길을 개척해가고 있다.

플레이어의 등장: 국가 대표 기업들의 약진

정부가 마련한 무대 위에서 중국의 AI 기업들은 무섭게 성장하고 있다. 특히 미·중 갈등과 팬데믹을 거치며 중국 AI 산업은 소수의 국가 대표 핵심 기업 중심으로 재편되는 양상을 띤다. 이들 핵심 플레이어들은 각기 다른 강점을 무기 삼아 '중국 AI 패권'이라는 하나의 목표를 향해 돌진하고 있다.

딥시크는 헤지펀드의 막대한 자본 지원을 등에 업은 하드코어 연구 집단이다. 훈련비용을 선도 모델의 1% 수준으로 낮춘 혁신적인 R1 모델을 오픈소스로 공개해 앞서 언급한 '딥시크 쇼크'를 일으켰다. 이들의 성공은 AI 개발에 반드시 천문학적 예산이 들지는 않는다는 것을 증명했다.

알리바바는 빅테크 기업 특유의 풍부한 자원과 방대한 데이터를 실용주의적 전략과 결합한 '효율성의 제왕'이다. 자체 개발한 LLM '퉁이첸원 Qwen'을 공개하여 오픈소스 AI 커뮤니티의 기술 기대치를 한껏 끌어올렸으며, 현재 중국에서 가장 위협적인 AI 경쟁자로 부상했다. 알리바바는 전자상거래에서 축적한 방대한 소비자 데이터를 AI 학습에 활용하는 독특한 강점을 지녔다.

문샷AI Moonshot AI는 범용 인공지능 AGI 실현을 꿈꾸는 창업자의 비전 아래 탄생한 스타트업으로, 초장기문맥 long-context 처리 능력에 집중하며

AI 모델 생산의 새로운 시스템을 구축하고 있다. 인간 수준의 지능을 향한 장기 목표를 추구하는 혁신적 플레이어이다. 이들은 한 번에 장편 소설 여러 권 분량을 처리하는 AI 모델을 개발해 업계를 놀라게 했다.

틱톡TikTok 그룹(바이트댄스ByteDance)은 2012년 단칸 아파트에서 출발해 글로벌 플랫폼 기업으로 성장한 중국 기업이며 강력한 추천 알고리즘으로 유명하다. 현재 전자상거래, 라이프 서비스, 대화형 챗봇 등으로 AI 플랫폼 서비스를 다각화하며 거대한 틱톡 생태계를 구축하고 있다. 방대한 사용자 데이터를 기반으로 B2C AI 비즈니스를 확장하는 중국의 대표적인 성공 사례이다.

이들 기업은 서로의 성공과 실패를 면밀히 관찰하고 학습하면서 빠르게 발전하고 있다. 중국의 AI 패권 달성이라는 공동 목표를 향해 각자 독자적인 방식으로 전력 질주하는 국가 대표 주자들인 셈이다.

3장
거울과 교훈 -
한국 AI를 위한 제언

한중 AI 정책 비교 분석: 무엇이 같고 무엇이 다른가

다음 쪽의 그림은 한국과 중국의 AI 정책을 비교한 표이다. 중국과 한국 모두 AI를 국가의 미래를 좌우할 핵심 전략 분야로 인식하고 있지만, 접근 방식과 철학에서는 상당히 다른 면모를 보인다. 중국은 국가가 모든 것을 통제하며 글로벌 패권을 쥐겠다는 야심으로 거침없이 나아가는 반면, 한국은 법적 안정성을 토대로 독자적인 기술 주권을 확보하려는 '소버린Sovereign 전략'으로 태세를 전환하고 있다.

핵심 정책 기조에서 두 나라의 차이는 명확하다. 중국은 '하드웨어(인프라)는 무제한 진흥하되, 소프트웨어(콘텐츠)는 강력히 통제'하는 투 트랙 전략을 구사한다. '2030년 세계 1위 AI 강국'이라는 목표 아래 인프라 구축에는 국가 역량을 총동원하지만, 서비스 출시는 검열을 거쳐 체제 안정을 꾀하는 방식이다. 그런 반면에 한국은 '2030년 AI 3대 강국 도약'을 목표로 2024년 「인공지능 발전과 신뢰 기반 조성 등에 관한 기본법」을 제

<table>
<tr><th align="center">중국</th><th align="center"></th><th align="center">한국</th></tr>
<tr>
<td>

**Hard(인프라) 진흥
+ Soft(콘텐츠) 통제**

- '차세대 AI 발전계획'(2017년)
- '2030년 세계 1위 AI 강국' 목표
- 국가의 모든 자원을 총동원하는 **강력한 하향식(Top-down) 정책**

</td>
<td align="center">
핵심
정책
기조</td>
<td>

**규제 최소화
+ 고영향 AI 안전성 의무**

- 'AI 기본법' 제정(2024년)
- '2030년 AI 3대 강국' 도약 목표
- AI 산업 육성 및 신뢰 확보 원칙 기반의 고위험 AI 중심으로 선별적 규제 정책

</td>
</tr>
<tr>
<td>

**인프라: 속도전
서비스: 속도 조절**

- 정부·공공기관이 **첫 구매자**가 되어 초기 시장 창출
- 데이터보안법(DSL)·개인정보보호법(PIPL)으로 데이터를 '국가 전략 자산'으로 관리
- AI 발전의 강력한 원료이나 글로벌 확장에는 제약

</td>
<td align="center">
정책
특징</td>
<td>

**플랫폼 독립 및
기술 주권(Sovereign) 확보**

- '독자 AI 파운데이션 모델 프로젝트' 추진
- 한국형 LLM 개발에 집중하여 해외 빅테크 종속 탈피
- AI 시대의 진정한 플랫폼 독립 실현

</td>
</tr>
<tr>
<td>

**물리적 인프라 직접 구축
+ 국가 펀드 주도**

- '동수서산(東數西算)' 프로젝트로 국가 컴퓨팅 네트워크 구축
- 베이징·상하이 등 주요 도시에 AI 시범구 지정
- 조 단위 '국가대기금' 조성하여 AI·반도체 대규모 모델에 직접 자금 투입

</td>
<td align="center">
지원
방식</td>
<td>

**국가 주도 대규모 투자
+ 민관 합작 펀드**

- 기존 금융 지원의 한계를 극복하고자 국가 재정 투입 확대
- 향후 5년간 총 100조 원 규모 AI 생태계 조성(국비 30조 원 + 지방비 5조 원 + 민간 65조 원)
- '국가 AI 컴퓨팅 센터' 구축해 인프라 직접 제공

</td>
</tr>
<tr>
<td>

**양적 팽창으로
생태계 자립**

- 막대한 내수시장·인구 기반 AI 유니콘 다수 육성
- 화웨이 사례처럼 미국 제재에 맞서 독자적 기술 생태계 구축
- 기술 자립이 최종 목표

</td>
<td align="center">전략
방향</td>
<td>

**질적 성장으로
선택과 집중**

- 중국과 규모 경쟁 지양
- B2B 제조업 + Physical AI(로봇) 분야 특화
- 한국 강점 분야에 선택과 집중으로 글로벌 시장 공략

</td>
</tr>
</table>

한·중 AI 정책 비교표

정하면서 새로운 전기를 마련했다. 핵심은 '규제 최소화와 고영향 AI 안전성 의무'의 조화이다. 인공지능산업 육성 및 신뢰기반 조성을 원칙으로 사람의 생명과 권리에 직결되는 고위험High-Impact 영역에는 확실한 안전장치를 두어 산업 발전과 안전성 확보의 균형을 맞추는 고도화된 전략이다.

정책 특징을 살펴보면, 중국은 '속도와 규모'를 최우선으로 한다. 정부가 첫 번째 구매자가 되어 초기 시장을 창출하고 데이터를 '국가 전략 자산'으로 관리하지만, 이는 글로벌 확장에 제약이 되기도 한다. 이에 맞서 한국은 '플랫폼 독립 및 기술 주권 확보'를 기치로 내걸었다. 해외 빅테크에 종속되지 않으려고 한국형 LLM 개발에 집중하고, 우리만의 데이터와 문화를 지키는 '소버린 AI' 생태계를 구축하여 차별화된 경쟁력을 확보하려는 것이다.

가장 큰 변화는 지원 방식이다. 중국은 여전히 '물리적 인프라 직접 구축 및 국가 펀드 주도' 방식을 고수한다. 동수서산 프로젝트와 조 단위 국가대기금을 바탕으로 하드웨어 자립을 밀어붙인다. 한국 역시 기존의 금융 지원(대출·보증) 중심에서 벗어나 '국가 주도의 대규모 투자'로 전략을 선회했다. 기존 금융 지원의 한계를 극복하고자 국비와 지방비 35조 원을 투입하고 민간 자본을 포함해 총 100조 원 규모로 AI 생태계를 조성한다는 계획이다. 특히 '국가 AI 컴퓨팅 센터' 구축과 '독자 AI 파운데이션 모델 프로젝트'는 국가가 인프라와 원천 기술을 직접 챙기겠다는 강력한 의지를 표현한 것이다.

전략 방향도 분명해졌다. 중국이 거대 내수시장을 바탕으로 '양적 팽창'을 추진해 기술 자립을 꾀한다면, 한국은 '기술 주권 확보와 질적 도약'을 동시에 추구한다. 한국형 LLM으로 플랫폼 독립을 이루는 한편, 제조 ·

로봇 등 강점 분야와 AI를 융합하여 글로벌 시장에서 대체 불가능한 파트너가 되겠다는 '초격차 전략'이다.

한국의 청사진: AI 대전환과 초혁신 경제

이러한 국제 환경과 시대 변화 속에서 한국도 AI 시대를 선도하고자 국가 차원의 청사진을 내놓았다. AI 3대 강국 도약, 잠재성장률 3% 달성, 국력 세계 5강 진입 등을 비전으로 제시하며, 사회 모든 분야의 AI 혁신을 꾀하는 'AI 대전환'과 신성장동력을 집중 육성하는 '초혁신 경제'를 양대 축으로 삼았다.

AI 대전환은 사회 전 분야를 AI 기술로 혁신하겠다는 거대한 전략이다. 정부는 둔화하는 경제성장률을 반등시킬 '유일한 해법'으로 전방위적 AI 적용을 내세우며 기업, 공공, 국민, 기반의 4대 분야에 걸쳐 15대 선도 프로젝트를 추진하고 있다. 기업 분야에서는 로봇, 자동차, 반도체 등 7대 주력 산업과 제조, 바이오헬스 등 모든 산업 영역에서 생활 밀접형 제품 300개를 AI 기반으로 전환AX, AI Transformation하는 작업을 전 주기 패키지 지원 형태로 밀어붙인다. 공공 분야에서는 복지 행정, 국세 납부 시스템(예: 홈택스 개편), 신약 허가 심사 등 3대 핵심 과제에 AI를 도입하여 공공 서비스의 효율성과 편의성을 획기적으로 높일 계획이다.

국민 및 인재 양성 분야에서는 'AI 한글화' 전략으로 국민의 AI 활용 역량을 전반적으로 높이는 한편, 최고급 AI 인재에 대한 파격적인 지원을 약속했다. 예를 들어 뛰어난 AI 인재에게는 업계 최고 수준의 급여를 보장하고, 필요하면 병역 특례를 부여하며, 해외에서 활동 중인 우수한 AI 인재 2,000명을 국내로 유치하겠다는 목표도 제시했다. 인프라 기반 분야에서는 민관 협력을 바탕으로 2030년까지 GPU 5만 장(2025년 APEC 경주회의에서 젠슨황이 GPU 26만 장 공급 약속: 정부 최대 5만 장 포함) 이상을 확보하고 전력 공급 지원, 세제 혜택, 규제 완화 패키지 등을 제공해 전국적으로 AI 데이터센터를 대폭 확충하겠다고 발표했다.

초혁신 경제는 15대 신성장동력을 집중 육성하는 국가 전략이다. 기존 주력 산업을 AI 등을 토대로 고도화하는 동시에 SiC 전력반도체, 그린 수소·SMR(소형 모듈 원전), K-바이오, K-콘텐츠 등 15개 미래 신산업 프로젝트를 선택해 집중적으로 키워나갈 계획이다. 이를 위해 총 100조 원 규모로 국민성장펀드를 조성하여 국가 차원에서 대규모 투자를 단행할 예정이다. 한마디로 기존 산업을 AI로 혁신하는 질적 성장과 함께, 미래 먹거리가 될 신산업을 선제적으로 육성하여 새로운 성장동력을 만들겠다는 청사진이다.

한국의 길: 양이 아닌 질로 승부하라

한국이 새롭게 제시한 이러한 경제성장 전략은 중국의 굴기에 대한 한국적 답안이라 할 만하다. 중국의 양적 확장 모델을 무턱대고 추격하기보다는, 한국이 지닌 강점을 극대화하는 질적 성장 모델을 구축하는 데 초점을 맞추고 있기 때문이다. 중국의 거대한 내수 시장과 천문학적 데이터 규모를 그대로 따라잡는 양적 경쟁은 애초에 게임이 될 수 없다. 그 대신 한국에서는 세계 최고를 자부하는 반도체 제조 역량을 십분 활용하여 AI 칩 개발과 반도체-AI 융합 분야에서 압도적인 초격차를 만들어야 한다는 인식이 확산하고 있다. 이는 한국만 쓸 수 있는 정공법이자 승부수이다. 중국이 양적인 팽창으로 승부를 건다면, 한국은 남이 쉽게 따라올 수 없는 질적인 우위로 승부를 걸어야 한다는 뜻이다.

첫째, B2B 특화 AI로 한국만의 영토를 개척하라. 한국이 강점을 가진 제조업, 의료, 금융 등 특정 도메인에 특화된 B2B AI 솔루션 시장을 선점하는 전략이다. B2B 분야는 데이터의 양보다는 질과 축적된 도메인 전문성이 핵심이다. 삼성전자의 반도체 공정 AI, 현대자동차의 생산 최적화 AI처럼 이미 현장에서 검증된 기술을 솔루션 패키지로 만들어 글로벌 기업에 판매할 수 있다. 의료 AI 분야도 같은 맥락이다.

한국은 우수한 의료 인프라와 체계적인 전자의료기록EMR 시스템을 갖추어 의료 데이터를 활용하기에 유리한 환경이다. 이 기반 위에서 질병 진단 AI, 신약 개발 AI, 맞춤형 치료 AI 등 다양한 의료 AI를 개발할 수 있다. 중국도 의료 AI를 국가적으로 추진하고 있지만, 한국은 훨씬 엄격한 의료 규제와 높은 의료 수준을 바탕으로 '신뢰할 수 있는 의료 AI'를 만들 수 있다는 차별화된 강점이 있다. 다시 말해, 한국은 B2B 영역에서 특정 산업에 최적화된 AI 솔루션을 제공함으로써 AI 강국으로서 독자적인 길을 개척할 수 있는 것이다.

둘째, Physical AI로 다가오는 로봇 시대를 선점하라. AI 기술이 현실 세계의 기계장치에 체화embody되는 Physical AI 시대는 한국에 거대한 기회이다. 세계 최고 수준의 로봇 기술과 제조업 기반을 바탕으로 범용 AI 로봇(휴머노이드) 분야에 선제적으로 투자해야 한다. 현대로보틱스, 두산로보틱스 등 이미 세계 시장에서 인정받는 국내 기업들의 기술력에 AI를 접목하면 폭발적인 시너지가 기대된다. 이는 제조 현장의 효율을 혁신적으로 높이고, 서비스 산업의 자동화를 앞당기며, 궁극적으로는 로봇 산업 자체를 새로운 성장동력으로 만들 수 있는 잠재력을 지닌다.

베이징 중관춘의 혁신 생태계 사례에서 알 수 있듯, 이러한 Physical AI 시대에 대비하려면 장기적 R&D 투자, 개방적인 혁신 플랫폼, 실용화 중심의 기술 개발이 무엇보다 중요하다. 한국도 판교나 대덕연구단지 같은 기존 혁신 거점을 한국판 중관춘으로 키울 수 있을 것이다. 대학, 연구소, 기업, 스타트업이 긴밀하게 협력하고, 정부가 인프라 지원과 규제 완화로 뒷받침하는 혁신 생태계를 구축해야 한다. 그런 토양 위에서라야 한국은 다가오는 로봇 혁명 시대에 세계 선두에 설 수 있을 것이다.

셋째, 반도체-AI 융합으로 한국의 절대 강점을 활용하라. 한국의 가장 큰 강점은 두말할 것 없이 반도체이다. 삼성전자와 SK하이닉스는 전 세계 메모리 반도체 시장을 주도하고 있고, 삼성전자는 반도체 파운드리(위탁 생산) 부문에서도 세계 2위 자리를 지키고 있다. 이러한 반도체 강국의 저력을 AI와 결합하면 엄청난 시너지를 창출할 수 있다. 일반적인 AI 반도체 칩은 기존 범용 칩과는 구조와 요구사항이 크게 다르다. 방대한 데이터를 동시에 병렬 처리해야 하고, 메모리와 프로세서 간 데이터 이동을 최소화해야 한다. 다행히 한국 기업들은 HBM(고대역폭 메모리)을 비롯한 첨단 메모리 기술에서 세계 최고 수준의 경쟁력을 보유하고 있다. 이 메모리 기술을 AI 칩 설계와 접목한다면, 연산 성능과 에너지 효율을 동시에 향상시킬 수 있다. 즉 메모리 강점을 살려 AI 칩을 최적화함으로써 스마트하고 강력한 두뇌를 만들어낼 수 있다는 뜻이다.

현재 삼성전자는 이미 자체 AI 반도체 칩을 개발하고 있으며, SK하이닉스도 NVIDIA와 협력하여 AI용 메모리를 공급하는 등 이 흐름에 적극 뛰어들고 있다. 여기에서 한 걸음 더 나아가 한국만의 독자적인 AI 칩 생태계를 구축할 완벽한 기회가 존재한다. 중국이 화웨이의 어센드 칩을 중심으로 자체 생태계를 키워나가듯, 한국도 우리 기술로 만든 AI 칩과 소프트웨어 스택을 개발하고 이를 둘러싼 생태계를 꾸려나가야 한다. 한국이 전통적으로 강한 반도체 분야와 미래 주력인 AI 분야를 융합하는 것은, 그 자체로 한국에 절대적인 비교우위를 가져다줄 수 있는 전략적 과제이다.

넷째, 데이터의 활용과 개인정보 보호 간의 균형을 잡아라. 중국 사례는 데이터의 힘을 여실히 보여준다. 방대한 데이터는 AI 발전의 에너지이자 원동력이다. 하지만 한국은 개인정보 보호를 위한 각종 규제가 매우 엄격한 나라이다. 이러한 규제들은 사회적 신뢰를 지키는 데 꼭 필요한 동시에 혁신에는 걸림돌로 작용할 수도 있다. 그러나 균형을 잡아야 한다. 즉 개인정보를 보호하면서도 데이터를 충분히 활용하는 체계를 만들어야 한다. 한 가지 방법은 데이터 샌드박스 제도를 더욱 확대하여 안전한 환경에서 새로운 데이터 활용을 시도해볼 수 있게 하는 것이다. 또 '가명정보' 활용을 활성화해 개인정보 침해 위험 없이 데이터를 유용하게 분석할 수 있게 해야 한다. 공공 부문에서 보유한 데이터도 과감히 개방해 민간이 폭넓게 활용하도록 지원해야 한다.

다섯째, 우수 인재 확보 및 유지를 위한 환경을 조성하라. 중국의 천인계획은 해외에 흩어져 있던 중국계 인재를 불러들이는 데 큰 역할을 했다. 한국 역시 해외 우수 인재를 유치할 필요가 있지만, 무엇보다 국내 인재를 육성하고 유출을 막는 것이 더 시급하고 중요하다. 최근 한국의 뛰어난 AI 연구자들이 더 나은 연구 환경과 금전적 보상을 찾아 미국의 빅테크 기업으로 떠나는 경우가 많다. 이러한 두뇌 유출을 막지 못하면 AI 강국의 꿈은 멀어진다. 이를 방지하려면 국내에 경쟁력 있는 연구 환경과 보상 체계를 구축해야 한다.

정부가 최근 발표한 최고급 AI 인재에 대한 파격적인 연봉 지원과 병역 특례 부여 같은 조치는 분명 고무적이다. 그러나 그보다 더 중요한 것은 장기적으로 연구에만 몰두할 수 있는 안정적인 환경을 만들어주는 일이다. 연구자들이 실패를 두려워하지 않고, 단기 성과 압박 없이 끈기 있게 도전할 수 있도록 연구 생태계를 바꿔나가야 한다. 또 대학과 연구소의 AI 연구 역량을 대폭 강화해야 한다. 중국이 칭화대나 베이징대에 세계적 수준의 AI 연구소를 설립한 것처럼 한국도 KAIST, 서울대, 포스텍 등 주요 대학을 거점으로 글로벌 수준의 AI 연구센터를 구축해야 한다. 대학 연구실에서 나온 우수한 연구가 산업과 연결되고 창업으로 이어지도록 지원해야 한다. 인재 양성-연구-산업화로 이어지는 선순환을 만들어야 한국이 AI 인재 전쟁에서 승리할 수 있을 것이다.

여섯째, 스타트업 생태계를 활성화하라. 딥시크는 헤지펀드의 지원을 받아 단기 수익 압박 없이 순수 R&D에 집중할 수 있었기에 혁신적인 성과를 낼 수 있었다. 한국에도 이처럼 긴 안목을 가지고 AI 스타트업을 지원해주는 자금과 프로그램이 절실하다. 정부가 조성하기로 한 100조 원 규모 국민성장펀드는 그런 면에서 훌륭한 출발점이다. 하지만 돈만으로는 부족하다. 스타트업을 살리는 건 투자금뿐만 아니라 실패를 용인하는 문화와 재도전을 북돋우는 시스템이다. 중국 중관춘처럼 창업가, 투자자, 연구자가 한데 어우러져 자연스럽게 교류하고 협력하는 스타트업 생태계를 만들어야 한다. 실패해도 다시 도전할 수 있고, 성공하면 보상이 따르는 환경을 조성해야 더욱 과감한 혁신이 나온다.

정부는 직접 승자를 고르는 일을 지양해야 한다. 그보다는 많은 씨앗을 널리 뿌려 그중 일부가 꽃을 피우게 하는 전략이 필요하다. 중국도 국가대기금을 투자한 모든 기업이 성공한 것은 아니다. 숱한 실패 사례 속에서 SMIC^{中芯国际} 파운드리 업체나 YMTC^{長江存儲} 메모리 업체 같은 몇몇 성공 사례가 산업 전체를 견인했다. 한국도 이 점을 유념해야 한다. 실패하더라도 경험이 축적되고 다음 도전의 밑거름이 되는 선순환 구조를 만들어야 AI 스타트업 생태계가 활력을 띠고 성장할 것이다.

일곱째, 글로벌 협력을 강화하라. 중국은 미국의 제재로 고립되는 상황에서 자체 생태계 구축에 나설 수밖에 없었다. 하지만 한국은 중국과는 다른 전략을 취해야 한다. 한국은 개방과 협력으로 성장해온 나라이다. AI 시대에도 마찬가지로 국제 협력이 살길이다. 먼저 미국, 유럽, 일본 등 선진국과 협력을 강화해야 한다. 예컨대 미국의 저명한 AI 연구기관과 공동 연구 프로젝트를 추진하고, 유럽이 주도하는 AI 글로벌 규범 설정에 적극 참여하며, 일본과는 로봇 및 하드웨어 분야에서 긴밀히 협력할 수 있을 것이다. 이와 동시에 동남아시아 등 신흥 시장에도 눈을 돌려 한국산 AI 솔루션을 확산시켜야 한다.

우리가 잘할 수 있는 산업용 AI, 의료 AI 솔루션 등을 동남아에 보급한다면 새로운 시장 개척과 함께 국제 파트너십을 강화하는 효과를 거둘 수 있다. 한국이 내세울 수 있는 차별화 포인트 중 하나는 '신뢰할 수 있는 AI'라는 이미지이다. 중국의 AI는 정부의 검열과 통제 이미지 때문에 해외에서 경계심을 사는 경우가 있고, 미국의 AI는 거대 기업의 상업성·독점 우려가 있다. 한국은 이와 달리 윤리적이고 안전하며 투명한 AI 브랜드를 구축할 수 있다. 이는 특히 개인정보 보호와 AI 윤리를 중시하는 유럽 시장에서 강력한 경쟁력이 될 수 있다. 국제사회와 협력하면서도 한국 AI만의 신뢰성을 무기로 삼는다면 글로벌 무대에서 우리 AI 기업의 입지는 더욱 탄탄해질 것이다.

현재 진행 중인 AI 혁명은 단순한 소프트웨어 경쟁이 아니라 에너지, 반도체, 데이터를 아우르는 '풀스택Full-stack' 패권 경쟁이다. 미래의 부와 권력은 기술의 총체적 역량을 지배하는 국가에게 돌아갈 것이다. 화웨이의 AI 칩 로드맵과 딥시크의 효율성 혁명은 중국이 미국의 제재라는 제약 속에서도 창의적인 해법으로 자체 기술 생태계를 구축하고 있음을 보여준다. 지난 10년간의 반도체 굴기는 비록 절반의 성공에 그쳤지만, 그 과정에서 얻은 교훈은 AI 전략을 더욱 정교하게 만들었다. 중국의 AI 굴기는 '1+N'이라는 유기적 시스템 아래 자본, 인프라, 산업 적용을 아우르며 치밀하고 전방위적으로 추진되고 있다.

이 거대한 기술 경쟁의 한복판에서 한국은 중국의 추격과 미국의 견제라는 이중 압박에 놓여 있다. 우리의 생존 전략은 중국의 거대한 내수 시장과 데이터 물량을 따라가는 양적 경쟁을 따를 수 없다. 우리의 길은 B2B 특화 AI, Physical AI, 반도체-AI 융합 등으로 질적 성장을 이루는 것뿐이다. 중국이라는 거대한 용이 스스로 '용의 두뇌'를 빚어가고 있듯이, 우리는 한국의 강점을 극대화하여 훨씬 정교하고 효율적이며 신뢰할 수 있는 '다윗의 두뇌'를 만들어야 한다.

다행히 'AI 대전환과 초혁신 경제'라는 청사진은 이미 제시되었다. 이제 남은 일은 실행이다. 정부, 기업, 대학, 연구소가 한마음으로 움직여 시장 자율성과 국가 역량을 결집하는 새로운 한국형 모델을 만들어야 한다. 2026년 이후 AI가 열어갈 새로운 질서 속에서 어떤 선택을 하느냐가 한국의 미래를 결정할 것이다.

제2부

AI 소프트웨어의 혁신과 시장의 변화

1장
거대한 AI 전환의 서막

글로벌 AI 패권 시대, 중국은 어디에 서 있는가

미국 전문 컨설턴트 프로스트 앤드 설리번Frost & Sullivan의『중국 미래 50년 산업발전 트렌드 백서』에 따르면, 중국은 세계 최대 규모의 AI 산업 생태계를 구축하며, 기술 혁신을 가속화하고 있다. 그에 따른 객관적 근거로 우리는 다음 세 가지를 좀 더 살펴볼 필요가 있다.

첫째, 2019~2024년 동안 중국의 AI 관련 기업 수가 8.47만 개에서 53.7만 개로 급증했으며, 2025년 1~4월 신규 등록 AI 기업 수는 21.4만 개로 전년 대비 36% 증가했다. 이는 세계에서 가장 빠르게 소프트웨어, 로봇, 업무에 AI를 다양하게 적용하고 있음을 나타낸다. 이러한 형태는 현재 미국이 추구하는 범용 인공지능AGI 형태와는 차별화를 두고 발전하고 있다는 것이다. 미국이 주도하는 AGI의 방향성은 인간 수준의 추론 능력, 자기 학습Self-Learning, 맥락 전이Transfer Learning, 장기 기억 및 계획Planning, 감정적 지능 및 윤리적 판단도 등의 다섯 가지를 우선시한다는 관점에서 실용주의 노선을 찾는 중국과는 차이점이 크다. 그러나 AI를 과학 분야와 비교한다면 결국 기초과학과 응용과학처럼 구분될 것이고, 결국 AGI를 근간으로 한 응용 분야에서 경쟁이 확대될 것이다.

둘째, 중국은 AI 특허 출원에서 절대적 우위(약 40%)를 확보하며 세계 1위를 유지하고 있다. 2025년 4월 기준으로 중국의 AI 특허 누적 출원 건수는 157만 건이며 글로벌 전체의 38.6%를 차지한다. 그중 AI 에이전트 관련 특허 출원 건수는 2019년 653건에서 2024년 2,787건으로 연평균 33.7% 증가하여 글로벌 평균을 크게 상회한다. 즉 에이전트 발전의 AI 소프트웨어가 응용 부문의 발전에 더 집중하고 있다는 것이다.

셋째, AI 특허 등록은 주로 중국(69.7%)과 미국(14.2%)에 집중되어 있으며, 중국의 실질적인 특허 등록이 5배가량 많다는 것 또한 간과해서는 안 되는 포인트이다. 미국의 AI 특허 점유율은 2015년 정점(42.8%) 이후 하락세를 보이는 반면, 중국은 최근 5년간 연속해서 높은 성장세를 유지하고 있다.

중국 정부의 AI 전략과 디지털 굴기

중국은 AI를 단순한 기술 혁신 수단이 아니라 국가 경쟁력의 핵심축이자 디지털 전환digital transformation의 엔진으로 삼고 있다. 2017년 발표한 '신세대 인공지능 발전계획新一代人工智能发展规划'이 이 전략의 시작점이며, 이후 여러 5개년 계획과 후속 지침이 핵심 추진축이 되었다.

중국전문가포럼CSF에 따르면, 중국은 전반적인 산업의 영역을 AI 기반의 국가 전략 기술로 선정해 전방위적으로 기술 개발을 지원하고 있다. 특히 IT 및 AI 소프트웨어 기업들 또한 각 산업과 연계하여 AI 기술을 발전시키며 국가의 기술 역량 강화에 기여하고 있다. 한편으로는 중국 내에서도 AI 활용에 대한 정치적·사회적·윤리적 보안 문제가 대두하고 있다. 중국 정부는 해당 문제를 해결하고자 법, 규정, 지침을 마련해 AI 발전을 적극적으로 촉진하는 것으로 파악된다.

특히 중국 공산당은 이러한 주제에 대한 우려를 인정하며 학습의 투명성, 정책의 책임성, 중국 내부 보안 등을 중심으로 윤리적 AI 적용에 대한 가이드라인 도입을 예고했다. 또 책임 있는 개발 철학을 강조하며 AI 윤리와 거버넌스를 지킬 것을 촉구하고 있다. 시진핑 국가주석은 2023년 10월 '글로벌 AI 거버넌스 이니셔티브'를 발족했는데, 특히 AI 기술은 사람의 통제 및 관리하에 있어야 한다며 AI 연구의 혁신과 윤리적 가치를 강조했다.

2017년 중국 정부는 AI를 자국의 핵심 정책으로 채택하고, 신세대 인공지능 발전계획에 따라 2030년까지 자국의 AI 기술을 발전시켜 경제 성장 촉진, 사회 서비스 강화, 국가 안보 강화를 중장기적으로 모색하고 있다. 또 AI 산업 발전을 위한 기술 선진화, 인재 양성, 산업 간 기술 융합 등 구체적인 목표를 제시했다. 무엇보다 AI R&D에 적극 투자하며 보조금, 민관 파트너십 등 다양한 방법으로 관련 산업을 지원하고 있다. 그러나 이에 대한 정확한 보조금 규모 등은 구체적인 수치로 나타나 있지 않다.

일부 AI 전문가는 중국의 AI 산업 생태계가 소프트웨어, 자동차, 자율주행, 드론, 헬스케어 등 다양한 영역에서 급속도로 성장하고 있으며 알고리즘, 머신러닝ML, 자연어 처리NLP, Natural Language Processing 등의 기술 발전을 기반으로 산업이 발전하고 있다고 평가했다. 이렇게 AI 기술이 진전됨으로써 중국 내 많은 빅테크 기업과 스타트업의 성장과 국제적 논문의

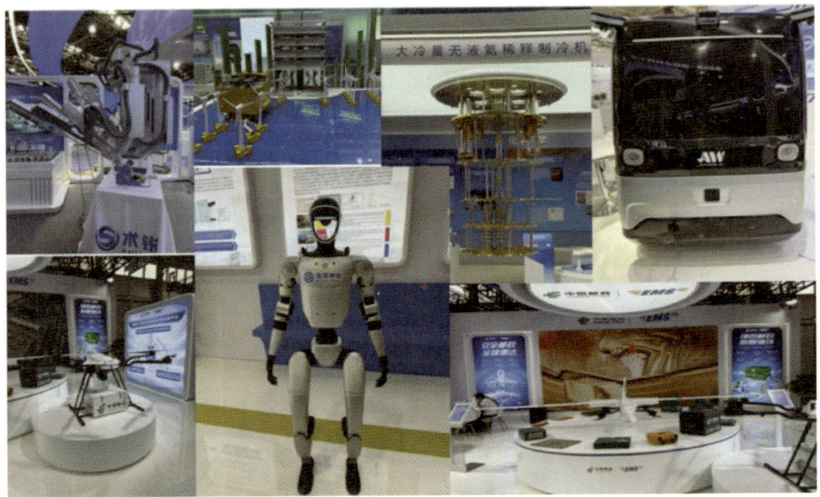

2025년 중국 CIFTIS 전시회 AI 융합 제품

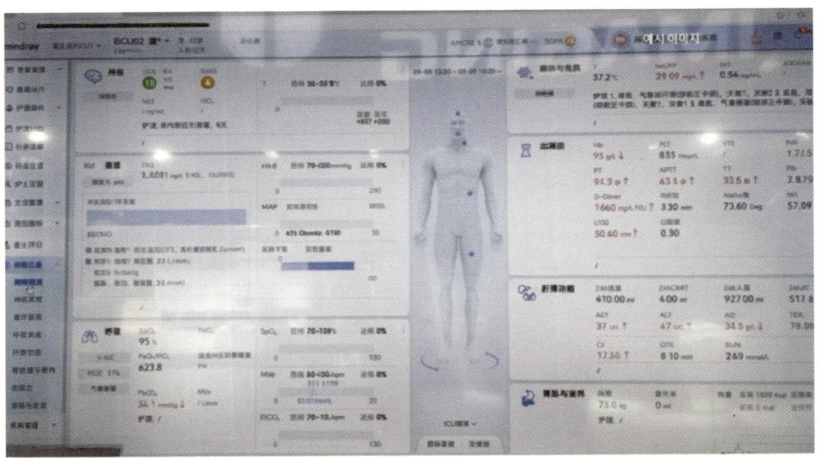

AI 헬스케어 화면 예시

성과 등이 수치로 증명되고 있다.

중국 AI 산업이 주도하는 핵심 대기업은 바이두, 알리바바, 텐센트 Tencent, 화웨이 등의 기술기업이다. 각각의 기업은 비즈니스 환경 자체와 중국의 AI 생태계 프레임워크를 만들고 있다. 기업별로 보면 바이두는 자율주행과 자연어 처리, 알리바바는 전자상거래 알고리즘과 클라우드 컴퓨팅에서 두각을 나타내고 있다. 또 텐센트는 소셜미디어 알고리즘과 AI 기반 헬스케어 솔루션, 화웨이는 AI 칩과 통신 인프라 발전에 기여하고 있다. 따라서 특정 산업별로 업체의 역할이 조금씩 세분화되어 있다고 볼 수 있다. 다양한 소프트웨어와 다양한 산업에서 대기업과 중소기업이 협업하는 것으로 파악되며, 이로써 중국 내부 정책에 따라 역할이 자연스럽게 조율되는 모습을 보인다. 아직은 디테일 면에서 부족한 모습도 있지만, 수많은 우수 인력을 기반으로 빠르게 성장할 것으로 보인다.

AI 오픈소스 이유와 방향성

그렇다면 중국은 왜 폐쇄적인 사회주의 국가에서 오픈소스 기반의 AI 소프트웨어를 추구하고, 향후 어떠한 방향을 위해 이러한 정책을 섞어서 진행하고 있는지를 알아볼 필요가 있다. 중국은 다섯 가지 측면에서 전략적으로 AI를 추진하고 있다. AI 모델 라이선스 유연화, 글로벌 AI 플랫폼 구축, 응용 및 도메인 특화 모델 개발, 규제와 안전의 통합 통제 병립, 국제 협력과 표준 주도 전략이 그것이다. 결국 중국이 AI 오픈소스 생태계를 육성하는 주요 이유는 기술 자립과 비용 효율성 확보이다. 즉 대외적인 이미지와 실리를 같이 생각하면서 정책을 만들어가고 있는 것이다.

그러나 오픈AI인 ChatGPT 사례에서 보듯이 수익 모델의 지속가능성에 대한 부분과 완전 무료 공개 모델로는 막대한 초기 투자비용 측면에서 중국 내부에 상당한 부담으로 작용할 것이다. 이러한 차원에서 기술 통제와 개방 사이의 균형을 검토하고 있는 듯하다. 즉 너무 개방하면 국가 보안·검열 문제가 야기되고, 라이선스 충돌 및 국제 지적재산권 갈등이 발생할 수 있으므로 기술 수준을 지속적으로 확보해서 단계별 개방과 효율, 제재의 가이드라인을 따지는 것이다.

다음은 중국에서 AI 오픈소스 전략을 주도하거나 대표성을 띠는 기업과 모델이다.

업체(모델)	상세 모델	특징
딥시크	DeepSeek-V3 등의 LLM 모델 오픈	저비용 고효율 모델로 세계의 주목을 받음
알리바바/통이첸원 시리즈	Qwen, Qwen3-Coder 등 오픈소스 모델 발표	개발자 중심 접근 강화, 코딩 모델 쪽 진출 활발
즈푸AI(智譜)	GLM 시리즈 오픈	중국 내 LLM 경쟁 주체 중 하나로 언급됨
01.AI/Yi 모델	공개형 언어 모델 개발	개방 가중치를 지향하는 프로젝트 중 하나로 주목됨
문샷AI (K2 등 모델)	K2 모델 등 오픈 또는 일부 개방 발표	규모가 작은 조직이지만 주목받는 실험적 모델 제공 사례로 인용됨
OpenCN/ OSCHINA/ 开源中国	AI 오픈소스 커뮤니티와 플랫폼 운영	중국 내 오픈소스 생태계 허브 역할 수행 중

이처럼 다양한 업체가 AI 소프트웨어를 주도하고 있다. 중국의 방향성이 우리나라에 미치는 영향을 파악하려면 중국 시장을 더 깊이 이해하여 우리가 최종적으로 무엇을 어떻게 준비해야 하는지를 알아야 할 것이다.

2장
AI 소프트웨어의 혁신과 LLM 생태계

GPU 규제 및 봉쇄에 대한 소프트웨어 학습 전략

중국은 미국의 첨단 GPU 수출 봉쇄라는 하드웨어적 제약을 극복하고자 소프트웨어 및 전략적 우회 노력을 강화하고 있으며, 이를 바탕으로 장기적으로는 미국에 대항하고자 독자적인 AI 생태계를 구축하고 있다. 특히 중국 기업들은 NVIDIA의 최신 고성능 칩(H100, H20 등)에 접근하기 어려워지자 소프트웨어 및 효율성 측면에서 이를 보완하는 전략을 사용하고 있다. 즉 두 가지 방법으로 학습 전략을 돌파하고 있다. 첫째는 모델 학습 및 추론 효율성 극대화 방법 모색이고, 둘째는 우회적 하드웨어 활용 및 생태계 구축이다.

특히 저비용 고성능 모델 개발로 알려진 딥시크와 같은 일부 중국 LLM 스타트업은 적은 비용과 자원으로 강력한 AI 모델을 개발하는 데 성공했으며, 훈련 데이터 처리 방식과 모델 구조 혁신으로 성과를 달성하는 등 경이로운 결과를 만들어내고 있다. 또 AI의 AI 학습Self-Evolution이나 강화 학습 등 일부 기업은 사람이 개입하는 대신 AI가 스스로 강화 학습을 하는 방식을 적용하여 데이터 가공 비용과 인건비를 절감하고, 제한된 하드웨어 내에서 효율적인 모델 진화를 추구한다.

하드웨어적으로는 기존의 코인 채굴에 사용했던 GPU 등 중고·재활용 GPU를 활용하며, 수출 규제를 피해 도입된 구형 NVIDIA GPU(예: A100, H100)를 분해하거나 재구성하여 저비용·고성능 추론 시스템으로 활용하는 '재활용 경제'가 형성되었다. 이는 추론 작업이 학습보다 연산 부담이 적다는 점을 이용한 소프트웨어 최적화의 결과이다.

AI 소프트웨어 학습 방법을 위한 막대한 교육과 모델 훈련에도 집중하고 있다. 중국은 AI 기술력을 뒷받침하고자 국가 주도로 AI 교육 체계를 구축하고, 모델 훈련 방식에서도 혁신적인 접근을 시도하고 있다. 특히 국가가 주도하는 AI 교육 시스템을 구축하려고 학년별 AI 교육을 도입하고, 베이징, 광둥성 등 주요 지역에서는 초등학교부터 고등학교까지 AI 교육을 의무화하거나 독립 교과 형태로 도입하고 있다. 초등 학년에게는 AI 기초 개념과 그래픽 기반 프로그래밍을 교육하고, 중등·고등 학년에게는 데이터 처리, 알고리즘, 머신러닝/딥러닝의 기본 원리와 응용 분야에 대한 실제적인 교육을 하는 것으로 보고된다. 특히 일부 첨단 LLM 개발사들은 AI 기반 강화 학습_{RLAI}을 사람의 피드백 대신 AI가 AI를 학습시키는 강화 학습 방식으로 데이터 가공 비용과 인건비를 획기적으로 절감하고 있다.

4대 AI 빅테크 및 중소 4대 AI 소프트웨어

바이두는 중국의 구글로 불리며 검색 엔진을 기반으로 대규모 데이터를 축적하고 있다. 특히 중국 AI 분야에서 가장 먼저 'AI 퍼스트'를 선언하

구분	바이두	알리바바	텐센트	화웨이
핵심사업	검색 엔진, 온라인 광고	전자상거래, 핀테크	소셜미디어(SNS), 게임	통신장비, 스마트폰, ICT 인프라
서비스	바이두 검색, 자율주행 아폴로	타오바오, 티몰, 알리페이, 알리바바 클라우드	위챗, QQ, 텐센트 게임	통신장비, 클라우드 컴퓨팅
LLM 모델	어니 시리즈	퉁이첸원(Qwen) 시리즈	훈위안 시리즈	판구 시리즈
AI 분야	자율주행, 로봇, 생성형 AI(검색)	클라우드 AI, 신소매, 금융 AI	슈퍼앱(위챗) 기반 에이전트, 게임 AI, 콘텐츠	AI 컴퓨팅 인프라, 산업별 AI 솔루션, AI 칩
AI 차별	'AI 퍼스트'를 외치며 AI를 기업의 핵심 동력으로 전환 시도, 자율주행 상용화에 집중	클라우드 인프라와 자체 LLM을 통합하여 기업 고객 및 기존 비즈니스에 AI 적용 가속화	위챗이라는 거대 사용자 플랫폼을 기반으로 LLM을 활용한 에이전트 서비스 및 미니 프로그램 생태계 강화	미국의 제재 속에서 AI 칩(어센드) 및 하드웨어 인프라 자립을 통해 AI 생태계 구축

며 중국 최초로 AI 기업으로 전환하는 데 집중하고 있다. 자체 개발 LLM인 어니를 바탕으로 중국 LLM 시장에서 가장 강력한 경쟁력을 보유한 모델을 만들어가고 있으며, 자율주행 분야에서 압도적인 투자와 기술력을 바탕으로 상용화에 앞장서고 있다.

알리바바는 세계적인 전자상거래 기업이자 중국 최대 클라우드 서비스 제공업체 중 하나이다. 중국에서 AI는 알리바바 클라우드로 AI 인프라를 제공하고, 자체 LLM인 퉁이첸원으로 클라우드 고객에게 서비스를 제공하여 AI 기반 비즈니스 전환을 지원 및 선도한다. 특히 기존의 거대한 전자상거래와 핀테크(알리페이) 플랫폼에 AI를 접목하여 효율성과 사용자 경험을 극대화하는 것을 핵심 목표로 진행하고 있다.

텐센트는 중국 최대의 소셜미디어 플랫폼 위챗WeChat과 거대한 게임 사업을 보유하고 있다. 중국 내 AI 분야에서는 슈퍼앱 위챗에 LLM을 통합하는 것이 가장 중요하다. 자체 LLM인 훈위안Hunyuan을 활용하여 위챗 미니 프로그램, 콘텐츠 생성, 광고 기술, 게임 등에 AI 에이전트 서비스를 도입하여 수많은 사용자에게 AI 서비스를 제공하는 데 집중하고 있다.

화웨이는 통신장비 분야의 세계적 강자이자 자체 칩 기술 투자에 집중하는 하드웨어 및 인프라 기업이다. 중국 내 AI 개발이 미국의 제재를 받고 있는 상황에서 AI 칩(어센드 칩)을 개발하고, AI 컴퓨팅 플랫폼을 구축하

구분	01.AI	미니맥스	즈푸AI	문샷AI
핵심사업	Yi(이) 시리즈 (Yi-34B, Yi-Large 등)	MiniMax 모델 (애플리케이션에 집중)	GLM 시리즈	KimiChat(Kimi)
설립자	카이푸 리(Kai-Fu Lee, 구글 차이나 전 사장)	얀 준보(Yan Junbo)	칭화대 컴퓨터공학과 교수진	양 즈린(Zhilin Yang, 구글 연구원 출신)
주요 차별점	오픈소스 LLM 분야 강자, 이중 언어(영어/중국어) 성능 우수	소비자형 AI 애플리케이션 및 가상 캐릭터 챗봇	학계 기반의 강력한 기술력, 중국 LLM 벤치마크 1위 기록	롱 컨텍스트 처리 기술
대표 App	기업향 솔루션 및 클라우드 서비스	토키(Talkie) 등 (가상 친구 챗봇 앱, 미국 시장 인기)	기업/정부 솔루션, ChatGLM(대화형 플랫폼)	키미챗(장문 입력/ 처리 특화 챗봇)
경쟁 우위	검증된 모델 성능과 오픈소스 생태계를 통한 빠른 확산	사용자 친화적인 앱과 글로벌 시장 진출 성공(특히 미국)	안정적이고 범용적인 고성능 모델, 정부/국영 기업과 협력 확대	긴 문서, 코드, 데이터 분석 등 고급 문서 처리 능력에서 압도적 우위

여 중국의 AI 기술 자립을 이끄는 핵심 역할을 하고 있다. 자체 LLM인 판구 Pangu는 통신, 금융, 광산 등 산업 특화형 AI 솔루션에 중점을 두고 있다.

대기업 중심 전략적 분업을 바탕으로 자본력, 인프라, 방대한 사용자 데이터를 동원해 LLM을 개발하며 중국 AI 산업의 주요 축을 이루고 있다. 이들이 신흥 스타트업(01.AI, 문샷AI 등)과는 정책적으로 차별화된 AI 생태계의 기반을 제공하고 있는 것이다.

중국 AI 소프트웨어는 빅테크 중심 시장과 중소 시장으로 명확하게 나뉘는 것으로 보인다. 6대 천왕 중 특히 두각을 보이는 01.AI, 미니맥스, 즈푸AI, 문샷AI에 대해서는 좀 더 알아보자.

01.AI는 고성능 오픈소스 LLM을 통한 생태계 확장에 집중하고 있으며, Yi 모델 시리즈는 초기에 높은 성능으로 글로벌 벤치마크(Hugging Face 리더보드 등)에서 두각을 나타냈다. 저명한 창립자 이카이푸가 이끌면서 투자 유치에도 성공적이며, 오픈소스와 함께 독자적인 폐쇄형 모델을 개발하는 투 트랙 전략을 구사하고 있다.

미니맥스는 소비자(To C) 중심 AI 애플리케이션과 멀티모달 AI에 집중하며, 특히 모델 자체보다는 미니맥스 모델을 활용한 서비스에서 강점을 보인다. 가상 캐릭터 챗봇 앱 토키Talkie를 미국 등 글로벌 시장에서 성공적으로 론칭하며, 중국 AI 스타트업 중 소비자 서비스 분야에서 독보적 존재감을 과시하고 있다.

즈푸智谱, Zhipu AI는 칭화대학교의 학술적·기술적 깊이를 바탕으로 한 범용 LLM이며, 중국 내 벤치마크에서 GPT-4에 근접하거나 능가하는 성능을 여러 차례 기록하며 기술력을 인정받고 있다. 자체 개발한 GLMGeneral Language Model은 안정적이고 범용적인 고성능을 제공하며, 정부 및 대기업과의 협력에서 강점을 보이고 있다.

문샷AI는 롱 컨텍스트 처리 능력 극대화에 집중하고 있으며, 경쟁사에서 수만 토큰을 처리할 때 문샷AI는 수십만 토큰에 달하는 장문 텍스트를 안정적으로 처리하는 기술을 선보이며 독보적인 우위를 차지했다. 이는 긴 보고서, 문서, 코드 베이스 등을 한 번에 이해하고 분석해야 하는 기업 환경에서 강력한 경쟁력이며, 대표 서비스 키미챗 **Kimi Chat**은 이러한 롱 컨텍스트 기능을 앞세워 차별화하고 있다.

AI 산업별 확장 사례

기존까지는 대기업 빅테크와 중소 AI 업체 간의 역할 중심으로 보았다

기업 유형	산업 분야	주요 기업 및 모델	적용 목표 및 특징
빅테크	자율주행 & 로봇	바이두 - 어니, 아폴로	자율주행 택시(로보택시) 상용화 선도, 지능형 교통 시스템 구축
	클라우드 & 기업 IT	알리바바 - 통이첸원	클라우드 인프라 기반의 기업 솔루션 제공, 고객 서비스 및 오피스 자동화
	통신 & 하드웨어	화웨이 - 판구	산업 특화 LLM(금융, 광산, 기상 등) 개발, AI 칩(어센드) 기반 인프라 구축
	소셜 & 게임	텐센트 - 훈위안	위챗 내 AI 에이전트 통합, 게임 및 콘텐츠 제작 효율화
스타트업	긴 문서/분석	문샷AI - 키미챗	법률·금융·연구 분야의 장문 문서 분석 및 요약, 리서치 보조
	소비자 앱/엔터	미니맥스	가상 친구, AI 챗봇 앱으로 글로벌 소비자 시장 공략, 엔터테인먼트 콘텐츠 생성
	범용/정부	즈푸AI - GLM	정부 및 공공기관 대상으로 안정적이고 범용적인 LLM 서비스와 맞춤형 솔루션 제공

면, AI 업체들이 산업별로는 어떻게 응용되고 있는지를 간단히 정리하고
자 한다.

LLM 경쟁과 어니봇의 탄생

기본적으로 중국에서는 ChatGPT에 제약이 있으며, 이를 극복하고자
중국 최대 검색 엔진 기업인 바이두에서 개발하여 출시한 대화형 AI 서
비스 및 언어 모델 어니봇Ernie Bot이 별도로 존재한다. 어니는 'Enhanced
Representation from kNowledge IntEgration'의 약자이며, 중국어로
는 '원신이옌文心一言'이다. 따라서 기본적인 역할과 기술 계열 면에서
ChatGPT와 같은 서비스를 제공한다. ChatGPT와 장단점을 비교한다면
다음과 같다.

구분	어니봇	ChatGPT
개발사	바이두(중국)	OpenAI(미국)
기반 모델	ERNIE 4.0, ERNIE 4.5, ERNIE X1 등	GPT-3.5, GPT-4, GPT-4o 등
주요 강점	중국어 처리, 중국 문화 및 지식, 바이두 생태계 통합(검색, 지도, 자율주행)	영어 및 범용 지식, 코딩 및 논리적 추론, 플러그인 생태계
핵심 서비스	AI 슈퍼앱 및 무료화 기반 사용자 확보	고성능 모델(GPT-4) 유료화 기반 수익
가격	공격적인 저가 정책	시장의 기준 가격대 형성
최고 성능 모델	ERNIE X1(DeepSeek R1 동급)의 가격은 경쟁사 대비 50% 수준으로 책정	GPT-4/GPT-4o 등 모델별로 토큰당 가격 책정
비용 효율성	ERNIE 4.5가 GPT-4.5보다 성능이 뛰어나면서도 가격은 99% 저렴하다고 주장(매우 공격적인 마케팅)	혁신적인 성능을 바탕으로 높은 가격 책정. 최근 GPT-4o 출시로 가격 효율성 개선 중

오픈소스 LLM 시장의 급성장

중국 오픈소스 LLM이 빠르게 성장하는 배경에는 몇 가지 요인이 있다.

첫째는 정부와 기업의 전략적 투자이다. 중국 정부는 AI 기술을 국가 핵심 전략으로 보고 대규모 투자를 진행하고 있으며 알리바바, 바이두, 텐센트 등 대형 기술기업들도 자체 LLM 개발에 사활을 걸고 있다.

둘째는 풍부한 중국어 데이터와 방대한 양질의 중국어 코퍼스(말뭉치)를 활용하여 중국어 이해 및 생성 능력에서는 글로벌 최고 수준을 유지하거나 능가한다는 점이다.

셋째는 오픈소스화 전략이다. 완성된 모델을 오픈소스로 공개하여 전 세계 개발자가 이를 기반으로 새로운 응용 프로그램을 개발하도록 유도하고, 자체 생태계를 빠르게 확장하는 전략을 취하고 있다. 이는 미국 기업이 독점하는 LLM 시장에서 후발 주자로서 생태계 확장 경쟁을 하는 방식이다. 특히 기술적 혁신(전문가 혼합 모델MoE)과 같은 효율적인 아키텍처를 도입하여 모델의 크기를 키우면서도 추론 속도와 효율성을 획기적으로 개선하고 있다(예: DeepSeek-V2의 MLA 구조 등). 딥시크, GLM(즈푸AI) 등 많은 모델이 MoE 구조를 사용하여 모델의 파라미터(매개변수)는 늘리되 실제 연산에 사용되는 활성 파라미터 수를 줄여 성능과 효율을 동시에 잡고 있다. 또 긴 컨텍스트 길이 지원을 연구하는 Qwen 2.5(128K 토큰), DeepSeek-Coder-V2(128K 토큰) 등 대부분의 최신 모델이 롱 컨텍스트 처리를 지원하여, 대규모 문서 요약이나 복잡한 코드 베이스 분석에 강점을 보인다.

마지막으로는 다국어 및 도메인 특화 부분이다. 단순한 중국어 처리를 넘어 한국어, 영어 등을 포함한 다국어 성능을 대폭 개선하고 있으며 코딩, 수학, 에이전트 기능 등 특정 도메인에 특화된 모델 버전(예: DeepSeek-Coder-V2)을 활발하게 출시하고 있다.

중국의 LLM 생태계는 글로벌 AI 시장, 특히 미국 중심의 생태계와는 확연히 구별되는 데이터 차별화와 독특한 데이터 거버넌스 전략을 바탕으로 급성장했다. 이는 단순히 기술력 문제를 넘어 중국이라는 특수한 정치적·사회적 환경이 반영된 결과이다. 중국 LLM 학습 데이터의 차별화 요소는 학습 데이터의 규모와 구성에 있다.

중국은 압도적인 양과 우수한 질적 데이터가 강점이다. 바이두, 알리바바, 텐센트와 같은 중국의 빅테크 기업들은 수십 년간 축적해온 자국 내 플랫폼 데이터를 독점적으로 활용하고 있다. 특히 검색 및 플랫폼 데이터의 바이두 검색 엔진, 웨이보Weibo, 위챗 등에서 생성되는 방대한 고품질 중국어 텍스트 데이터는 글로벌 모델이 접근하기 어렵다. 이 데이터를 바탕으로 모델들은 중국어의 미묘한 뉘앙스, 지역별 사투리, 최신 인터넷 문화와 유행어까지 깊이 있게 학습한다. 이는 모델이 단순 번역을 넘어 문화적으로 적절한 콘텐츠를 생성하는 기반이 된다. 그리고 중국의 방대한 학술 데이터와 정부 기관 자료 역시 모델 학습에 활용된다. 이는 LLM이 법률, 과학, 역사 등 중국의 특화된 전문 지식 분야에서 높은 정확도를 보이는 원천이 된다.

또 다언어 학습을 위한 데이터 균형 부문에서도 강점이 있다. 최근 중국의 선도적인 오픈소스 모델(Qwen, Yi 등)은 중국어 외에도 영어, 한국어, 일본어, 아랍어 등 20개 이상의 언어 데이터를 학습 세트에 의도적으로 포함하며 다국어 능력을 강화하고 있다. 이는 모델이 여러 언어 간의 지식을 효과적으로 전이하여 글로벌 범용성을 확보하려는 전략적 움직임이라고 할 수 있다.

그 외에 통제와 활용의 이중 전략, 전략적 데이터 활용 촉진 등을 통해 중국 정부는 데이터를 '경제 성장의 핵심 요소'로 정의하고 AI 산업 발전을 위해 기업의 데이터 활용을 적극적으로 지원하고 있다.

중국의 엄격한 데이터 거버넌스와 검열 규정은 LLM의 학습 과정과 최종 모델의 특성에 다음과 같은 심대한 영향을 미칠 것이다. 먼저 모델의 안전성 및 편향 형성이다. 규제된 안전성 확보라는 전제는 '중국의 LLM은 학습과 파인튜닝(미세조정) 단계부터 사회주의 핵심 가치 지지와 관련된 엄격한 정렬 과정을 거친다'는 의미이다. 이는 서구 모델들이 겪는 유해 콘텐츠나 편향된 정보 생성 문제를 국가 안보 및 이념적 차원에서 사전에 차단하는 효과를 가져온다. 이러한 정치적 편향성이 내재화 학습에 적용된다는 것이며, 이러한 강제적인 정렬 과정은 모델에 정치적·이념적 편향성을 깊이 내재화한다는 문제점을 야기할 수 있다는 것이다.

민감하거나 비판적인 주제에 대해 모델은 답변을 거부하거나, 규제 기관이 승인한 공식적인 관점만 제시하도록 학습되며, 이는 모델의 중립성과 비판적 사고 능력을 저해하는 요인이 되기도 한다. 규제 당국이 민감하다고 판단하는 주제(예: 톈안먼 사태, 대만 문제 등)와 관련된 정보는 학습 데이터세트에서 체계적으로 제거되거나 검열된 버전으로 대체되며, 이러한 데이터 제거는 모델이 해당 주제에 대해 지식적 공백을 갖게 하거나, 질문에 정확하고 깊이 있는 답변을 생성하는 능력을 제한한다. 이는 중국 내수 시장에서는 문제가 되지 않을 수 있으나, 글로벌 범용 모델로서는 경쟁력을 약화시키는 요인이 된다.

또 복잡하고 엄격한 규제 준수 요건은 새로운 스타트업이나 해외 기업이 중국 LLM 시장에 진입하는 데 큰 장벽으로 작용한다. 이는 사실상 바이두, 알리바바 등 기존 대형 기업 중심으로 과점 시장을 형성하는 데 일조한다. 이렇듯 규제에 따른 중국 LLM은 외부 경쟁에 비교적 덜 노출된 상태에서 자국 시장에 최적화된 형태로 빠르게 발전할 수 있었다. 검열 규정이 LLM의 학습 방향을 중국어와 중국 문화 최적화로 명확히 설정하는 역할을 한 것이다.

결론적으로 중국의 규제와 검열은 LLM에 강력한 사회적 안전 장치를 부여하는 동시에 모델의 지식 범위와 사상적 중립성을 제한하는 양날의 검으로 작용함을 알 수 있다.

AI 스타트업 투자 트렌드와 자본의 흐름

중국의 AI 생태계와 스타트업 투자는 정부의 강력한 전략적 의지, 대형 빅테크 기업의 적극적인 참여, 미국과의 기술 패권 경쟁이라는 독특한 환경에서 형성되고 있다. 최근(2024~2025년)의 투자 트렌드와 자본 흐름은 '기술 자립'과 '경제 전반의 AI 접목'이라는 두 축을 중심으로 움직이고 있다.

중국은 미국에 이어 글로벌 AI 투자에서 주요한 위치를 차지하며, 특히 생성형 AI 열풍 이후 투자가 다시 활발해지고 있다. 특히 정부 주도형 투자와 민간 벤처캐피털VC의 후속 투자에 참여하고 있으며, 중국 정부는 AI를 핵심 국가 전략 산업으로 지정하고 '중국 제조 2025' 이래 정부 주도의 투자를 지속적으로 선행하고 있다. 정부가 기술 자립을 위한 인프라 구축이나 핵심 기술 개발에 먼저 투자하면 텐센트, 알리바바 등 민간 벤처캐피털이 후속 투자로 생태계를 확장하는 구조이다.

텐센트, 바이트댄스 등 중국의 빅테크 기업들은 자체 AI R&D뿐만 아니라 유망 AI 스타트업에 대규모 자본을 투자하며 생태계 성장을 주도하고 있다(예: 바이트댄스 1,500억 위안 이상, 텐센트 2024년 전년 대비 AI 투자 3배 증가). 초기 AI 스타트업 딥시크가 글로벌 경쟁력을 갖춘 모델을 출시한 배경에도 퀀트 헤지펀드인 하이플라이어High-Flyer의 적극적인 지원과 자금이 있었다. 현재는 LLM 기반 '응용 및 인프라 최적화'에 집중하고 있으며, 2024년 이후 투자는 모델 자체 개발을 넘어 LLM을 활용한 응용 분야에 집중되고 있다. AI 자체 응용과 전통 산업 응용 분야가 투자에서 가장 큰 비중을 차지한다.

- 주요 응용 분야: 스마트 제조(생산 공정 최적화), AI 헬스케어 및 디지털 치료제, 자율주행(막대한 실제 주행 데이터 활용) 등이 대표적이다.
- AI 인프라 및 효율성: 미국의 반도체 수출 규제에 대응하여 AI 하드웨어, 연산 효율성 극대화 기술, 액체 냉각 솔루션 등 AI 인프라 최적화 기술에도 자본이 몰리고 있다. 이는 LLM의 고효율·경량화 경쟁 트렌드와도 일치한다.

인재 양성과 AI 교육 체계

중국은 AI 분야에서 기술 자립과 글로벌 패권을 확보하고자 국가 주도로 대규모 인재 양성 시스템을 구축했다. 이는 서구권의 시장 주도형 교육 시스템과는 구별되는 몇 가지 특징이며, 한국을 포함한 다른 국가에 중요한 시사점을 제공한다. 특히 중국 AI 교육 체계의 특별한 점은 양Quantity과 질Quality을 동시에 추구하는 것이며, 정부와 산업이 유기적으로 연결된 것이다. 다음 세 가지에 주목할 필요가 있어 보인다.

첫째, 국가 주도적이고 체계적인 인재 양성이다. 중국은 일찍이 AI를 국가의 '신新질 생산력'을 위한 핵심 동력으로 규정하고, 중앙정부가 직접 AI 인재 육성 계획을 수립하고 대규모 예산을 투입했다. 2018년 이후 수백 개 대학에서 AI 전공 학과를 신설하거나 기존 학과를 개편했다. 칭화대, 북경대 등 명문 대학들은 AI 연구소와 단과대학을 설립하여 최고 수준의 연구 인력을 집중적으로 육성하고 있다. 즉 산학의 연결고리를 만들고 있으며, 학교 중심으로 AI를 진행하고 있는 것이다. 정부가 주도하여 대학, 연구 기관, 빅테크 기업(바이두, 알리바바 등) 간의 협력을 의무화하고 장려하며, 기업들은 대학 커리큘럼에 참여하거나 연구비를 지원하여 실무 중심으로 교육하고 있다(예: 상하이 AI 연구소와 대학의 InternLM 공동 개발).

둘째, 양질 전환을 위한 집중 투자이다. 해외 유수 대학에서 학위를 받은 중국계 과학자를 적극적으로 유치하고, 국내 최고 연구자들에게 막대한 지원을 한다. 이는 고급 연구 인력의 해외 유출을 막고 핵심 기술 내재화를 가속화하는 기반이 된다. 또 학생과 연구자가 LLM을 학습하고 실험할 수 있도록 대규모 컴퓨팅 클러스터와 양질의 공공 데이터 인프라를 제공한다. 이는 '경량화 및 고효율' 기술 개발과 같은 첨단 연구가 대학 현장에서도 활발해지는 토대가 된다.

셋째, 응용과 특화 중심의 실용 교육이다. 교육에서 순수 과학을 넘어 제조업, 헬스케어, 금융 등 전통 산업 분야에 AI를 접목하는 응용 능력을 강조한다. 이는 LLM이 '마지막 1킬로미터 문제(현장 적용의 어려움)'를 해결하고 경제적 가치 창출로 이어지도록 유도하며, 정부의 강력한 규제 환경 속에서 학생들은 기술 개발과 동시에 '사회주의 핵심 가치'를 반영하는

AI 윤리와 규제 준수 교육을 받는다. 이는 논쟁의 여지가 있지만, 적어도 정책 환경에 최적화된 인력을 양성하는 실용적인 방식이다.

중국 AI 교육 체계에서 우리가 배울 점은 과연 무엇인가? 중국의 인재 양성 전략은 한국의 AI 역량 강화에 다음과 같은 시사점을 제공한다.

1) 국가 차원의 비전과 자원 집중 명확화

- 장기적인 AI 전략 및 실행: AI 인재 양성을 단순한 교육 정책이 아니라 국가 생존과 기술 패권을 위한 장기적이고 일관된 전략으로 간주하고 대규모 예산과 자원을 집중하는 실행력을 배워야 한다.
- 규제 완화로 연구 환경 조성: 중국이 LLM 기술 발전 속도를 저해하지 않으려고 일부 규제 측면에서 유연성을 가지는 것처럼, AI 윤리 및 안전 규제와 자유로운 기술 개발 환경 사이에서 균형점을 찾아야 한다. 예전 황우석 박사의 줄기세포 때와 같은 도덕적 잣대가 연구와 개발의 퇴보까지 만들어서는 안 될 것이다.

2) 질質 중심의 고급 연구 인력 확보 전략

- 산학연 협력 제도화: 단순히 MOU 수준을 넘어 대기업과 스타트업이 대학 교육과 연구에 필수로 참여하는 구조를 제도화하여 현장 수요에 맞는 인재를 양성해야 한다.
- 핵심 분야 인재 이탈 방지: AI 반도체(칩)와 LLM 아키텍처 같은 핵심 분야의 고급 인재가 국내에 머물며 연구하도록 파격적인 처우와 연구 환경을 제공하고, 해외 유출을 막는 정책을 펼쳐야 한다.

3) 오픈소스 커뮤니티에 적극 기여

- 전략적 오픈소스 공개: 중국 LLM들이 그랬듯, 한국의 LLM 연구 결과물이나 데이터세트(특히 한국어 말뭉치)를 전략적으로 오픈소스 커뮤니티에 공개하여 글로벌 영향력을 확대하고 기술 교류를 활성화해야 한다. 이는 한국 AI 기술이 고립되는 것을 막고 새로운 글로벌 협력 기회를 창출하는 기반이 된다.

3장
중국 AI가 세계에 시사하는 점

기술 주권 시대의 새로운 패권 경쟁

중국이 기술 자립과 주권 확보를 국가 최우선 과제로 삼으면서 글로벌 기술 패권 경쟁은 새로운 국면에 접어들었다. 특히 AI 소프트웨어와 반도체(하드웨어) 분야를 중심으로 미국, 중국, 한국이 각자의 강점과 약점을 기반으로 복잡한 경쟁과 협력 관계를 맺으며 미래 기술 지형을 형성하고 있다. 향후 패권 경쟁의 양상과 각국의 역할 및 예상되는 시나리오는 다음과 같다.

향후 패권 경쟁은 하드웨어와 소프트웨어 분야에서 치열한 격전이 예상된다. 미국은 자국 내 반도체 제조 생태계(인텔, TSMC의 미국 내 투자)를 구축함으로써 공급망 내재화를 가속화하고, 대중국 제재로 중국의 LLM 발전에 필수인 고성능 GPU 공급을 차단하고자 한다. 또 중국의 LLM이 아무리 효율화되어도 모델 학습과 추론을 위한 메모리(HBM, *LPDDR)와 파운드리 기술은 여전히 한국(삼성전자, SK하이닉스)에 크게 의존하며, 한국

국가	핵심 강점	LLM 생태계의 역할	구조적 약점
미국	최첨단 기술 주권(GPU, 핵심 LLM 아키텍처), 소프트웨어 생태계 지배력	최고 성능의 폐쇄형 모델(GPT-4o, Claude 3) 주도, 오픈소스 생태계(Meta LLaMA) 선도	하드웨어 제조 능력의 분산, LLM의 중국어/다국어 데이터 부족
중국	AI 소프트웨어의 대규모 응용, 정부 주도 인프라, 독점적 데이터	저비용·고효율 오픈소스 LLM(DeepSeek, Qwen) 확산, 응용 시장 선점	고성능 AI 반도체(GPU) 및 핵심 장비의 대외 의존도
한국	최첨단 메모리 반도체(HBM, DRAM), 파운드리 기술, 우수한 통신 인프라	자국어 최적화 및 경량 LLM 개발, 미·중 생태계의 핵심 하드웨어 공급자 역할	LLM SW 원천 기술 및 글로벌 SW 생태계 내 영향력 부족

은 미국의 규제를 준수하면서도 중국 시장과 비즈니스 관계를 완전히 끊기 어려운 전략적 협력자 역할을 수행하게 된다. 한국 반도체는 미·중 AI 경쟁의 가장 중요한 교차점이다.

AI 소프트웨어 분야에서는 표준화와 생태계 장악 경쟁이 치열해질 것이다. 미국은 OpenAI, Google 등으로 범용 AI의 글로벌 표준을 제시하며 선도하고 있다. 반면에 중국은 오픈소스와 저비용 모델로 '대안적 생태계'를 빠르게 확장하고, 중국어/아시아 시장에서 주도권을 확보하려 한다. 결국 이러한 구조는 장기적으로 선택적 협력 관계가 자연스럽게 이루어질 것이지만 그 시기는 아직 예측하기 어렵다.

중국의 LLM이 아시아 언어(한국어 포함)에서 높은 성능을 보인다면, 한국 기업들은 비용 효율성이나 현지화 측면에서 중국산 오픈소스 LLM을 기반으로 응용 서비스를 개발하는 부분적 기술 협력을 시도할 수 있다.

* **LPDDR** 모바일 기기에 최적화된 저전력 동기식 DRAM 규격으로서 스마트폰·태블릿·노트북 등에서 배터리 효율을 높이는 데 사용된다.

시나리오	특징	각국의 미래 역할
시나리오 A 디커플링 심화 (기술 분단)	미국의 제재가 성공하여 중국의 GPU 접근이 완전히 차단되고, 글로벌 AI 생태계가 뚜렷하게 분단됨. AI 표준과 데이터도 미·중 블록으로 분리됨.	**미국**: 범용 AI 표준과 최첨단 모델 주도권 강화 **중국**: 자체 AI 칩(화웨이 어센드 등)과 LLM으로 폐쇄적인 내수 시장 완벽 장악 **한국**: AI 소프트웨어 경쟁력이 약화되며 하드웨어 공급국으로 역할이 한정될 리스크 증가
시나리오 B 효율 경쟁 우위 (혼합적 협력)	중국의 경량화 및 MoE 기술이 예상보다 빠르게 발전하여 제한된 컴퓨팅 자원으로도 글로벌 상용 모델에 필적하는 성능을 구현함. 기술 표준의 다원화가 일어남.	**미국**: 여전히 원천 기술과 연구를 선도하지만 글로벌 응용 시장 일부를 중국 모델에 내줌 **중국**: 저비용/고효율 LLM으로 아시아, 아프리카 등 신흥 시장에서 영향력 확대 **한국**: 고성능 메모리뿐 아니라 효율적인 LLM 응용 솔루션과 멀티모달 기술 등에서 강점을 확보하며 중재자 겸 특화 시장 선점자로 부상

그러나 핵심 LLM 소프트웨어 자체는 자국어 데이터 주권을 위해 자체 개발하거나 미국/유럽 모델을 기반으로 하게 될 것이다.

마지막으로 미래 패권 경쟁의 두 가지 시나리오가 존재한다.

현재 트렌드는 시나리오 B(효율 경쟁 우위)에 가깝게 진행되고 있으며, 중국의 LLM은 기술적 제약을 소프트웨어와 아키텍처 혁신으로 돌파하려 하고 있다. 한국은 이 과정에서 첨단 반도체를 공급하는 역할을 안정적으로 수행하는 동시에 자국어 특화 LLM을 중심으로 소프트웨어 역량을 키워야만 단순 하드웨어 공급국에 머무르지 않고 AI 주권 경쟁에서 생존할 수 있다.

중국식 AI 발전 모델의 지속가능성

중국식 AI 발전 모델이 현재까지는 지속가능성이 높다고 평가되지만 이는 내수 시장에 국한될 가능성이 크며, 장기적으로는 글로벌 AI 생태계와 분리되어 병존 또는 선택적 통폐합의 길을 걸을 것으로 예상된다. 즉 전면적 통폐합보다는 기술 블록화와 분절화Fragmentation 속에서 독자적인 생존 경로를 확보할 것이다. 중국 모델이 외부 압력에도 지속가능성을 유지하는 핵심 동력은 다음 두 가지로 볼 수 있다.

첫째, 강력한 내수 시장과 정부의 독점적 데이터 자원 지원이다. 중국어 기반의 방대한 플랫폼 데이터와 정부가 통제하는 공공 데이터를 독점으로 활용할 수 있으며, 이는 중국 모델이 폐쇄적 환경 속에서도 데이터 고갈 없이 지속적으로 성능을 고도화할 수 있는 기반이다. 이로써 거대한 내수 시장 규모(약 14억 인구)는 LLM 응용 서비스를 빠르게 상용화하고 투자 자본을 회수할 수 있는 강력한 수익 모델을 제공한다. 이는 서구권 모델의 진입이 사실상 차단된 환경에서 내수 기업의 성장을 보장한다.

둘째, 기술 혁신으로 제약을 극복하는 것이다. 미국의 반도체 제재에 따른 고성능 GPU 부족 문제를 전문가 혼합 모델MoE, 경량화, 지식 증류Distillation 등 소프트웨어와 아키텍처 혁신으로 우회하고 있다. 이는 제한된 하드웨어 자원으로도 고성능 AI를 구현하는 능력을 확보하고 비용 효율성을 높이는 방법이다. 중국어/아시아 문화권에 최적화된 모델을 개발하여 해당 지역에서는 글로벌 모델 대비 우위를 점할 수 있는 틈새시장을 확고히 할 것으로 보인다.

따라서 이러한 모델의 통폐합과 병존을 예상할 수 있다. 그러나 중국식 모델이 글로벌 생태계에 완전히 통폐합되기 어렵고, 그 대신 기술 블록화 속에서 병존할 가능성이 높다고 보는 이유는 다음과 같다. AI에 대한 중국 정부의 엄격한 검열과 규제는 모델에 정치적·이념적 편향성을 내재화시킨다. 이는 자유로운 사고와 중립성을 중시하는 서구권 연구 커뮤

블록	특징	중국 모델과의 관계
서구권 블록	미국, 유럽 등 자유 시장. 데이터 규범 중시, 최고 성능 추구	제한적 채택: 중국 모델의 경량화 기술은 참고하지만 핵심 아키텍처나 가중치 자체를 상업적으로 사용하는 데는 신중
중국 내수 블록	중국, 그리고 중국의 영향을 받는 국가(일부 신흥국). 정부 통제 및 현지화 우선	지배적 위치: 중국 LLM이 응용 및 서비스 시장을 지배하며 기술적 주권 확보
중재/접경 블록 (한국 포함)	미·중 양측과 모두 협력해야 하는 국가들. 효율성과 자국어 최적화가 중요	선택적 통폐합: 중국의 저비용 오픈소스 모델을 참고하거나 일부 경량화 기술을 채택하여 자국 LLM 개발에 활용할 가능성이 높음(예: Qwen의 다국어 능력 활용)

니터나 기업이 중국 LLM을 핵심 기술로 채택하기 어렵게 만드는 근본적인 장벽이다. 미국 주도하에 강화되는 반도체 수출 규제는 중국 AI 모델이 글로벌 최고 수준의 컴퓨팅 파워에 접근하는 것을 막으며, 기술적 수렴 Convergence 속도 또한 늦춘다. 그렇기에 병존과 선택적으로 분절화되는 시나리오가 가장 유력하다.

통제된 혁신이라는 딜레마

중국의 AI 발전 모델을 관통하는 가장 핵심적인 모순은 '통제된 혁신 Controlled Innovation'이라는 딜레마이다. 이는 국가 안보와 이념적 통제를 최우선으로 하면서도 글로벌 기술 경쟁에서 이기려는 혁신을 동시에 추구함으로써 발생하는 근본적인 충돌이다.

딜레마가 야기하는 주요 문제점은 ① 지식의 공백과 성능의 한계, ② 글로벌 생태계와의 고리(신뢰성 문제), ③ 혁신의 경직성 세 가지이다.

첫째, 엄격한 검열은 LLM 학습 데이터세트에서 정치적으로 민감하거

구분	특징	중국 모델과의 관계	혁신에 미치는 영향
통제 (국가 주권)	정치적 안정 및 이념 수호	엄격한 AI 규제 및 검열(사회주의 핵심 가치 반영 의무화), 데이터 사용의 중앙 통제	LLM의 창의성, 중립성, 지식 범위를 제한하고 자율적 연구를 저해
혁신 (기술 주권)	글로벌 기술 선도 및 경제 성장	AI 칩 국산화 및 LLM 경량화에 막대한 자본 투입, AI 인재 양성, LLM 오픈소스 공개로 생태계 확장	기술 발전을 가속화하고 LLM의 효율성 및 응용 능력 극대화

나 비판적인 정보를 체계적으로 제거하는데, 이는 모델이 해당 주제에 대해 정확하고 포괄적인 지식을 습득하는 것을 방해하여 궁극적으로 LLM의 지적 깊이와 문제 해결 능력에 인위적인 한계를 만든다. 글로벌 표준 LLM과 근본적인 성능 차이가 발생할 수 있는 지점이다.

둘째, 중국 LLM은 자국 내에서는 안전하다고 간주되지만, 서구권 개발자와 사용자에게는 신뢰를 얻기 어렵다. 모델이 이념적으로 편향되었을 가능성, 생성 콘텐츠를 정부가 언제든 통제할 수 있다는 '블랙박스 리스크' 때문에 중국 LLM은 글로벌 AI 생태계의 주류로 편입되기 어렵다. 이는 중국이 오픈소스를 통해 확보하려 했던 글로벌 영향력 확대 전략에 근본적인 제약을 가한다.

셋째, 기술 혁신은 본질적으로 개방성, 불확실성 감수, 자유로운 비판적 사고를 요구한다. 그러나 중국식 통제는 AI 연구 방향을 '국가 전략 목표'와 '이념적 안전성'에 종속시킨다. 이는 창의적이고 예측 불가능한 연구의 가능성을 축소시키고, 궁극적으로 AI 기술 발전의 속도와 방향을 경직되게 만들 위험이 있다.

결론적으로 중국은 국가 자원을 집중하여 LLM 기술을 빠르게 발전시키고 있지만, 통제를 강화할수록 혁신의 잠재력이 위축되는 모순에 직면해 있다. 이 딜레마는 중국 AI 모델이 내수용 강자로서는 지속가능할지 몰라도 글로벌 범용 인공지능의 표준이 되는 데는 근본적인 한계가 있음을 시사한다.

AI의 공진화와 역할

인류와 AI의 공진화Co-evolution를 위한 중국의 역할이 무엇인지를 생각해볼 필요가 있다. 인류와 AI의 공진화라는 장기적 관점에서 볼 때 중국은 기술 공급자, 거대 시장, 통제 모델의 선구자로서 독특하고도 이중적인 역할을 수행할 것이다. 이는 AI 기술의 글로벌 확산과 거버넌스 방향에 중대한 영향을 미친다.

중국은 AI 기술의 효율적인 확산자 역할을 한다. LLM 경량화와 비용 효율화 전략으로 AI 기술을 인류에게 더 폭넓게 보급하는 데 기여할 것이다. 중국의 MoE와 경량화 LLM 기술은 고가인 NVIDIA GPU 의존도를 낮춘다. 이는 개발도상국이나 리소스가 부족한 연구기관도 고성능 AI를 사용할 수 있게 함으로써, AI 접근성의 격차를 줄이고 글로벌 AI 민주화에 기여한다.

중국은 AI를 제조업, 헬스케어, 스마트시티 등 전통 산업에 대규모로 접목하는 응용 혁신에 집중하고 있다. 이 성공 모델은 다른 국가에서 AI를 실질적인 경제적 가치 창출로 연결하는 데 참고하는 거대한 실험장이 될 것이다.

그리고 중국은 기술적 통제와 감시를 바탕으로 AI의 사회적 위험을 관리하는 국가 중심 거버넌스 모델을 제시한다. 서구권이 AI 안전을 '인류에 대한 위험(예: AGI 통제 불능)'에 초점을 맞춘다면, 중국은 AI 안전을 '사회적 안정과 이념적 통제'의 관점에서 정의한다. 이 모델은 권위주의적이거나 중앙집권적인 거버넌스를 선호하는 국가들에게 AI 기술을 채택하는 대안적 규범이 될 수 있다. AI 생성 콘텐츠 검열을 법제화하고 이를 LLM에 내재화시키는 중국의 방식은 AI가 사회적 혼란을 야기할 수 있다는 우려가 커질수록 다른 국가들에게도 '통제된 AI'의 필요성을 재고하게 만들 것이다.

또 중국의 기술 자립 전략과 하드웨어 디커플링은 인류 AI 공진화 경로를 하나가 아닌 두 개 이상으로 분리시키는 주요 동인이 된다. 중국의 AI 칩 국산화와 독자적인 LLM 생태계 구축은 글로벌 AI를 미국 중심의 개방적 블록과 중국 중심의 통제적/효율 중심 블록으로 나눈다. 이 분절화는 인류가 AI를 토대로 지식과 가치를 공유하고 협력하는 방식에 구조적인 장벽을 만든다.

AI가 발전할수록 기술의 가치관과 윤리가 중요해지는데, 중국의 모델은 자유민주주의 기반 윤리와 대립하는 국가 이익 기반 윤리를 제시한다. 인류의 AI 공진화는 하나의 이상향을 향하기보다는 이 두 가지가 상충되는 윤리적 표준과 거버넌스 모델 사이에서 갈등하고 공존하는 복잡한 양상을 띨 것이다.

결론적으로 중국은 AI를 더 많은 사람이 사용하게 하는 기술적 촉진자인 동시에 AI의 발전 방향과 윤리적 표준을 이념적으로 통제하려는 세력이 되어 글로벌 AI 질서에 이중적인 압력을 가하는 핵심 역할을 할 것이다.

이러한 상황에서 우리나라는 어떠한 방향성을 가질지에 관해 국가 차원에서 AI를 하드웨어 관점이 아니라 소프트웨어 관점에서 논의해야 할 것으로 보인다.

제조

제3부

초격차, 제조 굴기의 시작(모바일), 현재(모빌리티), 미래(로봇)

중국 제조업이 한국을 뛰어넘어 세계 시장에 막대한 영향력을 미치고 있다는 사실은 이제 단순한 추측이 아니라 명백한 현실이다. 2024년 기준으로 중국은 전 세계 제조업 총생산의 약 28.7%를 차지하며 미국(16.8%)을 큰 격차로 앞서고 있다. 14년째 세계 1위 제조국 자리를 지키고 있으며, 2023년에는 일본을 제치고 세계 최대 자동차 수출국이 되었다.

그런데도 많은 사람은 여전히 알리익스프레스나 테무의 값싼 상품을 떠올리며 중국 제조를 싸구려로 단정한다. 그러나 오늘날의 중국은 그 이미지와는 거리가 멀다. 나이키, 아디다스, 유니클로 같은 글로벌 브랜드의 주요 생산지가 여전히 중국에 있고, 애플과 테슬라Tesla 같은 하이엔드 기업 또한 중국에서 정밀 조립과 품질 관리 공정을 수행한다. 중국은 이제 단순한 저가 생산국이 아니라 세계 최고 수준의 기술과 품질을 요구하는 기업들이 선택하는 핵심 제조 허브로 자리 잡았다.

이 변화의 상징적인 사례가 애플과 스마트폰 산업이다. 전 세계 아이폰의 50~60%가 중국 정저우 폭스콘 공장에서 조립되고 있으며, 애플의 2024년 공식 공급망 목록에 포함된 협력업체의 약 80%가 중국에 생산 거점을 두고 있다. 미국이 탈중국 전략을 추진하면서도 애플이 중국 공급망을 포기하지 못하는 이유가 여기에 있다. 스마트폰 산업은 중국 제조가 단순 조립을 넘어 고정밀 생산, 품질 관리, 공급망 통합 능력에서 세계 최고 수준에 이르렀음을 보여주는 대표 사례이다.

이처럼 중국은 저가 조립국 이미지를 빠르게 벗고 있다. 그 변화는 해외 시장에서도 뚜렷하다. 2025년 중반을 기준으로 유럽 주요 국가에서는 BYD가 월간 전기차 신규 등록 대수에서 테슬라를 제치며 시장 1위를 차지하기도 했다. 독일, 노르웨이, 스웨덴 등 주요국의 자동차 등록 통계에서도 BYD의 판매량은 빠르게 증가하고 있다. 로봇 분야에서도 성과가 두드러진다. 4족 보행 로봇 시장에서 중국 유니트리Unitree Robotics는 전 세계 점유율 45~55%를 차지하며 글로벌 선두권을 유지하고 있다. 중국 제조업은 이제 단순한 생산 단계를 넘어 첨단 기술을 흡수하고 새로운 산업 질서를 만들어내는 단계로 접어들었다.

제3부에서는 스마트폰, 전기차, 로봇 세 산업을 중심으로 중국 제조 굴기의 모습을 살펴본다. 겉보기에는 서로 다른 산업처럼 보이지만 그 근본에는 AI와 첨단 하드웨어 제조 기술이 결합된 스마트 디바이스라는 공통 산업 기반이 있다. 스마트폰은 사물인터넷IoT의 허브로, 전기차는 바퀴 달린 스마트폰으로, 로봇은 움직이는 AI 플랫폼으로 진화하고 있다.

이 세 산업은 이제 스마트 디바이스화라는 한 방향으로 수렴하고 있다. 서로 다른 기술 분야에서 출발했지만 모두가 데이터, 네트워크, AI를 중심으로 공통된 진화 메커니즘 안에서 움직이고 있다. 이러한 수렴은 단순한 기술 융합이 아니라 산업 패러다임의 전환이다. 하드웨어 중심 제조업이 데이터 기반 플랫폼형 제조업으로 바뀌고 있으며, 이 흐름이 국가 경쟁력을 결정짓는 새로운 척도로 부상하고 있다.

이 변화는 현실에서 이미 진행되고 있다. 스마트폰 산업은 중국 제조 혁신의 출발점이었다. 화웨이는 통신장비에서 출발해 스마트폰, 반도체, 운영체제까지 수직 통합 구조를 완성하며 기술 자립의 상징이 되었다. 샤오미Xiaomi, 오포OPPO, 비보vivo 등은 값싼 대체품 이미지를 벗고 소프트웨어와 서비스를 결합한 플랫폼 기업으로 성장했다. 스마트폰은 단순한 전자기기가 아니라 데이터와 연결되고 콘텐츠가 모이는 경제의 중심이 되었다. 이 과정에서 중국 제조는 하드웨어 생산에서 데이터 기반 제조로 전환하는 첫걸음을 내디뎠다.

그 뒤를 모빌리티 산업이 잇는다. BYD를 비롯한 전기차 기업들은 배터리, 반도체, 소프트웨어를 모두 내재화하며 자동차를 바퀴 달린 스마트폰으로 재정의했다. OTAOver-the-Air 업데이트와 자율주행 기술은 차량을 판매 후에도 지속적으로 진화하는 디지털 제품으로 바꾸었다. 전기차는 이제 단순한 이동 수단이 아니라 데이터를 주고받는 지능형 플랫폼으로 작동한다. 자동차 산업의 중심축이 엔진에서 칩과 소프트웨어로 옮겨간 지금, 중국은 제조 경쟁력의 핵심을 기계가 아닌 데이터에서 찾고 있다.

마지막으로 로보틱스 산업은 이러한 흐름의 확장선이자 정점이다. 중국의 로봇 산업은 데이터 학습과 실행, 개선이 맞물린 순환 구조를 바탕으로 생산성과 효율을 높이며 빠르게 진화하고 있다. 이 지능형 구조는 로봇을 특정 산업의 장비가 아니라 자동차, 물류, 헬스케어, 서비스 전반으로 확산시키고 있다. 병원 복도에서는 소독 로봇이, 호텔에서는 자율주행 배송 로봇이, 식당에서는 서빙 로봇이 일상에 녹아든다. 중국은 로봇을 첨단 산업이 아니라 생활과 산업을 잇는 기반 기술로 발전시키며, 공장을 넘어 도시와 가정으로 확장하고 있다. 산업의 쌀이라 불리는 제조 기반 위에서 또 한 번의 기술 굴기를 준비하는 셈이다.

결국 세 산업의 수렴은 중국 제조 굴기의 다음 장을 여는 핵심 동력이다. 이는 단순한 산업의 진화가 아니라 제조 경쟁력의 패러다임이 하드웨어에서 지능형 시스템으로 옮겨가고 있음을 보여준다. 그렇다면 무엇이 이 거대한 제조 강국을 지탱하는지 살펴봐야 한다. 중국의 부상은 다음 세 가지 힘으로 요약된다.

첫째, 국가 주도형 산업 정책과 전략적 투자이다. 중국 정부는 2015년 중국 제조 2025를 발표해 반도체, 로봇, 항공우주 등 10대 전략 산업을 지정하고, 핵심 기술의 국산화율 70%를 목표로 삼았다. 이에 따라 세제 혜택과 보조금을 확대하고, 2022년에만 1,850억 달러(약 273조 원)를 투입한 것이 이 전략의 대표적 예이다. 더 나아가 중국은 2025년에 약 1조 3,000억 위안(약 260조 원) 규모의 초장기 특별국채를 발행하였으며, 해당 재원을 국가 중대 전략 사업과 인프라 확충, 노후 설비 교체, 첨단 산업 육성, 소비재 교체 사업 등에 투입할 계획이다. 이러한 대규모 정책 자금은 단발성 지원이 아니라 제조 고도화와 산업 체질 개선을 위한 장기 전략의 일환이다.

둘째, 통합된 산업 생태계와 강력한 혁신 역량이다. 중국 전역에는 2024년 기준으로 국가급 하이테크 산업개발구(클러스터) 137개가 운영 중이며, 하이테크 인증기업 8만 5,000여 개와 시장 주체 490만 개 이상이 밀집해 있다. 이들 개발구에서는 부품, 모듈, 완제품 생산과 연구개발이 한 지역에서 신속하게 이루어진다. 선전 화창베이, 베이징 중관춘, 상하이 장강 등은 아이디어부터 양산까지 초고속 혁신이 가능한 대표 지역이다.

셋째, 데이터 중심 스마트화로 전환이다. 센서와 소프트웨어, AI를 전통 제조에 결합한 지능제조가 전 산업으로 확산하고 있다. 인구 14억에 이르는 내수 시장은 실험과 피드백을 바탕으로 신기술 상용화를 가속화하고, 방대한 데이터 환경은 제조 전 과정의 자동화와 지능화를 이끄는 원동력이 된다. 이 기반 위에서 알리바바, 바이두, 텐센트 같은 IT기업들은 클라우드, 대규모 AI 모델, 데이터 인프라를 제조업 전반에 접목하며 산업의 지능화를 촉진하고 있다. 이들의 기술은 생산 관리, 품질 제어, 공급망 예측 등 제조 전 과정에 통합되며, 산업 전체의 디지털 전환 속도를 끌어올리고 있다. 이제 중국의 공장은 단순한 생산 공간이 아니라 데이터가 스스로 학습하고 작동하는 지능형 시스템으로 진화하고 있다.

오늘날의 제조는 이제 사람의 손이 아니라 데이터가 움직이는 세계로 옮겨가고 있다. 생산을 지휘하는 것은 노동자가 아니라 알고리즘이며, 품질을 보증하는 것은 숙련이 아니라 데이터이다. 뒤이어 펼쳐질 세 장에서는 스마트폰·전기차·로봇 산업의 구체적인 성장 궤적을 살펴본다. 이로써 중국 제조업이 복제 단계를 넘어 어떻게 혁신으로 진입했는지를 확인하게 될 것이다. 중국 제조업의 도약은 이미 시작된 미래이다. 한국은 그 거대한 변화의 파도를 피할 것이 아니라 새로운 방식으로 올라타야 할 때이다.

1장
제조 굴기의 시작,
모바일

중국 휴대폰 시장은 거대한 소비처 이상의 의미를 지닌다. 이는 곧 글로벌 기술 혁신의 실험장인 동시에 강력한 지정학적 압력이 기술 발전의 방향을 결정하는 독특한 무대이다. 전 세계 스마트폰 제조사들은 미국과 유럽 등 선진 시장에서 성장의 정체에 직면했지만, 중국 시장은 여전히 격렬하게 요동치며 새로운 트렌드를 만들어낸다.

중국 소비자들은 세계에서 가장 까다로우면서도 변화에 빠르게 적응하는 특성을 보인다. 그들은 단순히 제품의 하드웨어 스펙을 따지는 것을 넘어 궈차오国潮(자국 브랜드에 대한 애착)와 첨단 기술에 대한 높은 수용성을 동시에 보여준다. 그 결과, 중국 시장의 경쟁 구도는 몇 달 만에 뒤바뀌고 혁신 기술은 가장 먼저 상용화된다. 한 기업의 흥망성쇠가 곧 국가 안보와 기술 자립이라는 거대한 담론과 엮이는 곳이 바로 중국 시장이다.

따라서 이 책은 격변하는 중국 휴대폰 시장의 현재를 해부하고, 토종 기업들의 성공 방정식을 분석하며, 이들의 움직임이 글로벌 기술 생태계에 던지는 메시지를 읽어낸다. 특히 기술 독립이라는 명분 아래 펼쳐지는 비즈니스 전쟁과 새로운 소비 세대가 만드는 문화 트렌드를 집중 조명한다.

시장 구도와 경쟁의 역학 관계

중국은 한때 연간 출하량 4억 대를 기록했던 스마트폰 공화국이었으나, 최근 몇 년간은 시장 포화와 교체 주기 장기화로 침체를 겪었다. 하지만 최근 들어 5G가 본격적으로 확산하고 프리미엄 제품으로 전환되면서 시장의 새로운 성장동력으로 작용하고 있다.

중국정보통신연구원CAICT에 따르면, 2023년 중국 국내 시장의 스마트폰 출하량은 전년 대비 6.5% 증가하며 회복세로 돌아섰다. 이 회복은 단순히 판매량 증가 이상의 의미를 지닌다. 판매된 제품의 평균판매가격ASP이 지속적으로 상승하고 있다는 사실은, 소비자들이 더는 저렴한 스마트폰이 아니라 고성능 플래그십 모델에 지갑을 열고 있음을 나타낸다. 이는 시장의 질적 성장을 의미하며, 제조사들에게는 높은 수익성을 기대할 수 있는 기회를 제공한다.

특히 주목할 점은 5G 스마트폰의 비중이다. 2024년 초를 기준으로 5G 스마트폰은 전체 출하량의 80% 이상을 차지하며 명실상부한 주류로 자리 잡았다. 중국 정부는 국가 차원에서 5G 인프라 구축에 막대한 투자를 단행했으며, 이 전략적 투자가 소비자의 교체 수요를 촉진한 결정적인 배경이 되었다. 5G 통신망은 초고속 스트리밍, 클라우드 게이밍, VR/AR 콘텐츠 등 고용량 모바일 서비스를 확산하게 하여 소비자에게 새 폰이 아니면 경험할 수 없는 가치를 제공한다.

중국에서는 1선 도시(베이징, 상하이 등), 2선 도시(청두, 항저우 등), 3~5선 저선 도시 간의 시장 특성이 극명하게 갈린다. 1선 도시에서는 애플이나 화웨이의 최고급 모델 수요가 높고 기술 수용 속도가 빠르지만, 저선 도시에서는 여전히 가성비를 중시하며 샤오미나 비보 같은 토종 브랜드의 중저가 모델이 시장을 지배한다. 저선 도시의 스마트폰 보급률이 꾸준히 증가하고 있으므로, 이 지역은 향후 몇 년간 중국 휴대폰 시장의 잠재적인 성장 엔진 역할을 할 것으로 보인다. 저선 도시 소비자들이 이전의 피처폰에서 스마트폰으로 교체하는 것이 아니라, 이미 스마트폰을 사용하던 사람들이 5G 모델로 업그레이드하는 두 번째 혹은 세 번째 스마트폰 교체 물결이 진행되고 있기 때문이다.

2026년 중국 스마트폰 시장은 AI폰의 본격적인 확산에 힘입어 안정적인 성장세를 유지할 것으로 예측된다. 시장조사 기관들은 2026년 중국 스마트폰 출하량이 3억 대 수준을 회복하며, 이 중 AI폰(온디바이스 AI 기능 탑재) 비율이 60%를 넘어설 것으로 보인다.

성장의 핵심 동력은 다음과 같다. 먼저 5G 스마트폰으로 교체가 거의 완료된다. 2026년에는 구형 4G 스마트폰이 5G로 대부분 전환되어 교체 주기의 마지막 물결이 일어난다. 그리고 AI 기능이 보편화한다. 고가 모델에 한정되던 온디바이스On-Device AI(데이터를 클라우드로 보내지 않고 휴대폰 자체에서 처리하는 AI) 기능이 중가 모델까지 확대되어 소비자의 AI 경험 기대치를 높이고 새로운 수요를 창출한다. 마지막으로 저선 도시의 프리미엄 모델 판매가 증가한다. 3~5선 도시 소비자의 소득 수준 향상과 궈차오 트렌드가 맞물려 저선 도시에서도 토종 브랜드의 플래그십 모델 수요가 꾸준히 증가할 것으로 예상된다.

브랜드	핵심 전략 및 성공 요인	시장 위치 변화 추이
화웨이	기술 자립, 하모니 OS, 강력한 애국 소비 기반의 프리미엄 복귀	미국의 제재로 일시 하락 후 2024년 이후 점유율 및 프리미엄 시장 복귀 성공
샤오미	가성비 기반의 생태계 구축 및 공격적인 AI 기능 플래그십 모델 도입	중저가 시장의 안정적 점유율 유지 및 프리미엄 시장 확장 가속화
비보	압도적인 오프라인 유통망과 카메라, 디자인 등 특정 기능의 전문성 확보	1~5선 도시 전반에 걸쳐 안정적인 점유율 유지
오포	슈퍼 고속 충전 기술을 핵심으로 젊은 층 공략, 세련된 디자인과 마케팅	중가 시장의 강력한 플레이어이며, 글로벌 확장에도 적극적
아너	화웨이에서 독립 후 중저가-중가 라인에 집중, 공격적인 가격 정책	가장 빠른 속도로 성장하며 5대 브랜드 경쟁 구도를 더욱 치열하게 만듦

중국 휴대폰 시장은 2020년대 들어 완전히 토종 브랜드 천하로 재편되었다. 한때 시장을 호령했던 삼성전자는 미미한 수준으로 점유율이 떨어졌고, 현재 시장에서는 화웨이, 샤오미, 비보, 오포, 아너Honor의 5강 체제가 확고하다.

특히 2024년 이후 화웨이의 극적인 복귀는 시장의 판도를 완전히 흔든 사건이다. 미국의 제재로 구글 GMSGoogle Mobile Services 사용이 막히고 첨단 반도체 수급이 어려워지면서 한때 시장에서 밀려났던 화웨이는, 자체 개발한 기린Kirin 칩세트와 하모니Harmony OS를 탑재한 신제품 메이트Mate 및 P 시리즈를 내놓았다. 이는 단순한 신제품 출시가 아니라 기술 독립 선언으로 해석되었고, 중국 소비자의 폭발적인 애국 소비를 이끌어냈다. 4년여 만에 애플을 제치고 중국 내 판매량 1위를 탈환하는 등 강력한 기술 자립 역량을 과시하는 동시에 프리미엄 시장의 경쟁 구도를 원점으로 되돌렸다.

그런 반면에 해외 브랜드 중에서는 애플이 유일하게 600달러 이상 초프리미엄 시장에서 확고한 입지를 유지하고 있다. 아이폰은 여전히 체면面子, 멘쯔과 품격의 상징으로 통용된다. 그러나 중국 토종 브랜드들이 폴더블, AI 기능 등 혁신 기술을 탑재하고 궈차오 마케팅을 앞세워 맹렬히 추격하면서, 애플 역시 중국 내에서 대규모 할인 프로모션을 진행하는 등 전례 없는 시장 압박을 느끼고 있다. 비보와 화웨이가 애플을 제치고 1, 2위를 다투는 상황이 더는 일시적인 현상이 아니라 기술력, 가격, 문화 요소가 복합적으로 작용하는 구조적인 변화로 보는 시각이 우세하다.

이러한 경쟁 구도에서 삼성전자는 중국 시장에서 점유율 1% 미만의 기타Others로 분류되는 굴욕적인 상황에 처해 있다. 일부 분석가는 삼성전자가 중국 소비자의 특성을 고려하지 않은 유통 전략과 현지화 부재로 시장 적응에 실패했다고 진단한다. 삼성전자는 기술력(특히 폴더블폰)에서 우위인데도 중국 토종 브랜드의 거센 파고를 넘지 못하며 글로벌 1위 기업으로서 위상을 발휘하지 못하는 모습이다.

2026년에는 화웨이의 기술 자립 효과가 극대화되며 애플과의 프리미엄 시장 경쟁이 더 치열해질 것으로 보인다. 그리고 절치부심한 삼성전자까지 가세할 것이다. 화웨이는 하모니 OS의 생태계 우위를 바탕으로 프리미엄 시장에서 애플을 맹렬히 추격하거나 일부 분기에서 앞설 것으로 예상된다. 애플은 아이폰의 AI 통합으로 중국 소비자를 재탈환하려 하지만 궈차오 트렌드에 밀려 점유율 우위를 지키기 어려울 수 있다. 최근 중국 시장에서 부진한 삼성전자는 새로운 폴더블폰을 앞장세워 프리미엄 시장을 적극 공략할 것이다.

중가 시장의 재편도 예상된다. 샤오미, 비보, 오포, 아너는 중가 시장

(2,000~4,000위안)에서 AI 기능을 중심으로 한 가성비 AI폰을 대거 출시하고 상호 경쟁하면서 시장이 재편될 것이고, 특히 아너의 약진이 두드러질 수 있다. 삼성전자는 폴더블폰 시장의 기술적 우위를 바탕으로 틈새시장을 공략하여 유의미한 점유율 반등을 꾀할 것으로 보이지만, 이와 동시에 중국 제조사들의 폴더블폰 기술 격차 축소와 귀차오 영향력 확대는 큰 걸림돌이다.

혁신 기술과 프리미엄 시장의 격돌

중국 제조사들은 지정학적 리스크와 기술 자립의 필요성 때문에 구글의 안드로이드 생태계에 대한 의존도를 낮추는 전략을 적극적으로 추진한다. 이 전략의 핵심은 화웨이의 하모니 OS이다. 하모니 OS는 단순한 휴대폰 운영체제를 넘어 IoT 기기, 자동차, 웨어러블 기기까지 아우르는 통합적인 스마트 생태계를 구축하는 것을 목표로 한다. 화웨이는 하모니 OS를 통해 스마트폰이 아닌 스마트홈 허브, 스마트카 콘솔 등으로 연결의 중심축을 이동시키려 한다. 이는 마치 애플이 아이폰-아이패드-맥북-워치로 연결되는 폐쇄적인 생태계를 중국식으로 구현하는 전략과 같다.

이 생태계를 구축하는 데 가장 큰 난관은 개발자 확보였다. 구글의 안드로이드처럼 수많은 앱 개발자를 끌어들이는 것이 관건인데, 화웨이는 공격적인 인센티브와 중국 내 압도적인 영향력을 바탕으로 생태계를 빠르게 확장하고 있다. 중국의 주요 인터넷 기업과 앱 개발사들은 화웨이의 요청을 거부하기 어려우며, 결국 수많은 앱이 하모니 OS 환경에 최적화되어 재탄생한다. 이는 마치 하나의 디지털 만리장성을 쌓아 올려 외부의 영향을 차단하고 내부 생태계를 강화하는 전략이라고 할 수 있다.

2025년 상반기 기준으로 하모니 OS를 탑재한 스마트폰의 시장점유율이 20%를 넘어설 것으로 전망되는 상황은 중국 내 OS 경쟁이 본격화했음을 의미하며, 구글 안드로이드와 애플 iOS의 양강 구도에 균열을 내는 제3의 OS가 될 가능성을 시사한다. 더 나아가 화웨이 외에 다른 중국 제조사 역시 OS의 핵심 기능을 독자적으로 개발하려는 노력을 병행하고 있다. 샤오미의 하이퍼Hyper OS나 오포의 컬러Color OS 역시 안드로이드 기반이지만, 하드웨어와 소프트웨어의 통합을 강화하고 독자적인 생태계를 구축하려는 시도로 볼 수 있다. 이는 중국 기업들이 단순히 구글의 하청 업체가 아니라 기술 주도권을 확보하려는 강한 의지를 보여준다.

2026년에는 하모니 OS가 중국 내에서 사실상 중국 표준 OS 중 하나로 인정받으며 앱 생태계의 완성도가 크게 높아질 것이다. 중국 시장 내 스마트폰 OS는 iOS(애플) - 안드로이드(구글/기타) - 하모니 OS(화웨이)의 삼각 구도가 확고히 형성되고, 기업용 솔루션이나 공공 서비스 부문에서는 하모니 OS의 점유율이 더욱 높아질 수 있다. 각 OS는 AI 기능을 핵심으로 내세우며 개발자들을 유치한다. 하모니 OS는 중국 특화 AI 서비스와 IoT 연동을, 구글 기반 OS는 글로벌 호환성을 무기로 경쟁할 것이다.

전 세계적으로 폴더블폰의 대중화가 더딘 것과 달리, 중국에서는 프리미엄 시장의 상징이자 기술력을 과시하는 수단으로 빠르게 자리 잡고 있다. 중국의 폴더블폰 시장 성장률은 글로벌 평균을 훨씬 상회하며, 특히 위아래로 여닫는 클램셸(조개껍데기) 형태보다는 책처럼 펼치는 형태의 수요가 높다. 제품의 완성도 측면에서 품질 문제가 다소 있지만 화웨이, 오포, 비보 등 토종 기업들은 다른 제조사보다 더 얇고 주름이 적은 다양한 폴더블폰을 쏟아내고 있다.

예를 들어, 비보의 X Fold 시리즈는 항공기 소재를 활용한 힌지(경첩) 디자인으로 접히는 부분의 주름을 최소화하고 얇은 두께를 구현하는 데 성공했다. 아너의 매직 V 시리즈는 초슬림 디자인으로 휴대성을 강조한다. 이러한 기술 경쟁은 단순히 하드웨어의 우위를 넘어 중국 소비자에게 '기술적으로 우리가 더 혁신적이다'라는 메시지를 전달한다. 폴더블폰은 이제 단순히 신기한 폰이 아니라 휴대폰 제조사의 하이엔드 기술력을 가늠하는 척도가 되었으며, 프리미엄 시장에서 삼성, 애플과 대등하게 경쟁하는 중국 브랜드의 무기로서 기능한다. 특히 중국 기업들은 폴더블폰을 고가 마케팅의 핵심 요소로 활용하며, 기술력이 곧 브랜드 파워로 이어지는 선순환 구조를 만들어내고 있다.

2026년에는 폴더블폰이 3,000~4,000위안(약 60만~80만 원)대 중가 시장에 본격적으로 진입하며 대중화의 문을 열 것이다. 중국 디스플레이 제조사들의 양산 능력 향상과 힌지 부품의 표준화로 생산 단가가 하락하면 폴더블폰이 더는 초고가 프리미엄의 전유물이 아니게 된다. 또 제품의 하드웨어 형태도 다양화된다. 기존의 인폴딩/아웃폴딩 형태를 넘어 롤러블Rollable 혹은 트라이폴드Tri-fold(삼단 접이식) 등 새로운 형태의 제품이 상용화되며 휴대폰의 기능적 한계를 넓힐 것이다. 일부 제조사는 2026년까지 롤러블폰의 상용화 테스트를 마칠 계획이다.

2024년부터 전 세계 스마트폰 시장의 화두가 된 AI폰 경쟁에서도 중국은 선두 그룹에 있다. 중국 제조사들은 퀄컴이나 미디어텍의 최신 칩세트를 활용하여 온디바이스 AI 기능을 휴대폰에 통합하는 데 집중한다. 온디바이스 AI는 마치 개인 비서를 스마트폰 안에 두고 쓰는 것과 같아서 사진 편집, 실시간 통역, 복잡한 명령 실행 등을 더 빠르고 안전하게 수행한다. 중국 기업들은 이 AI 기술을 활용하여 초개인화된 사용자 경험UX을 제공하려 한다.

샤오미는 자체 개발한 슈퍼샤오아이超級小愛라는 AI 비서 시스템을 통해 AI 글쓰기, AI 이미지 생성, 복잡한 명령 자동 실행 등 실용적인 기능을 통합한다. 이 비서는 사용자의 습관과 선호도를 학습하여 마치 사용자의 생각을 읽고 미리 준비해주는 것처럼 작동하는 것을 목표로 한다. 화웨이는 하모니 OS 자체가 AI 기능을 깊숙이 통합하여 서로 다른 기기 간의 경계 없는 연결을 더욱 지능적으로 관리한다. 예를 들어, 사용자가 집 근처에 도착하면 휴대폰이 자동으로 스마트홈 기기(조명, 에어컨 등)를 작동시키는 식이다.

중국 제조사들은 AI 기능을 단순한 기술 과시가 아니라 소비자의 일상생활 속 불편함을 해소하는 도구로 마케팅한다. 이들은 AI를 토대로 새로운 교체 수요를 창출하고, 고가 모델의 판매를 늘리는 중요한 동력으로 삼는다. 2026년에는 AI 기능이 휴대폰의 기본 사양이 되며, 차별화는 AI 서비스의 질과 데이터 처리 능력에서 발생한다.

AI 서비스의 구독 모델 도입도 예상된다. 핵심적인 AI 기능(예: 실시간 완벽 통역, 전문적인 이미지 생성과 편집)은 유료 구독 서비스로 전환될 가능성이 높다. 제조사들은 하드웨어 판매를 넘어 AI 기반 서비스로 수익 구조를 다변화할 것이다. 그리고 개인정보 보호와 처리 속도를 향상하도록 AI 연산의 대부분이 휴대폰 자체에서 이루어지는 '에지 컴퓨팅Edge Computing' 기술이 더욱 강화될 것이다. 이는 AI폰의 성능을 결정하는 신경망처리장치NPU 칩세트 경쟁을 더욱 심화시킬 것으로 보인다.

중국 소비자를 사로잡는 마케팅과 디자인 트렌드

중국 휴대폰 시장의 가격대는 크게 두 방향으로 나뉜다. 하나는 4,000위안(약 80만 원) 이상인 프리미엄 시장이고, 다른 하나는 1,500위안(약 30만 원) 이하인 보급형 시장이다. 이러한 가격 양극화Polarization는 중국 사회의 소득 불균형 심화와 밀접하게 관련된다. 프리미엄 제품을 구매하는 소비자는 휴대폰을 단순한 통신 수단이 아니라 자신의 사회적 지위와 안목을 드러내는 수단으로 간주한다. 아이폰이나 화웨이의 고가 모델을 사용하는 것은 곧 성공과 트렌디함을 의미한다. 이들은 가격에 민감하기보다는 브랜드 가치, 디자인, 혁신 기능에 기꺼이 높은 비용을 지불한다.

반면에 보급형 시장의 소비자는 실용성과 가성비에 집중하며 샤오미의 Redmi 시리즈, 아너의 저가 모델, 중고 리퍼폰 시장을 찾는다. 중국의 중고 스마트폰 시장 규모는 최근 몇 년간 급격히 성장하고 있으며, 이는 소비자가 새 제품보다는 합리적인 가격의 고성능을 선호하는 실용 소비 경향이 강해졌음을 보여준다. 제조사들은 이러한 양극화에 대응하고자 투 트랙 전략을 구사한다. 예를 들어 샤오미는 플래그십 모델인 Mi 시리즈로 애플과 경쟁하는 동시에 Redmi 브랜드로 저가 시장을 확실하게 방어한다. 이는 브랜드 이미지와 점유율이라는 두 마리 토끼를 잡으려는 고도의 전략이다.

2026년에는 중국 정부의 순환 경제 정책과 맞물려 중고폰 시장이 더욱 제도화되고 활성화될 것이다. 제조사나 통신사 주도의 공식 리퍼비시Refurbished폰 시장이 대폭 확대되어 중고폰에 대한 소비자 신뢰도가 높아진다. 그리고 실용주의 소비 성향에 따라 새로운 중가 모델보다 2~3년 전 출시된 애플이나 화웨이의 프리미엄 모델을 중고로 구매하는 트렌드가 더욱 확산할 것이다.

최근 몇 년간 중국 젊은 세대 사이에서는 자국 문화와 브랜드에 대한 자부심을 의미하는 궈차오 트렌드가 거세게 일고 있다. 휴대폰 제조사들은 이 트렌드를 마케팅에 적극 활용하고 있다. 궈차오 마케팅은 단순한 애국심 호소에 그치지 않고, 중국의 전통적인 디자인 요소나 고전적인 색상을 현대적인 감각으로 재해석하여 세련된 중국의 이미지를 구축하는 데 성공했다. 중국 제조사들은 옥색, 대나무녹색, 진홍색 등 중국 전통 색상에서 영감을 받은 특별판 컬러를 출시하여 큰 인기를 끌고 있다. 이는 서구적인 미니멀리즘 디자인에 지친 젊은 세대에게 문화적 차별성과 신선함을 제공한다.

화웨이는 중국의 유명한 건축가나 예술가와 협력하여 휴대폰의 UI/UX 디자인에 전통 요소를 통합하거나, 고궁박물원과 같은 국가 기관과 협업해 문화적 권위를 부여했다. 이러한 궈차오 전략은 특히 명품이나 해외 브랜드에 익숙한 젊은 세대가 토종 브랜드로 눈을 돌리게 만드는 강력한 요인으로 작용한다. 그들에게 자국 제품을 구매하는 것은 단순히 물건을 사는 행위를 넘어 자신의 문화적 정체성을 표현하는 방식이 되는 것이다.

2026년에는 궈차오 트렌드가 단순한 전통 문양을 넘어 개인의 취향과 관심사에 맞춰 더욱 세분화될 것으로 예상된다. AI 기술을 활용하여 소비자의 성향에 맞는 개인 맞춤형 UI/UX 디자인 테마(궈차오 버전)를 제공하는 서비스(예: 춘추전국시대 스타일, 당나라 시화 스타일 등)가 등장하고, 특정 도시의 지역 문화적 특색을 강조한 지역 궈차오 한정판 모델이 등장하여 지역 소비 심리를 자극할 수 있다.

중국 휴대폰 판매는 온라인 쇼핑 축제와 오프라인 매장이라는 두 축으로 움직이며, 각 채널이 담당하는 역할이 명확하게 분리되어 있다. 티몰(Tmall), 징둥닷컴(JD.com) 등 거대 이커머스 플랫폼에서 진행되는 618 쇼핑 축제(6월)나 광군제(11월 11일) 기간에는 스마트폰 판매량이 폭발적으로 증가한다. 애플과 샤오미 같은 브랜드는 이 시기에 대대적인 할인을 제공하며 단기간에 최대 판매량을 기록한다. 온라인 채널은 가격 비교의 용이성과 직관적인 할인 정보 덕분에 가성비를 추구하는 소비자에게 최적의 공간이다. 특히 샤오미는 온라인 마케팅과 팬덤 문화米粉, 미펀를 활용한 C2M Customer to Manufacturer 모델로 유통 비용을 최소화하고 가격 경쟁력을 확보하고 있다.

반면에 비보와 오포는 중국 전역, 특히 3~5선 저선 도시에 걸쳐 구축된 압도적인 오프라인 대리점과 유통망을 바탕으로 여전히 높은 점유율을 유지하고 있다. 이들은 길거리 매장, 소규모 전자기기 상점 등 소비자의 생활 깊숙한 곳까지 침투해 판매망을 구축했다. 이 오프라인 채널의 핵심은 체험이다. 소비자는 휴대폰을 직접 만져보고, 카메라 기능을 테스트하며, 친절한 매장 직원의 설명을 듣고 구매를 결정하는 것을 선호한다. 또 현지 매장은 A/S나 기술 지원에 대한 심리적 안정감을 제공한다. 따라서 중국 시장에서 성공하려면 디지털 이벤트를 통한 폭발적인 판매와 지역 밀착형 오프라인 유통이라는 두 가지 전략이 필수이다.

2026년에는 온라인과 오프라인 채널의 경계가 더욱 모호해지는 OMOOnline-Merge-Offline 전략이 모든 제조사의 표준으로 자리 잡을 것이다. 더우인抖音이나 샤오홍슈 등의 쇼트폼 플랫폼을 통한 라이브 커머스가 휴대폰 판매의 중요한 채널로 부상했다. 실시간 질문, 전문가 리뷰, 한정판 판매 등이 라이브 방송에서 구매 결정을 가속화하는 한편, 소비자가 온라인으로 제품을 확인하고 가까운 오프라인 매장에서 즉시 수령하거나 체험한 후 구매하는 서비스가 일반화된다. 이는 비보와 오포의 오프라인 강점을 온라인 판매 효율과 결합한 형태이다.

거시 환경과 미래 시장 전망

미국 정부의 지속적인 제재는 중국 휴대폰 산업을 옥죄는 동시에 역설적으로 기술 자립을 가속화했다. 마치 단단한 벽에 부딪히자 내부에서 새로운 길을 뚫어낸 것처럼 화웨이가 독자적인 칩세트와 OS를 개발하게 된 가장 큰 배경이 된 것이다. 중국 정부는 스마트폰을 포함한 첨단 기술 분야에서 '기술 독립'을 국가의 최우선 과제로 삼고 신형 인프라를 구축해 5G, AI, 데이터 센터 등에 막대한 투자를 이어가고 있다. 이 국가 전략의 핵심은 반도체 공급망의 내재화이다.

화웨이의 기린 칩세트 복귀는 중국 반도체 기술의 발전을 상징한다. 비록 첨단 미세 공정에서는 아직 서구권에 뒤처지지만, 중국 내 반도체 파운드리(위탁생산) 기술력이 빠르게 발전하면서 휴대폰 제조사들은 안정적인 부품 수급에 자신감을 얻고 있다.

중국은 데이터 보안법과 개인정보 보호법 등을 강화하며 자국 내 데이터가 해외로 유출되는 것을 엄격히 통제한다. 이 규제 환경은 구글이나 애플 같은 해외 기업들에게 복잡하고 까다로운 준수 의무를 지우며, 사실상 중국 기업들에게 유리한 환경을 조성한다. 향후 중국의 휴대폰 제조사들은 하드웨어뿐만 아니라 소프트웨어에서도 중국식 표준을 정착시키려 할 것이며, 이는 글로벌 기술 생태계에 중국 블록을 형성하는 결과를 가져올 수 있다.

2026년에는 미·중 기술 갈등이 완전히 해소되기보다는 부분적 분리 Decoupling가 심화하는 형태로 안정화될 것이다. 반도체의 격차는 고착화해 중국의 레거시(구형) 반도체 기술력은 향상되지만 3나노미터 이하 첨단 칩세트에서는 여전히 서방 기술(ASML 장비 등) 의존이 불가피하여 격차가 유지될 것이다. 이 때문에 최신 기술이 적용된 플래그십 모델의 가격 프리미엄이 더욱 높아질 수 있다.

한편 규제의 이중성도 예상된다. 중국에서 활동하는 해외 기업들은 데이터 현지화, 보안 감사 등 더욱 엄격해진 중국 규제를 준수해야 하며, 이는 해외 기업들의 중국 시장 진입과 운영을 더욱 어렵게 만든다. 중국 내수 시장의 성장세가 둔화하면서 토종 제조사들은 해외 시장 확장에 더욱 적극적으로 나서고 있다. 이들은 농촌을 포위하여 도시를 점령한다는 마오쩌둥의 전략처럼, 저가 시장부터 공략하여 점차 프리미엄 시장으로 진입하는 전략을 취한다.

샤오미, 비보, 오포 등은 인도 시장에서 삼성전자와 치열하게 경쟁 중이며 점유율 또한 상승하고 있다. 인도는 중국과 유사하게 가격 민감도가 높은 거대 시장이므로 중국 제조사들의 가성비 모델이 통용되기 쉽다. 유럽 시장 또한 적극적으로 공략하고 있다. 샤오미와 아너는 유럽 시장에서 공격적인 가격과 혁신적인 기술(빠른 충전, 고화소 카메라)을 내세워 삼성과 애플의 점유율을 빼앗아가고 있다. 특히 5G와 AI 기능을 탑재한 중가 모델로 교체 수요를 적극적으로 흡수하고 있다.

이들의 해외 전략은 초기에는 압도적인 가성비를 내세워 시장점유율을 확보한 뒤 점차 프리미엄 모델의 비중을 늘리는 방식이다. 이는 삼성전자와 애플이 지배하는 글로벌 시장에 새로운 도전장을 내미는 것이며,

향후 몇 년간 이들의 글로벌 확장은 세계 스마트폰 시장에서 가장 큰 이슈가 될 전망이다. 일부 분석가는 중국 제조사들이 2025년 이후 북미 시장을 제외한 대부분의 글로벌 시장에서 삼성전자를 위협하는 수준으로 기술 격차를 좁혔다고 평가하며, 영향력을 더욱 확대할 것으로 내다본다.

샤오미가 유럽 시장에서 삼성전자, 애플과 3강 구도를 형성하며 글로벌 1, 2위 제조사를 위협하고, 화웨이는 지정학적 압력이 상대적으로 낮은 동남아시아, 중동, 아프리카 등 신흥 시장에서 하모니 OS 탑재 모델을 제한적으로 출시하며 글로벌 OS 생태계 진출을 위한 물밑 작업을 할 것으로 보인다.

향후 중국 휴대폰 시장은 다음과 같은 방향으로 변화할 수 있다. 먼저 생성형 AI 기능이 휴대폰의 핵심 경쟁력이 되며, 제조사들은 사용자 데이터를 기반으로 초개인화된 AI 비서 서비스를 제공하는 데 집중할 것이다. 휴대폰은 단순한 기기가 아니라 사용자의 일상을 관리하고 예상하는 지능형 에이전트로 진화한다. 이는 데이터 프라이버시 논쟁을 더욱 심화시키는 결과를 초래할 수 있다. 그리고 하모니 OS가 확산하며 구글 안드로이드에 대항하는 제3의 OS 생태계가 본격적으로 자리 잡을 가능성이 높다. 특히 중국 정부가 추진하는 스마트카, 스마트홈 분야와 연계해 중국발 기술 표준이 확립될 것이다.

하드웨어적으로는 과도한 스펙 경쟁보다는 배터리 수명, 내구성, 친환경 소재 등 실용적이고 지속가능한 가치를 강조하는 트렌드가 부상할 것이다. 중고폰 시장의 성장 역시 이러한 실용주의적 소비 트렌드의 일환으로 해석된다. 또 폴더블폰의 가격이 점차 하락하면서 프리미엄 시장을 넘어 중가 시장으로 진입할 것이며, 이는 중국 소비자의 대규모 교체 수요를 이끌어낼 잠재력을 지닌다.

중국 휴대폰 시장의 지각 변동은 한국 기업에 중요한 시사점을 던진다. 토종 기업들의 성공 방정식은 단순히 가격 경쟁력에 있지 않고, 기술 자립과 자국 문화에 대한 깊은 이해를 기반으로 한다. 한국 기업은 중국 시장에서 가격으로 밀고 들어가는 전략보다는, 애플처럼 초격차 기술과 명확한 브랜드 가치를 바탕으로 프리미엄 시장을 수성해야 한다. 특히 폴더블폰과 온디바이스 AI 분야에서 경쟁사들이 쉽게 따라올 수 없는 독보적인 혁신을 지속적으로 제시해야 한다.

빠르게 변화하는 중국의 AI와 폴더블 기술 트렌드를 선도적으로 읽고, 한국만의 혁신 기술을 앞세워 글로벌 시장에서 우위를 점하는 것이 무엇보다 중요하다고 할 수 있다. 중국 기업들의 기술 독립 전략을 타산지석으로 삼아 한국 역시 핵심 부품 및 소프트웨어 기술의 자립도를 높이는 전략적 방향을 모색해야 할 것이다.

2장
제조 굴기의 현재, 모빌리티

전동화와 함께 시작된 중국 모빌리티의 반격

중국의 '제조 굴기' 국가 전략 최전선에는 전동화로 변모한 모빌리티 산업이 자리하고 있다. 내연기관 시대에 중국은 시장 개방을 조건으로 서방 및 일본 자동차 기업과 합작해 산업을 키웠으나 엔진·변속기 등 핵심 파워트레인 기술 격차를 끝내 좁히지 못했다. 중국 제조사들은 오랫동안 자동변속기 기술을 자체 개발하지 못한 채 해외에 의존했다. 또 일부 중국 업체는 한국 대기업의 변속기 검사장비 기술을 빼내려는 등 불법적인 시도에 나서기도 했다. 이처럼 내연기관차 시대에 축적된 정밀기계 설계 격차는 단기간에 따라잡기 어려웠다.

그러나 전동화가 가속화하면서 자동차 산업의 경쟁 구도에 변화가 일기 시작했다. 경쟁의 무게가 정밀기계 기술에서 배터리와 전력전자 중심의 전기 구동 기술로 이동한 것이다. 이 변화는 기계 가공 기술이 약했던 중국이 산업 경쟁 구도를 뒤집는 전환점이 됐다. 중국은 배터리·화학·

전력전자 등 전동화 관련 핵심 부품 분야를 국가적으로 집중 육성해온 덕분에 빠르게 산업 전환의 기반을 다질 수 있었다. 시장을 선도할 수 있다는 자신감을 얻은 중국은 기술 격차를 따라잡기보다 산업 구조 자체를 바꾸는 전략을 택했다. 중국 정부는 전동화를 국가 전략으로 격상해 에너지 의존을 줄이고 산업 체질을 고도화하며 '반反환경 국가' 이미지를 벗어나 첨단 기술 강국으로 도약하려 한다.

중국 모빌리티 부상의 중심에는 강력한 정부 리더십과 민간의 신속한 대응이 있었다. 정부는 대대적으로 보조금을 투입해 전기차 초기 수요를 인위적으로 부양하여 산업 전환의 속도를 높였다. 이후에는 지원을 점차 줄이며 현지 기업의 기술 자립을 유도하는 단계적 출구 전략으로 방향을 전환했다. 2020년 보조금 개편에서는 보조금 지원 기한을 2022년 말까지 연장하면서도 매년 금액을 줄이는 방식으로 산업 내 경쟁 압력을 높였다. 그와 동시에 보조금 대상 차량의 가격 상한을 30만 위안(당시 기준 약 5,000만 원대)으로 설정해 테슬라 등 고가 외산 전기차의 수혜를 자연스럽게 막았다. 그 결과 중국 현지 업체들은 특히 리튬인산철LFP 배터리 혁신과 원가 절감에 집중할 수 있었다.

이와 동시에 정책 실험의 유연성도 발휘했다. 예컨대 배터리 교환식 전기차에는 차량 가격에서 배터리 값을 제외해 보조금을 산정하도록 예외 조치를 도입해 배터리 구독 서비스 같은 새로운 비즈니스 모델이 성장하도록 장려했다. 더불어 R&D 지원과 세제 혜택, 충전 인프라 투자도 병행했다. 그 결과 2025년 8월을 기준으로 중국의 충전 인프라는 1,700만(공공 400만, 개인 1,300만) 기를 넘어섰다. 이는 신규로 차량을 구매하는 중국 소비자의 40% 이상이 큰 고민 없이 신에너지차를 선택하는 큰 원동력이 되었다.

이처럼 '경쟁하되 울타리 안에서 효율을 극대화하라'는 원칙 아래 정부가 산업 질서를 설계하자 민간 기업들은 치열한 기술·가격 경쟁 속에서도 빠르게 생존 역량을 키웠다. 정책 주도형 경쟁 구조 아래 중국 전기차 산업은 자립과 효율을 동시에 달성하며 글로벌 시장에서 '글로벌 경쟁사를 압도하는 가성비'라는 체계적 경쟁 우위를 확보했다.

배터리와 하드웨어 경쟁력: CATL과 BYD

전기차의 심장은 배터리이다. 이 분야에서 중국은 CATL(닝더스다이)와 BYD라는 쌍두마차를 앞세워 세계 최강자 반열에 올랐다. CATL은 안전하고 저렴한 LFP 배터리 기술을 일찌감치 선점했다. 강력한 정부 지원을 등에 업은 CATL은 이후 폭발적으로 성장했다. 2025년 상반기를 기준으로 전 세계 전기차에 탑재된 배터리의 약 37%가 CATL 제품일 정도로 압도적인 점유율을 차지했다. 2위 BYD도 17.8%를 기록하며 뒤를 이었다. CATL은 중국 내수 시장뿐 아니라 테슬라, 폭스바겐, 포드 등 해외 완성차 업체에도 배터리를 공급하며 모빌리티의 혈액으로 불리는 글로벌 배터리 공급망을 사실상 장악하고 있다.

CATL의 약진에는 과감한 기술 혁신과 공격적인 설비 투자가 있었다. 그중 가장 상징적인 것은 배터리 팩 내부 공간을 혁신한 셀투팩Cell-to-Pack, CTP 설계이다. 기존 배터리 팩은 작은 셀 수천 개를 모듈 여러 겹에 나눠 담은 뒤 다시 큰 팩에 넣는 구조였다. CATL은 이 중간 단계를 과감히 생략했다. 작은 셀을 곧바로 팩에 통합해 공간 효율을 극대화한 결과, 3세대 CTP 기술인 치린Qilin 배터리가 탄생했다. 치린 배터리는 크기가 같은 팩에 20% 이상 더 많은 에너지를 담아 주행거리와 충전 속도를 동시에 향상시켰다. 이 기술은 에너지 밀도의 한계를 근본적으로 돌파하며 배터리 효율의 패러다임을 바꾸었다. 이에 에너지 효율이 낮다는 이유로 한동안 저가형 배터리로 분류되던 LFP 배터리도 장거리 주행이 가능한 고성능 영역으로 진입하게 되었다. 혹한기 작동 안정성과 차량 안전성 역시 크게 개선되면서 LFP 배터리의 구조적 약점은 더욱 해소되었다.

CATL의 경쟁력은 거기서 멈추지 않았다. 니켈·코발트·망간을 조합한 삼원계NCM 배터리에서도 세계 최상위권 기술력을 유지하고 있다. 에너지 밀도나 출력 성능 면에서는 LG에너지솔루션이나 파나소닉이 근소하게 앞선다는 평가도 있지만, CATL은 압도적인 양산 효율과 납품 안정성으로 실질적인 주도권을 확보하고 있다. 여기에 2025년부터는 소금의 나트륨을 이용한 차세대 소듐이온 배터리의 양산을 예고하며, 저가형 소형 전기차와 에너지저장장치ESS 시장까지 포트폴리오를 확장하고 있다. 이처럼 CATL은 특정 화학계에 의존하지 않고 가격·성능·안정성을 조합해 시장 수요에 맞게 기술 체계를 재구성하고 있다. 이런 유연한 전략이 CATL을 단순한 배터리 제조업체가 아니라 글로벌 배터리 산업의 방향을 설계하는 기업으로 만들었다.

CATL이 배터리 기술의 경계를 확장하며 전기차 산업의 기반을 다졌다면, BYD는 그 위에서 생산 구조 전반을 통합해 완성차 혁신을 이끌고 있다. 휴대폰 배터리 제조사로 출발한 BYD는 이제 세계 최정상급 전기차 기업으로 성장했다. 성장의 핵심은 주요 전동화 기술의 폭넓은 내재화이다. BYD는 배터리뿐 아니라 전력 반도체와 전기 구동 부품까지 자체 생산해 공급망을 안정적으로 통제하고, 원가와 품질을 정교하게 관리한다.

그 덕에 BYD는 2021~2022년 글로벌 반도체 공급난 속에서도 생산 차질을 최소화할 수 있었다.

나아가 BYD의 내재화 모델은 압도적인 가성비를 갖춘 차량 생산을 가능하게 했다. BYD 보급형 모델 시걸Seagull은 중국 내에서 약 7만 위안(약 1,300만 원)대에 판매되는데, 이는 글로벌 주요 브랜드 전기차 평균 가

BYD의 1,300만 원대(중국 내 판매 기준) 전기차 시걸과 3억 원대 스포츠카 양왕(Yangwang) U9
(자료: BYD)

격의 절반 이하 수준이다. 효율적 설계와 대규모 내재화가 결합된 BYD의 생산 구조는 소비자가 부담 없이 구매할 수 있는 1,000만~2,000만 원대 차량부터 2억~3억 원대 최첨단 자율주행 기능을 탑재한 스포츠카까지 놀라울 만큼 다양한 선택지를 제공한다.

그러나 눈부신 성장의 이면에는 도전도 뒤따랐다. 글로벌 전기차 시장의 경쟁이 심화하면서 BYD도 가격 인하 압박과 수익성 악화 등 피할 수 없는 문제에 직면했다. BYD는 이에 대응해 일부 공장의 교대 근무를 축소하고 생산량을 조정했다. 회계 분석기관 GMT 리서치는 BYD의 잠재 부채가 공식 수치보다 10배 이상 많은 3,230억 위안(약 62조 원)에 달한다고 분석하며 재무 리스크 가능성을 제기했다. 2024년 들어 일부 딜러사가 압박을 견디지 못해 폐업하는 사례도 나타났다.

그런 상황에서도 BYD는 위기에 기민하게 대응하고 있다. 투자 관리 체계를 재정비하고, 브랜드 신뢰 회복과 소프트웨어 기반 서비스 강화를 병행하는 동시에 해외 파트너십을 확대하며 성장동력을 다변화하고 있다. 그래서 다수의 글로벌 투자 기관은 BYD가 현재의 난관을 극복하고 지속적으로 글로벌 전기차 업체 상위권을 유지할 것으로 전망하고 있다.

산업을 혁신하는 창의성: 니오, 샤오펑, 리오토

BYD 같은 대기업만 중국 모빌리티 굴기의 불씨를 지핀 것은 아니었다. 니오NIO, 샤오펑Xpeng, 리오토Li Auto 같은 전기차 스타트업들은 완성차 산업의 판 자체를 새로 짜며 생태계를 뒤흔든 주역이다. 세 회사의 창업자들은 모두 IT·인터넷 업계 출신인데, 자동차를 전통적인 기계가 아니라 바퀴 달린 스마트 기기, 즉 소프트웨어 플랫폼으로 재정의했다. 또 이들은 미

니오의 배터리 교환 스테이션에서는 2분여 만에 배터리를 교체할 수 있다. (자료: NIO)

국 증시에 잇따라 상장해 글로벌 자본을 유치하며 성장 발판을 마련했다.

스타트업 각사는 저마다 차별화된 전략으로 두각을 나타냈다. 니오는 업계 최초로 배터리 교환 서비스BaaS, Battery-as-a-Service를 도입했다. 소비자가 배터리를 소유하지 않고 필요할 때마다 교체하는 모델이다. 초기 구매 부담을 낮추고, 배터리 교환소를 이용함으로써 충전 시간을 줄이는 구조이다. 현재 중국 전역에 3,500곳이 넘는 교환소를 운영하며 도심 주차장부터 고속도로 휴게소까지 인프라를 넓혀가고 있다. 배터리도 서비스가 될 수 있다는 니오의 발상은 중국식 전기차 생태계의 상징이 되었다.

샤오펑은 '테슬라보다 더 테슬라답다'는 평가를 받는다. 차량을 단순한 운송 수단이 아니라 진화하는 전자제품으로 보고, 자율주행 보조 기능과 OTA 업데이트를 빠르게 도입했다. 출시 후에도 새로운 기능이 지속적

으로 추가되는 업데이트형 자동차 개념을 구현한 것이다. 대표 모델 G9
에는 지도 데이터 없이도 AI가 도심 도로를 스스로 학습해 주행하는 맵리
스Mapless 기능이 적용돼 있다. 샤오펑이 지향하는 '스스로 성장하는 자동
차'의 방향성을 잘 보여준다.

리오토는 중국식 실용주의의 대표 주자이다. 순수 전기차의 주행거리
불안을 해소하고자 증강형 전기차EREV 방식을 택했다. 겉보기에는 전기
차인데, 배터리가 부족해지면 작은 엔진이 발전기처럼 전기를 만들어주
는 구조이다. 쉽게 말해 스스로 충전하는 전기차이다. 리오토의 하이브리
드 SUV는 이러한 장거리 주행 성능에 가족 단위 사용자를 겨냥한 넓은 실
내를 결합했다. 그 결과 중국 중산층 가정의 생활 패턴에 꼭 맞는 이동형
리빙룸으로 자리 잡았다. 2024년 기준 연간 판매량은 50만 대를 넘고, 스
타트업 가운데 가장 빠르게 규모의 경제를 실현한 사례로 평가된다.

한편 이런 빠른 혁신 속도는 글로벌 완성차 업계와 뚜렷이 대비된다.
중국 스타트업들은 시행착오를 두려워하지 않고 몇 달 단위로 신모델과
기능을 개선하는 반면, 글로벌 기업들은 품질 안정성을 이유로 신중한 접
근을 선택한다. 지금 모빌리티 경쟁의 초점은 하드웨어에서 소프트웨어
로 이동하고 있다. 차량 출시 후에도 지속적으로 기능을 개선하고 사용자
피드백에 신속히 대응하는 능력이 기업 경쟁력의 핵심으로 떠오른 것이
다. 이 점에서 중국 신생 기업들의 기민한 혁신 문화는 한국 자동차 업계
에도 적지 않은 고민거리를 안겨준다.

다만 빠른 혁신의 이면에는 여전히 수익성 확보와 양산 안정화라는
현실 문제가 남아 있다. 예컨대 니오는 2024년 한 해에 순손실 약 70억 위
안(약 1조 3,000억 원)을 기록했고, 샤오펑 역시 2024년 기준 분기당 적자

가 10억 위안(약 2,000억 원) 이상이었다. 기술 혁신의 속도는 빠르지만 판매 확대와 수익 구조의 안정화는 여전히 해결해야 할 과제이다. 지속가능한 수익 모델을 세우는 것이 이들 기업이 넘어야 할 다음 단계이다.

모빌리티 굴기의 2막: 전동화에서 스마트화로

전동화의 다음 물결은 스마트화이다. 자동차는 이제 바퀴 달린 기계가 아니라 하나의 움직이는 컴퓨터로 변모하고 있다. 과거 자동차 산업의 경쟁은 주행 성능과 디자인 완성도로 대표되는 기계적 완성도에 맞춰져 있었다. 그러나 이제 경쟁의 중심은 차량의 지능과 연결성, 운전자가 체감하는 기능과 편의성으로 옮겨가고 있다. 다시 말해 자동차의 가치는 이동 수단에서 지능형 플랫폼으로 확장되고 있는 것이다. 운전자의 습관을 학습하고 음성 명령으로 제어하며, 차량이 스스로 교통 상황을 판단하는 시대인 셈이다. 그리고 이 모든 변화의 중심에는 소프트웨어가 있다. 이러한 흐름을 세계에서 가장 빠르게 실험하고 있는 무대가 바로 중국 완성차 시장이다.

이에 따라 중국 완성차 기업들은 각자의 기술력과 협력 범위에 따라 세 가지 길로 스마트카 전략을 전개하고 있다.

첫째는 자체 개발형인데, 핵심 기술을 직접 개발해 독자적인 플랫폼을 구축하는 방식이며 니오가 대표적이다. 니오는 5나노 공정으로 직접 설계한 자율주행 칩 'Shenji NX9031'을 공개했고, 차량 전체를 통합 제어하는 운영체제 SkyOS를 자체 개발했다. 쉽게 말해 자동차의 두뇌와 신경망을 스스로 설계하려는 시도이다. 완전한 기술 독립은 아니지만 소프트웨어 중심 자동차 시대에 기술 자립도를 높이려는 시도로 평가된다.

둘째는 자체 개발과 제휴를 병행하는 모델인데, BYD가 대표적이다. 핵심 기술은 직접 개발하되 일부 기능은 전문 정보통신기술ICT 기업과 협력해 개발 속도와 완성도를 높이는 방식이다. BYD는 2021년 자율주행 스타트업 모멘타Momenta와 합작사 DiPi 인텔리전트 모빌리티를 설립해 첨단 자율주행 기술을 공동 개발했다. 또 반도체 기업 호라이즌 로보틱스 Horizon Robotics와 협력해 최신 자율주행 칩 Journey 5를 차량에 도입했다. 중요한 기술은 직접 통제하면서 주변 기술은 협력으로 보완해 안정성과 속도를 동시에 확보하는 전략이다.

셋째는 ICT 협력형(플랫폼 의존형) 모델인데, 화웨이 같은 거대 ICT 기업과 협력해 단기간에 스마트카 기술을 확보하는 모델이다. 자동차 회사는 차체를 만들고, 화웨이는 차량의 두뇌 역할을 맡는다. 화웨이와 세레스 SERES의 협력 사례가 대표적이며, 이는 중국식 플랫폼 협력의 전형을 보여준다.

이처럼 다양한 전략이 동시다발적으로 추진될 수 있었던 배경에는 중국의 방대한 IT 인재 풀과 풍부한 스타트업 생태계가 있다. 그중에서도 호라이즌 로보틱스와 모멘타는 중국 자율주행 기술 발전에서 핵심 역할을 하는 대표 기업이다. 호라이즌 로보틱스는 '중국판 NVIDIA'로 불리는 AI 반도체 기업이다. 차량의 센서와 카메라 데이터를 실시간으로 분석해 판단하는 연산 칩을 개발하며, 차량의 핵심 처리 엔진 역할을 맡는다. 특히 주목할 점은 호라이즌이 칩만 공급하는 것이 아니라 그 위에서 작동하는 자율주행 소프트웨어까지 함께 제공한다는 점이다. 이로써 완성차 업체들은 외산 반도체에 의존하지 않고 첨단 운전자 보조 기능ADAS을 구현할 수 있게 되었다.

Horizon J6E/J6M Partners

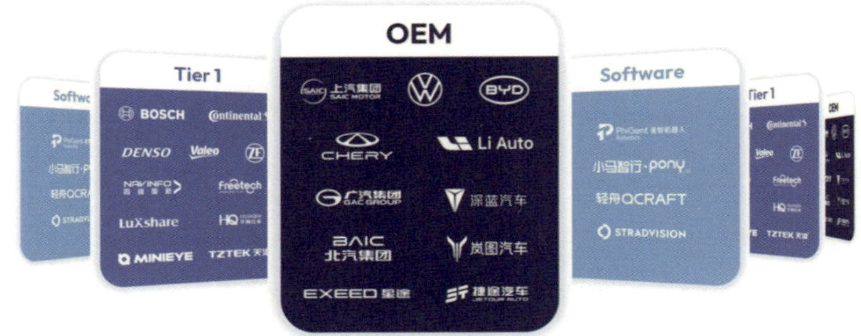

호라이즌 로보틱스의 J6 반도체의 파트너들 (자료: 호라이즌 로보틱스)

반면에 모멘타는 이러한 하드웨어가 세상을 이해하고 판단하도록 만드는 두뇌 알고리즘을 담당한다. 메르세데스-벤츠, GM, 도요타 등에서 전략 투자를 받았으며, 실제 양산 차량에 자사의 운전자 보조 시스템을 적용해 수익을 내고 있다. 모멘타는 양산 과정에서 축적한 주행 데이터를 다시 완전 자율주행 연구로 되돌리는 양방향 전략을 구사하며, 중국 자율주행 분야의 주요 유니콘 기업으로 부상했다.

이처럼 반도체, 소프트웨어, 완성차가 맞물린 생태계가 자리 잡으면서 중국의 자율주행 기술은 눈에 띄게 발전했다. 불과 몇 년 전까지만 해도 자동 긴급 제동이나 차선 유지 기능이 고급 사양으로 여겨졌지만, 이제는 대부분의 신형 전기차가 스스로 차선을 바꾸고 톨게이트를 통과하며 교차로를 빠져나간다. 2024년 기준으로 신에너지차NEV, New Energy Vehicle의 고급 운전자 보조 기능(L2 이상) 탑재율은 77.8%에 이르며, 내연기관차(30~40%)의 두 배를 넘었다. 최근에는 운전자가 두 손을 스티어링에 올려둔 채 차량이 스스로 차간 거리를 조절하고, 고속도로 진입로에서 합류하거나 도심 교차로를 통과하는 모습이 흔하다. 이는 업계에서 흔히 L2.5 수준으로 분류된다. 기술의 중심이 고속도로 보조 운전에서 도심 주행 중심의 반자율 운전으로 이동하고 있다.

업계에서는 이 변화를 단순한 기능 개선이 아니라 완전 자율주행으로 가는 현장 실험 단계로 본다. 중국 정부는 2027년 전후에 주요 도시 일부 구역에서 주차장 간 Park-to-Park 자율주행을 상용화하는 방안을 검토 중이다. 차량이 운전자의 개입 없이 스스로 주차장을 출발해 도심 도로를 달리고, 목적지 주차장에 도착해 멈추는 완전 자율주행 상용화를 위한 초기 형태이다.

자동차를 소프트웨어 플랫폼으로: 샤오미, 화웨이

자동차 산업의 소프트웨어 전환은 산업 간 경계를 허물고 있다. 완성

모멘타는 기술을 인정받아 중국뿐만 아니라 혼다와 같은 글로벌 기업과도 협력을 확대하고 있다.
(자료: Momenta)

차 기업뿐 아니라 스마트폰, 가전 제조사 같은 ICT 기업들까지 자동차 시장에 본격 진출하기 시작한 것이다. 그중 가장 주목받는 성공 사례는 샤오미이다. 한때 가성비 스마트폰의 대명사였던 이 회사는 2021년, 창업자 레이쥔雷军의 100억 달러 투자 선언과 함께 전기차 시장에 진출했다. 그리고 불과 3년 만인 2024년, 첫 전기 세단 SU7을 내놓았다. 출시 24시간 만에 8만 9,000대 판매가 예약됐고, 한정판 5,000대는 88초 만에 완판됐다. 첫해 판매량은 13만 대를 넘었으며, 2025년에는 30만 대 생산을 목표로 하고 있다.

샤오미의 핵심 전략이자 강점은 소프트웨어 중심의 통합 생태계 구축이다. 자체 차량 운영체제 HyperOS Auto를 기반으로 스마트폰, 가전, 차량을 하나로 연결했다. 운전자는 차 안에서 집 안의 샤오미 가전을 제어하고, 집에서는 차량의 충전 상태와 위치를 실시간으로 확인할 수 있다. 자동차가 스마트홈의 일부이자 개인화된 디지털 허브로 기능하는 셈이다.

샤오미의 또 다른 강점은 공급망 관리SCM 능력이다. 샤오미는 가전과 스마트폰 시절부터 초정밀 공급망 관리로 유명했다. 자체 생산보다는 파트너 네트워크를 활용해 생산 효율을 극대화하고, 핵심 부품은 직접 설계·통제하는 하이브리드형 제조 모델을 구축했다. 이러한 방식은 완성차 업계의 복잡한 부품 조달 구조를 단순화했다. 전기차 생산에서도 샤오미는 기존 협력업체와의 디지털 연동 시스템을 확장해 부품 수급, 생산 일정, 물류를 한 플랫폼에서 실시간으로 관리하고 있다. 그 덕에 차량 가격을 경쟁사보다 10~15% 낮게 유지하면서도 품질을 일정 수준 이상으로 확보할 수 있었다. 이러한 샤오미식 공급망 혁신은 가전 산업에서 검증된 성공 공식을 자동차로 이식한 사례로 평가된다.

출시와 함께 선풍적인 인기를 끈 샤오미 SU7

이와 동시에 샤오미는 팬덤을 중심으로 브랜드를 참여형 커뮤니티로 발전시켰다. 신차 발표 행사에서 CEO 레이쥔이 직접 SU7을 몰며 드리프트 주행을 선보인 장면은 1,400만 명이 실시간 시청할 정도로 화제를 모았다. 팬들은 단순한 차를 넘어 샤오미 라이프스타일의 연장으로 SU7을 소비하고 있는 것이다.

결국 샤오미의 전기차 진출은 스마트폰 회사의 자동차 진입이 아니라 자동차를 품은 디지털 생태계의 확장으로 봐야 한다. 기술, 공급망, 팬덤이 맞물린 이 모델은 자동차를 하드웨어 제품이 아닌 생활 플랫폼Life Platform으로 확장한 대표 사례이다. 이는 한국을 비롯한 전통 완성차 업계에 '앞으로 자동차는 어떤 브랜드 경험과 생태계를 파는 산업이 될 것인가?'라는 질문을 던지고 있다.

한편 화웨이는 흔히 완성차를 직접 만들지 않는 자동차 회사로 불린다. 미·중 기술 분쟁으로 스마트폰 사업이 위축된 이후, 화웨이는 축적된

ICT 역량을 새로운 성장 축인 자동차 산업으로 옮겼다. 완성차를 직접 만들지는 않지만 자동차의 두뇌라고 할 수 있는 칩과 소프트웨어는 물론 눈과 귀에 해당하는 카메라·레이더 센서, 통신 모듈 등 하드웨어까지 공급하며 완성차 산업의 핵심축으로 부상했다. 말하자면 차를 만들지 않고도 움직이게 하는 회사가 된 셈이다.

화웨이의 자동차 전략은 처음에는 단순한 티어1Tier 1(부품협력사)으로 출발했다. 이후 HIHuawei Inside(화웨이의 시스템을 차량에 탑재) 프로그램과 HIMAHuawei Intelligent Mobility Alliance(화웨이가 차량의 개발·판매 파트너로 직접 참여하는 협력 모델)로 진화하면서 완성차 기업에 칩세트·운영체제·자율주행 플랫폼을 통째로 제공하는 풀스택 협력 모델로 그 영향력을 넓혀갔다.

이 구조에서 화웨이는 단순한 부품 공급자가 아니라 ICT 생태계를 자동차에 이식하는 플랫폼 사업자가 되었다. 실제로 차량용 운영체제인 하모니 OS Auto를 통해 차량·스마트폰·스마트홈을 하나의 네트워크로 연결했고, 자율주행 플랫폼 ADS를 통해 최고 수준의 운전자 보조 기능을 구현했다. 여기에 화웨이는 AI 음성 비서, AR-HUD(증강현실 헤드업 디스플레이), 무중력 시트 등 혁신적인 사용자 경험UX 기술을 더하며 자동차를 움직이는 스마트 디바이스로 재정의했다.

이 전략의 대표적 성과가 HIMA 브랜드 중 하나인 AITO이다. AITO의 모델 M5, M7 등에서는 차량 제조를 화웨이의 파트너사 세레스가 담당하지만, 차량의 두뇌와 통신망은 화웨이가 설계했다. 소비자는 화웨이 매장에서 차량을 구입하고, 화웨이 계정으로 로그인해 스마트폰처럼 차량을 제어한다. AITO 브랜드는 출시 4년 만에 80만 대 이상 판매함으로써 신생 브랜드도 기술 수준이 높은 차량을 빠르게 내놓을 수 있음을 입증했다. 이와 동시에 화웨이는 완성차를 직접 만들지 않고도 자동차 산업의 중심에 섰다. 더욱 놀라운 것은 화웨이가 AITO와 같은 협력 브랜드를 5개나 가지고 있으며, 그 숫자가 계속 증가한다는 사실이다.

기술 측면에서도 화웨이는 이미 독보적인 존재감을 드러냈다. 2023년 차량용 반도체 공급난 속에서 자체 개발한 기린 Auto 칩을 투입해 자율주행 기능을 구현한 성과는 중국 전기차 기술 자립의 상징적 전환점으로 평가받는다. 이 사례는 화웨이가 단순한 협력 파트너를 넘어 자동차 산업의 기술 표준을 주도할 잠재력을 보여준 계기로 인식된다.

하지만 화웨이의 영향력이 커지면서 중국의 자동차 굴기를 화웨이가 흡수하고 있다는 우려도 제기된다. 이에 런정페이任正非 화웨이 회장은

구분	화웨이의 역할	협력 완성차 제조사 및 브랜드
부품 공급 (Tier 1)	스마트콕핏, 컴퓨팅 플랫폼, 디스플레이, LiDAR, 레이더, 카메라, 모터, 텔레매틱스 박스 등 부품 공급	BYD, Geely, FAW, GAC, SAIC, GWM, BMW, Benz, Changan 등
Huawei Inside(HI)	자율주행·스마트카 시스템 SW·HW(파워트레인 부품), 하이엔드 스마트드라이빙 패키지 ADS, 화웨이 통합 OS(하모니 OS 등) 공급	Changan + CATL: AVATR, BAIC: Arcfox(limited trims), Dongfeng: Voyah, Changan: Deepal
Harmony Intelligent Mobility Alliance(HIMA)	① 스마트드라이빙 관련 기술 (하이엔드 스마트드라이빙 패키지 ADS, 스마트콕핏, Qiankun 클라우드, 스마트 제어 등) 제공 ② 디자인, 브랜드 운영, 차량 판매까지 완성차 제조사와 공동 수행	Seres: AITO, Chery: Luxeed, BAIC: STELATO, JAC: Maextro SAIC: Shangjie

자동차 산업 내 화웨이와 완성차 제조사의 협업 방식 (자료: 산업인뉴스, 한국자동차연구원)

화웨이는 차량을 생산하지 않지만 완성차 업체들과 HIMA를 구성해 공동 개발과 판매에 참여하고 있다. (자료: 써우거우)

"우리는 자동차를 만들 생각이 없으며, 단지 파트너를 돕고 있을 뿐"이라고 선을 그었다. 그런데도 화웨이는 이제 단순한 ICT 기업을 넘어 자동차 산업의 기술 표준을 설계하는 주체로 자리매김했다. 한국도 구글의 안드로이드 OS나 NVIDIA의 자율주행 플랫폼처럼 중국형 자동차 플랫폼 표준의 부상을 예의주시해야 한다.

모빌리티 서비스 플랫폼: 디디추싱

차량 제조를 넘어 중국 모빌리티 혁신은 디지털 서비스 플랫폼으로도 확장되고 있다. 그 대표 주자가 바로 중국판 우버로 불리는 디디추싱滴滴出行, DidiChuxing이다. 디디추싱은 2016년 우버의 중국 사업을 인수하며 시장 지배력을 확보했고, 중국 400여 개 도시에서 2025년 기준 5억 5,000만 명이 넘는 이용자에게 서비스를 제공하고 있다. 연간 수십억 건에 달하는 이동을 중개하는 디디추싱은 '필요할 때 부르고 소유하지 않는다'는 공유 모빌리티 개념을 중국 사회에 정착시켰다. 나아가 택시·카풀·배달·금융 서비스를 통합한 모빌리티 슈퍼앱Super App으로 진화하며, 단순한 이동 수단을 넘어 일상생활 전반을 아우르는 플랫폼으로 자리매김하고 있다.

디디추싱은 이제 더는 중국판 우버로 불리지 않는다. 2024년 이후 디디추싱의 행보는 단순한 차량 호출 서비스에서 생활형 모빌리티 생태계를 글로벌로 확장하는 여정으로 진화하고 있다. 일본과 싱가포르 등 아시아 주요국에서 시작된 해외 진출은 이제 멕시코와 칠레를 포함한 중남미 8개국으로 확대되었다. 해당 지역에서 디디추싱은 단순한 이동 서비스를 넘어 배달, 금융, 모빌리티를 결합한 슈퍼앱형 플랫폼으로 자리 잡았다. 멕시코시티 음식 배달 시장의 점유율을 50% 이상 확보하고, 멕시코 전역에서 2,000만 건 넘는 개인 대출 중개를 실현한 것이 그 대표 사례이다.

이와 동시에 디디추싱은 미래 기술에서도 과감한 도전을 이어가고 있다. 2023년 공개한 완전 무인 로보택시 뉴런Neuron은 운전석이 없는 독창적 설계와 로봇 팔을 이용한 짐 운반 기능으로 탈인간 운전 시대의 상징적 모델로 주목받았다. 또 광저우의 GAC Aion과 공동 개발한 자율주행 전기 SUV는 양산을 목표로 실증 테스트를 확대하고 있다. 글로벌 경쟁사들이 여전히 시험 단계에 머무르는 가운데, 디디추싱은 가장 구체적인 상용화 일정을 제시한 기업으로 평가된다.

이러한 행보는 중요한 함의를 남긴다. 디디추싱은 공장을 세우지도 않고, 차량을 직접 제조하지도 않는다. 그런데도 데이터, 서비스, AI 기술만으로 글로벌 모빌리티 리더십을 구축하고 있다. 이는 제조 없이 산업의 주도권을 확보한 첫 중국형 플랫폼 기업이라는 상징적 의미를 갖는다.

한국을 비롯한 완성차 업계 역시 차량, 서비스, 플랫폼이 결합되는 새로운 이동 생태계의 변화를 주시해야 한다. 이동의 본질이 차량에서 서비스로, 다시 데이터 생태계로 전환되는 시대이다. 정교한 엔지니어링은 여전히 중요하지만, 산업의 주도권은 점점 배기음이 아니라 알고리즘과 데이터로 이동하고 있다.

이미 다가온 모빌리티의 미래(로보택시, eVTOL & 드론)

로보택시

중국의 대도시에서는 이제 스마트폰으로 호출하면 운전자 없는 택시가 도착하는 일이 낯설지 않다. 바이두의 아폴로 고Apollo Go, 포니.aiPony.ai, 위라이드WeRide 등 기업들이 허가 구역 확대, 완전 무인화, 운영 시간 연장을 동시에 밀어붙이며 실험 서비스를 빠르게 상용화하고 있다. 이들의 공통된 성공 비결은 두 가지로 요약된다. 첫째, 지방정부가 지정 구역을 열어주고 보험·요금·원격 관제 규정을 마련해준 제도적 발판이다. 둘째, 베이징·상하이·광저우 같은 메가시티에서 매일 축적되는 방대한 실제 도로주행 데이터이다. 데이터가 알고리즘을 키우고, 알고리즘이 다시 허가 범위를 넓히는 선순환이 작동하고 있다.

바이두의 Apollo Go는 이러한 선순환의 대표 사례이다. 2025년에 접어들며 Apollo Go 서비스 도시는 전 세계 16곳으로 늘었다. 누적 유상 호출 건수도 1,400만 건을 넘어섰다. 복잡한 교차로, 기상, 교통 혼잡 등 대도시 환경에서 나오는 방대한 데이터를 빠르게 흡수함으로써 '규모→데이터→속도'라는 중국식 실행 공식이 입증되고 있다.

포니.ai는 일명 '허가의 벽'을 연이어 넘고 있다. 2025년 상하이 푸둥에서 완전 무인 유상 로보택시 운행 허가를 받으며 중국 4대 대도시(베이징, 상하이, 광저우, 선전)에서 모두 완전 무인 유상 로보택시를 운영하는 유일한 기업이 되었다. 동시에 24시간 상시 운영을 목표로 Gen-7 양산 차량 플랫폼을 가동하여 차량과 원격 관제 체계를 지속적으로 업그레이드하고 있다.

다른 주요 업체 위라이드는 도심 셔틀, 청소차, 물류 등 서비스 다각화로 차별화를 노리고 있다. 또 위라이드는 10개국 이상으로 사업을 확장하고 있는데, 특히 중국 외 6개국(미국, UAE, 사우디아라비아, 싱가포르, 프랑스, 벨기에)에서 예상보다 빠른 속도로 무인자율주행 허가를 얻어 세계의 이목을 집중시키고 있다.

세계적 시야에서 보면, 미국의 자율주행 기술기업 웨이모^{Waymo}는 2025년 유상 로보택시 운행 1,000만 건을 넘기며 안전성과 절차 측면에서 업계의 기준점을 세워가고 있다. 확장은 점진적이지만 안전을 최우선에 둔 운영 철학이 분명하다. 그런 반면에 중국은 제도 속도와 도시 스케일을 등에 업고 확장력에서 앞선다. 둘은 서로 다른 길을 고른 셈이다.

테슬라도 다른 길을 걷고 있다. 테슬라는 2025년 텍사스에서 로보택시 파일럿 운행을 시작해 소비자 차량 기반 자율주행을 서비스화하는 실험을 병행하고 있다. 이와 동시에 미국 도로교통안전국^{NHTSA}은 테슬라의 FSD^{Full Self-Driving} 시스템이 신호 위반이나 교차로 진입 문제를 일으킨다는 우려에 대해 예비 조사를 착수했다. 즉 테슬라는 대중화 경로에서 속도를 내고 있고, 중국 기업들은 '도시 허가→무인 상용화→운영 시간 확대'라는 서비스 지향 경로를 따라 가속하고 있다. 접근법마다 기회와 위험 요소의 조합은 다르다.

베이징 이쫭 지역에서 쉽게 볼 수 있는 포니.ai 무인 로보택시

결국 방대한 데이터와 실행 속도, 그리고 마지막 관문인 안전·신뢰·제도화에서 승부가 갈릴 것이다. 중국은 메가시티에서 쏟아지는 데이터와 지방정부의 실증 인센티브로 초기 시장 규모를 확보했다. 그러나 이러한 서비스가 일상적인 교통수단으로 정착하려면 사고 대응 표준, 보험·책임 체계, 사이버 보안, 시민 신뢰라는 종합 시험을 통과해야 한다. 이 관문을 얼마나 빨리, 얼마나 투명하게 통과하느냐가 중국 로보택시의 진정한 경쟁력, 나아가 글로벌 표준으로 자리 잡을 자격을 결정하는 관건이될 것이다.

eVTOL(전기 수직이착륙기), 드론

중국의 모빌리티 혁신은 이제 지상에만 머물지 않는다. 전기차 굴기로 불리던 산업의 시계가 하늘로 향하고 있다. 전기 수직이착륙기eVTOL, 도심형 소형 전기 비행체와 물류 드론, 이 두 영역에서 중국은 이미 하늘의 전기차 시대를 준비하고 있다. 중국 정부는 2020년대 들어 저공低空경제라는 새로운 개념을 내세우며, 하늘길을 미래 성장동력으로 지정했다. 이는 도심 항공 모빌리티UAM와 드론 배송처럼 지상 교통의 한계를 하늘로 확장하려는 전략이다.

2022년 발표한 로드맵에서는 2026년까지 주요 도시 간 시범 노선을 개설하고, 2030년경 본격 상용화를 추진한다는 목표를 제시했다. 실제로 광저우시는 2024년 초에 전국 최초로 공중도시 건설 조례를 제정했다. 이에 발맞춰 민간 자본과 스타트업의 투자도 활발히 이어지고 있다. 현재 중국에는 eVTOL 기업 30여 개가 활동 중이며, 중국 저공경제산업연맹은 2030년 중국 내 운항 기체가 약 10만 대에 이를 것이라는 다소 공격적인 업계 추정치를 내놓았다.

이 가운데 가장 주목받는 기업은 이항EHang이다. 2016년 세계 최초로

EH216-S를 실제 탑승하는 관광객 (자료: 66wz.com)

유인 드론을 선보인 이항은 이후 2인승 소형 eVTOL 기체를 꾸준히 발전시켜왔다. 2023년에는 자사의 EH216-S 기체가 중국 민항총국**CAAC**에서 세계 최초로 무인 여객 eVTOL 형식증명을 획득했다. 2024년에는 생산증명과 운항증명까지 받아내며 상업 운항 허가를 공식적으로 취득했다. 광저우와 허페이에서는 이미 EH216-S 기체를 활용한 관광용 드론 택시가 운항을 시작했다. 아직 비행 거리가 짧고 이용객 수도 제한적이지만, 하늘 위 택시가 더는 상상 속 이야기가 아님을 보여준다.

화물용 eVTOL 분야에서는 오토플라이트**AutoFlight**가 선두를 달린다. 이 회사는 사람보다 짐을 싣는 데 집중한다. 2024년에 1톤급 화물 드론이 중국 당국에서 세계 최초로 톤급 eVTOL 기체 형식증명을 통과했고, 이후 상업 운항이 허가됐다. 현재 이 기체는 광저우 일대에서 실제로 화물을 운송하며 운영되고 있다. 시속 200킬로미터로 도심과 섬 지역 하늘을 오가는 물류 트럭의 시대가 열린 셈이다.

드론 배송에서도 중국의 속도는 눈에 띈다. 넓은 국토와 복잡한 도시 구조에서 드론은 라스트 마일**Last Mile** 배송 문제의 실질적 해법으로 부상했다. 대형 물류사인 SF익스프레스와 징둥**JD**은 이미 산간 지역 배송에 드론을 활용하고 있다. 최근에는 도심 음식 배달 플랫폼까지 이 흐름에 합류했다. 중국판 배달의 민족인 메이투안**Meituan**은 2022년 선전에서 첫 드론 배달 노선을 개설한 뒤 2024년 말을 기준으로 베이징·상하이·광저우 등 4개 도시에서 50여 개 노선을 운영하고 있다. 지정된 드론 픽업 지점에 음식을 내려주는 방식이다. 메이투안은 향후 3~5년 내 드론 배송 단가를 지상 배달과 비슷한 수준으로 낮추겠다는 목표를 발표하는 한편, 해외 브랜드 키타**Keeta**를 통해 두바이 등에서 드론 배송 서비스를 개시하기도 했다.

메이투안의 드론 배송 장면 (자료: sohu.com)

　이렇게 중국의 모빌리티 혁신은 지상에서 하늘로 확장되고 있다. 이항의 드론 택시는 관광객을 실어 나르고, 오토플라이트의 화물 드론은 섬과 도심을 오가며, 메이투안의 배달 드론은 일상의 식사를 나른다. 이 모든 것은 먼 미래의 청사진이 아니라 이미 허가를 받고 운항 중인 현실이다. 로보택시가 도로에서 데이터를 축적하듯, eVTOL과 드론은 하늘에서 경험을 쌓고 있다. 지상에서 하늘로 이어지는 이 전환은 중국식 모빌리티 굴기의 다음 장을 예고한다.

모빌리티 굴기의 파장

　지금까지 살펴본 대로 중국 모빌리티 산업은 전동화와 스마트화를 바탕으로 눈부신 성장을 이뤄냈다. 하지만 그 화려한 성과의 이면에는 과잉생산과 출혈 경쟁이라는 그림자가 짙게 드리워 있다. 전기차 시장이 급팽창하는 동안 수많은 신생 기업이 뛰어들었고, 지방정부의 투자 경쟁까지 겹치며 생산능력은 이미 수요를 훌쩍 넘어섰다. 2025년 기준으로 중국 자동차 산업의 연간 생산 능력은 약 6,500만 대에 달하지만, 실제 판매량은 절반 수준인 3,000만 대 안팎이다. 그 결과 2024년 말 기준 전기차 재고는 약 360만 대로 불어났고, 최근 2년간 평균 소매가격은 19% 떨어졌으며, 완성차 업체의 순이익률은 사상 최저치를 기록했다.

자금력이 약한 중소 전기차 업체들은 버티지 못하고 잇따라 무너지고 있다. 2024~2025년 들어 신생 스타트업 상당수가 문을 닫거나 인수합병되면서 시장은 본격적인 옥석 가리기 단계에 접어들었다. 이에 중국 정부는 2025년부터 공급 측 개혁을 본격화하고 있다. 핵심은 비효율적 생산 구조를 바로잡고, 좀비기업을 정리하며, 기술력 중심 기업만 선별적으로 지원하는 것이다. 지방정부의 과잉 보조금 경쟁도 규제 대상에 올랐다. 전문가들은 이런 구조조정이 몇 년간 이어지면, 2030년경에는 현재 100개가 넘는 신에너지차 브랜드 중에서 15개 안팎만 살아남을 것으로 본다. 양적 팽창 시대가 끝나고, 질적 성장 시대가 시작되는 셈이다.

내수 시장의 포화와 경쟁 심화로 수익성이 악화하자, 중국 모빌리티 기업들은 활로를 해외에서 찾기 시작했다. 2024년 중국의 자동차 수출은 540만 대를 넘어 일본을 제치고 세계 1위에 올랐다. 그중 약 35%가 전기차였다. 그러나 이번 진출은 단순한 시장 확대가 아니다. 각국의 산업 정책과 통상 질서가 교차하는 새로운 전장, 즉 지정학적 모빌리티 경쟁의 서막이다.

미국은 인플레이션 감축법IRA을 통해 2025년부터 중국(및 연계 기업)이 가공한 핵심 광물이 들어간 배터리를 장착한 전기차를 연방 세액공제 대상에서 제외했다. 여기에 2024년 5월 단행한 추가 조치로 2025년 이후 중국산 전기차에는 무려 110%가 넘는 관세가 매겨졌다. 사실상 중국차의 미국 시장 진입이 봉쇄된 셈이다. 이에 맞서 중국은 전기차 모터의 핵심 소재인 희토류 수출 통제 카드를 만지작거리며 맞불을 놓고 있다.

이 같은 움직임은 미국만의 현상이 아니다. 유럽연합EU은 2023년 말 착수한 반보조금 조사 결과를 바탕으로, 중국산 전기차에 2024년부터 기존 10% 관세에 더해 업체별 17.8~45.3% 추가 관세를 부과하기로 결정했다. 캐나다 역시 2024년 10월부터 중국산 전기차에 100% 관세를 부과하며 미국과 유럽연합의 보호무역 흐름에 동참했다. 인도는 여전히 중국산 차량의 자국 시장 진입을 엄격히 제한하지만, 일정 규모의 현지 생산과 투자를 조건으로 예외 통로를 검토 중이다. 일본은 중국 배터리 의존도를 낮추기 위해 자국 배터리 산업에 대한 보조금과 공급망 다변화 정책을 강화하고 있다.

결국 미국의 세제 배제, 유럽연합·캐나다의 고율 관세, 인도의 제한적 개방, 일본의 산업 강화가 동시에 작동하면서 중국의 해외 진출은 기술력과 가격 경쟁력만으로는 버틸 수 없는 새로운 국면을 맞았다. 이에 중국 완성차 업체들은 서방의 직접 제재를 받지 않는 러시아, 동남아, 중남미로 눈을 돌리고 있다. 유럽에서는 가격 경쟁을 유지하되 인도와 브라질 등지에서는 현지 합작사와 공장을 세워 현지화 전략을 병행하는 이중 노선을 걸고 있다.

이런 흐름은 한국을 비롯한 비서방권 자동차 산업에도 복합적인 신호를 던진다. 중국의 급격한 성장세에 제동이 걸리면서 한국 기업들은 일시적으로 전동화·스마트화 전환의 시간을 벌었다. 그러나 그 여유는 오래 가지 않을 것이다. 중국 기업들이 신흥 시장으로 무게중심을 옮기며 저가

공세와 현지화 전략을 강화하고 있기 때문이다. 한국의 완성차와 배터리 기업들은 이 틈을 활용해 기술 경쟁력과 브랜드 신뢰도를 높이는 동시에 공급망 재편과 지역별 전략 차별화를 서둘러야 한다.

중국 모빌리티 산업은 세계를 선도할 만큼 성장했지만, 이제는 과잉 생산 구조와 글로벌 견제라는 이중 압력 속에서 시험대에 올라 있다. 향후 중국 정부와 업계는 공급 개혁을 바탕으로 내수를 재정비하고, 기술 혁신과 정책 리스크 관리 역량을 동시에 강화해야 한다. 2026년은 그 방향성을 가늠할 분수령이 될 것이다. 첫째는 중국 정부의 공급 측 개혁이 과잉 생산 문제를 실질적으로 완화하고 산업의 질적 전환을 이끌 수 있을지 여부이다. 둘째는 BYD·샤오미·화웨이 등 주요 기업들이 글로벌 견제 속에서도 기술력과 브랜드 경쟁력으로 어떤 돌파구를 열 것인가이다. 셋째는 이항과 오토플라이트 같은 신흥 eVTOL 기업들이 상용화에 성공하며 하늘로 확장된 모빌리티의 현실화를 보여줄지 여부이다. 그리고 마지막으로 전기차-배터리-자율주행 소프트웨어로 이어지는 중국형 모빌리티 생태계가 내수 중심에서 글로벌 플랫폼으로 진화할지 여부가 최대 관전 포인트이다. 결국 2026년은 중국 모빌리티 굴기의 진짜 시험대가 될 것이고, 그 결과에 따라 세계 자동차 산업의 판도가 다시 그려질지도 모른다.

3장
제조 굴기의 미래, 로봇

중국은 로봇 굴기에 왜, 그리고 어떻게 승부를 거는가

중국에서 지금 벌어지는 일은 '로봇 굴기Robot Rise'라는 표현으로도 부족할 만큼 거대하다. 10여 년 전까지만 해도 저렴한 인건비로 세계 제조업의 하청을 도맡았지만, 지금은 사람을 대신할 기계와 자동화 라인으로 산업 지형을 완전히 뒤바꾸고 있다. 내연기관 자동차가 전기차에 밀려난 것과 비슷하게, 로봇이 차세대 성장 엔진이자 기술 주권의 핵심 무기로 떠올랐다.

로봇 굴기의 출발점은 인구 절벽이 가져온 구조적 변화였다. 생산 가능 연령층이 점점 줄어들고, 노년층 비율은 해마다 커졌다. 일손은 모자란데 산업 현장의 인력 수요는 늘어만 갔다. 인건비가 오르면서 기업 수익이 압박받았고, 공장을 저임금 국가로 옮기는 것도 예전만큼 쉽지 않았다. 이런 상황에서 로봇은 선택지가 아니라 필수가 됐다. 단순 반복 작업은 로봇이 맡고, 숙련 노동자는 프로그래밍이나 품질 관리 같은 고급 업무로 자리를 옮겼다.

　광둥성의 한 전자부품 공장 사례를 보자. AI 카메라를 단 로봇 팔이 하루 종일 제품을 조립하고 불량을 실시간으로 걸러낸다. 과거엔 50명이 필요했던 라인을 지금은 로봇 5대와 관리자 3명이 돌린다. '기계 동료'라는 말이 중국 제조 현장에서 낯설지 않게 된 이유이다. 이러한 흐름은 시장이 알아서 만든 게 아니다. 중국 정부가 로봇을 미래 산업의 핵심 기반으로 규정하고 장기 전략에 포함시켰기에 가능해졌다. 2015년 발표한 '중국 제조 2025'에서 로봇은 10대 전략 산업에 이름을 올렸고, 핵심 부품 국산화와 기술 내재화가 최우선 과제로 설정됐다. 중국 제조 2025는 지난 10년간 괄목할 만한 성과를 거두었다. 전기차와 배터리 분야에서 세계 1위로 올라섰고, 로봇 보급률도 급증했다.

　제14차 5개년 계획(2021~2025)에서는 로봇 산업 연평균 성장률 목표를 20% 이상으로 잡았고, 제조업 전반의 자동화 수준을 대폭 높이는 정책을 밀어붙였다. 2023년 기준 중국의 산업용 로봇 설치 밀도는 노동자 1만 명당 470대로 독일과 일본을 추월하며 세계 상위권에 진입했다. 2024년에는 약 29.5만 대를 신규 설치해 전 세계 산업용 로봇의 54%를 차지했으며, 중국 내 로봇 공급에서도 자국 업체 비율이 57%로 해외 업체를 처음으로 앞질렀다.

　눈에 띄는 건 중앙정부와 지방정부의 '이중 추진 구조'이다. 베이징은 국가급 로봇 혁신센터를 세우고 R&D 자금을 지원했다. 상하이는 로봇 윤리 가이드라인을 발표하며 책임 있는 기술 발전 방향을 모색했다. 선전과 안후이는 부품·제조 클러스터를 중심으로 산업단지를 키웠다. 중앙이 거시적 전략 방향과 함께 큰 그림을 그리면, 지방이 경쟁적으로 세부 실행

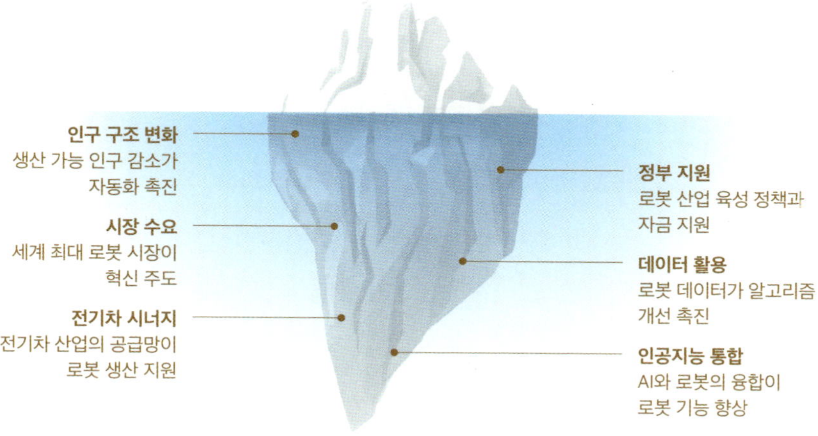

중국의 로봇 굴기: 표면 아래의 전략적 깊이

안을 내놓는 방식이다. 정책만으로는 부족하다. 시장이 뒷받침돼야 한다. 중국은 이미 세계에서 가장 큰 로봇 수요국이다. 공장 자동화, 물류, 전자, 자동차 조립 현장에서 해마다 수십만 대씩 새 로봇이 설치된다.

국제로봇연맹IFR 통계를 보면, 전 세계 산업용 로봇의 절반 이상이 중국 공장에서 돌아간다. 이 시장 규모는 단순히 양만 많은 것이 아니다. 로봇이 많을수록 운용 데이터가 쌓이고, 그 데이터가 다시 로봇 알고리즘 개선과 기술 고도화의 재료가 된다. 알리바바 물류 로봇은 하루 평균 100만 건이 넘는 배송 데이터를 모으며, 이를 경로 최적화와 장애물 회피 알고리즘 개선에 쓴다. 중국 로봇 시장은 단순한 소비 시장이 아니라 세계 최대 규모의 살아 있는 실험실living lab인 셈이다.

중국 연구기관들은 2030년에는 로봇 산업 규모가 지금의 네 배 수준까지 커질 것으로 내다본다. 이런 전망이 허황되게 들리지 않는 이유는 중국 정부의 목표 자체가 시장의 정책 신호로 작동하기 때문이다. 계획이 곧 시장을 만드는 나라인 것이다. 중국은 2025년을 넘어 향후 10년을 바라보는 '중국 제조 2035' 비전도 제시했다. 이는 17개 전략 첨단산업(8대 신흥산업 + 9대 미래산업)을 선정해 국가 역량을 총 집중하는 계획이다. 양자기술, 우주항공, AI, 휴머노이드 로봇, 반도체, 바이오, 신소재, 신에너지, 미래 배터리뿐 아니라 메타버스, 뇌-컴퓨터 인터페이스, 미래 디스플레이, 차세대 통신망, 신형 에너지저장장치 등이 포함되었다. 휴머노이드 로봇과 신에너지같이 이미 세계 최고 반열에 오른 분야는 더욱 정교하게 다듬고, 반도체와 AI 등 선진국 대비 뒤처진 분야는 '퀀텀 점프' 수준으로 도약해 세계 1위로 올라서겠다는 야심 찬 계획이다. 중국이 로봇 산업을 밀어붙이는 방식은 전기차 산업의 성공 경험을 거의 그대로 옮겨왔다. 전기차의 핵심 부품인 배터리, 모터, 감속기는 로봇 구동계의 핵심 요소와 거의 겹친다. BYD, CATL, 화웨이 같은 대기업이 이미 고효율 모터와 배터리를 대량으로 공급하니 로봇 기업들은 이를 활용해 원가를 낮췄다.

4족 보행 로봇 기업 유니트리가 서구 경쟁 제품의 3분의 1 가격에 로봇을 내놓아 화제가 된 건 전기차 산업의 공급망 덕분이었다. 규모의 경제가 원가를 낮추고, 낮은 가격이 시장 확대를 부르는 선순환이다. 전기차 산업과 똑같은 구조이다. 정책 운용도 비슷하다. 전기차 보급 시기에 보조금, 세제 혜택, 번호판 우대 등 다양한 지원 방안을 총동원했듯, 로봇 산업에서도 세금 감면, R&D 지원, 이구환신보첩정책以旧换新补贴政策(노후 차량·기기를 새것으로 교체할 때 보조금을 지급하는 제도) 같은 교체 보조금이 쓰인다. 정부가 인위적으로 초기 수요를 만들어 시장을 키우고, 기업은 그 안에서 기술을 빠르게 개선한다. 시장 창출 후 기술 추격, 자립화로 이어지는 것이 중국식 산업 발전 전략의 본질이다.

최근 중국은 'AI+' 정책을 발표했다. AI 기술을 로봇과 결합, 즉 로봇의 두뇌를 AI에게 맡기겠다는 선언이다. 베이징에서 세계 최초로 열린 휴머노이드 로봇 하프마라톤에서는 휴머로이드 로봇들이 실제로 달리며 균형 제어 능력을 선보였다. 샤오미는 177센티미터 크기 휴머노이드 '사이버원CyberOne'을 공개했고, 포위어Fourier는 관절을 부드럽게 움직이며 요가 동작을 선보였다. 전기차, 배터리, AI, 로봇이 하나의 생태계로 엮이고 있다. 더 흥미로운 건 이 융합이 단순한 기술 결합에 그치지 않는다는 점이다. 정부는 AI 기업과 로봇 기업 간 데이터 공유 플랫폼을 만들고, 공동 R&D에 세제 혜택을 확대했다. 그 결과 AI 스타트업과 로봇 제조사의 협업 사례가 급증했다.

"로봇은 산업의 쌀이다." 중국에서 요즘 자주 나오는 표현이다. 쌀이 주식이듯, 앞으로 모든 산업의 기본 생산요소가 로봇이라는 뜻이다. 과거에는 석탄과 철강으로 산업화의 쌀을 만들었고, 지금은 데이터와 로봇으로 '디지털 산업의 쌀'을 생산한다. 이 흐름의 본질은 '기계화된 생산력의 총합'을 국가 경쟁력 중심으로 끌어올리는 것이다. 로봇을 많이 만드는 게 목표가 아니라 로봇이 만들어내는 효율성과 데이터를 경제 시스템 전반에 순환시키는 것이 목표이다.

로봇 굴기는 그래서 단순한 산업 정책이 아니라 인구 구조 변화, 기술 자립, 국가 안보까지 포괄하는 전략이다. 전기차로 세계 시장의 판도를 바꾼 경험이 있는 중국이 이번에는 로봇으로 제조 강국에서 기술 강국으로 전환하려 한다. 머지않아 로봇은 공장 밖으로 나와 가정, 도시, 서비스 산업 현장으로 퍼질 것이다. 그때가 되면 로봇 굴기는 정책이 아니라 일상 풍경이 될지도 모른다.

로보틱스의 최대 강점, 생태계

중국의 로봇 굴기는 한두 기업의 성과로 설명되지 않는다. 그 뒤에는 정부, 대형 기술기업, 스타트업, 학계, 자본이 긴밀히 얽힌 거대한 산업 생태계가 있다. 각자 다른 목소리를 내지만 결국 하나의 거대한 '기계 합주'를 완성한다. 중국 로보틱스의 강점은 기술 독창성보다는 속도와 실행력 그리고 '함께 움직이는 협업 구조'에 있다. 서구 기술 발전 모델이 연구실에서 완벽을 추구하는 것이라면, 중국은 시장 한복판에서 빠르게 실증하며 진화하는 방식에 가깝다. 로봇 스타트업들은 완벽한 제품을 기다리지 않는다. 70% 완성된 시제품이라도 일단 시장에 내놓고 고객에게 피드백을 받아 완성도를 80~90%로 끌어올린다. 이른바 플라잉 휠flying wheel 방식이다.

처음에는 불완전하지만 시장 반응이 데이터로 쌓이면서 제품이 스스로 진화한다. 보스턴다이내믹스가 10년 넘게 연구실에서 로봇을 완성한

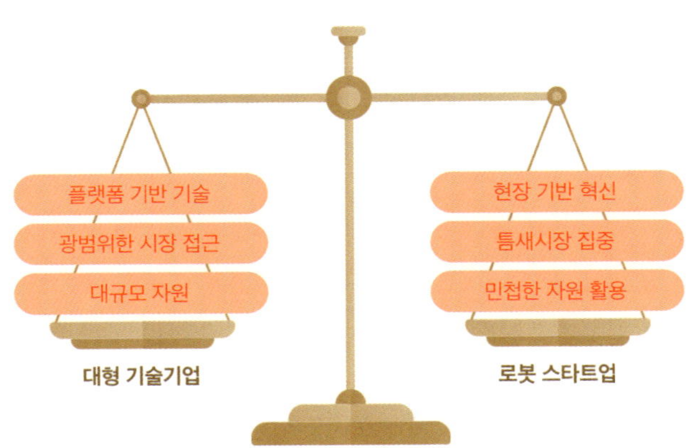

중국 로봇 생태계 대형 기술기업과 스타트업의 균형

뒤 시장에 내놓는다면, 중국 기업들은 1~2년 만에 시제품을 출시하고 시장에서 수년간 개선한다. 결과적으로 양쪽 모두 비슷한 시간이 걸리지만, 중국 기업은 그 과정에서 실사용 데이터를 수백만 건 확보한다. 이런 속도 중심 생태계는 정부 정책과 소비자 태도 덕분에 가능하다. 정부는 규제보다 실증을 우선시하고, 소비자는 '새 기술의 실험 대상이 되어도 괜찮다'는 태도를 보인다. 새 제품이 실패해도 빠르게 다음 버전으로 교체된다. 이 '시장형 실험'이 바로 중국 로봇 산업의 진짜 연구소이다.

1) 대형 기술기업의 진입 - 로봇 생태계를 플랫폼화하다

바이두: 로봇의 두뇌를 만든다

바이두는 로봇 생태계의 두뇌 공급자이다. 자체 LLM 어니봇을 기반으로 로봇이 인간 언어를 이해하고 상황을 해석해 행동하도록 돕는다. 단순 음성 인식이 아니라 '보고Vision – 이해하고Language – 행동하는Action' 통합형 AI 구조로 인간 인지 과정을 모방한다. 바이두는 클라우드 기반 로봇 플랫폼을 통해 중소 로봇 기업도 손쉽게 AI 기능을 활용할 수 있게 한다. 구글이 안드로이드로 스마트폰 생태계를 만든 것처럼 바이두는 로봇 운영체제를 제공하며 산업 전반을 떠받친다. 현재 1,500개가 넘는 로봇 기업이 이 플랫폼을 활용한다. 특히 로봇의 시각–언어–행동을 통합한 멀티모달 인공지능 모델VLA, Vision-Language-Action Model을 선도적으로 개발하며, 로봇이 복잡한 환경에서 자율적으로 판단하고 행동할 수 있는 기술적 기반을 마련했다. 휴머노이드 로봇 기업 유비테크UBTECH의 워커 SWalker S 시리즈는 바이두의 거대언어모델LLM인 어니봇을 탑재해 옷 개기, 물건 분류 등 자연어 명령을 수행한다. 로봇이 단순 반복 기계에서 '대화할 수 있는 노동자'로 진화하는 순간이다.

알리바바: 물류 혁신의 심장에 로봇을 두다

알리바바는 로봇을 '실제 수익을 내는 기술'로 만든 대표 사례이다. 물류 계열사 차이냐오Cainiao는 이미 물류 창고 자동화의 70% 이상을 로봇이 담당한다. 로봇은 하루에 상품 수천 개를 분류하고 배터리를 스스로 충전한다. 라스트마일 배송 비효율을 줄이려고 개발한 샤오만뤼Xiaomanlv, 小蛮驴는 중국 전역 200여 대학 캠퍼스에서 배송을 1,000만 건 이상 수행했다. 단순 편의 서비스를 넘어 로봇이 스스로 데이터를 학습하며 효율을 높이는 살아 있는 테스트베드이다. 알리바바는 이 과정에서 모은 데이터를 분석해 배송 시간을 평균 30% 단축했고, 에너지 소비는 25% 줄였다. 알리바바는 물류를 넘어 제조, 서비스 등 다양한 산업 현장에 적용할 수 있는 임베디드 AI 모델도 개발하고 있다. 자회사 유디어.AIUDEER.AI는 로봇 전용 대규모 인공지능엔진LPLM-10B을 공개하며, 범용 로봇 지능의 상용화를 가속화하고 있다. 이러한 기술 확장은 알리바바가 단순한 물류 자동화에서 산업 전반의 로봇 플랫폼 제공자로 진화하고 있음을 보여준다.

샤오미: 전기차에서 로봇으로 진화한 통합 플랫폼

샤오미의 로봇 전략은 자사 전기차와 스마트홈 기술의 연장선이다. 휴머노이드 로봇 사이버원은 샤오미 전기차의 자율주행 시스템인 샤오미 파일럿Xiaomi Pilot의 센서와 모터 기술을 그대로 이식해 만들었다. 자동차의 눈(센서)과 관절(모터)을 로봇 신체로 옮긴 셈이다. 샤오미는 이로써

'사람-차-집'을 잇는 Human × Car × Home 생태계를 완성하려 한다. 스마트폰으로 제어되고 전기차 배터리를 공유하는 로봇이 등장하면서, 샤오미는 소비자의 생활 전체를 연결하는 거대 네트워크 플랫폼으로 진화하고 있다. 샤오미는 이미 구축한 IoT 디바이스 생태계와 로봇을 긴밀히 연동시키고 있다. 집 안의 조명, 에어컨, 보안 시스템 등 수억 대에 이르는 샤오미 스마트 기기들이 로봇과 실시간으로 정보를 주고받으며 사용자 맞춤형 서비스를 제공하는 통합 플랫폼을 구현한다.

이처럼 바이두는 두뇌를, 알리바바는 팔과 다리를, 샤오미는 신경망과 감각을 맡는 구조가 만들어졌다. 각자 영역은 다르지만 전체적으로는 '풀 스택 로봇 국가'의 모습을 완성해가고 있다.

2) 스타트업 - 현장에서 실험하고 시장에서 성장하다

유니트리Unitree: 가성비의 괴물

2016년 대학 연구실에서 출발한 유니트리는 직원 1,000명, 연매출 10억 위안(약 2,000억 원)에 이르는 기업으로 성장했다. 4족 보행 로봇으로 시작해 휴머노이드 H1까지 포트폴리오를 확장했고, 제품 가격은 미국 경쟁사의 20~30% 수준이다. 유니트리 로봇은 단순히 싸기만 한 게 아니다. 모터와 감속기를 자체 생산해 원가를 낮췄고, 산업용과 연구용 시장을 동시에 공략하며 데이터 기반 제어기술을 발전시켰다. 대표 제품 4족 로봇 Go2는 출시 1년 만에 전 세계 50개국에 5,000대 이상 팔렸다. 유니트리의 경쟁력은 수직계열화 전략에서 나온다. 핵심 부품인 모터, 센서, 제어기를 모두 자체 개발해 공급망 의존도를 최소화했고, 이로써 제품 단가를 획기

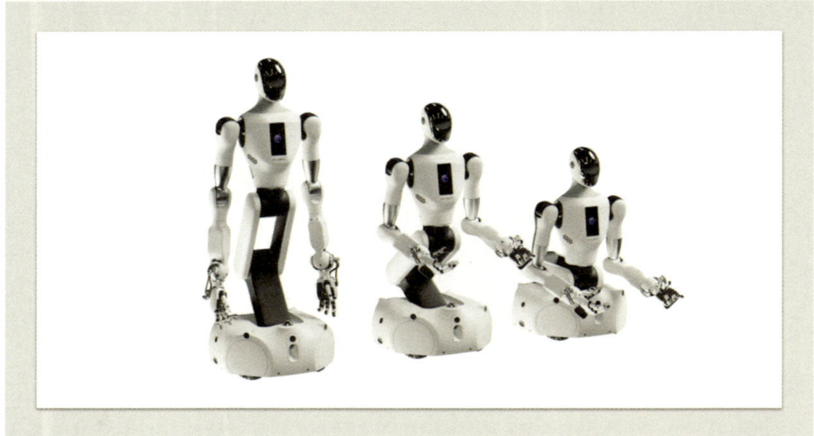

왼쪽 유니트리(Unitree) G1, 오른쪽 애지봇(AgiBot) A2, 아래 갈봇(Galbot) G1 (자료: 유니트리, 애지봇, 갈봇)

적으로 낮추면서도 성능은 유지했다. 글로벌 시장에서도 높은 평가를 받으며 연구기관과 기업 고객을 동시에 확보하고 있다. 그들의 철학은 명확하다. '일단 시장에 던지면 시장이 기술을 완성한다.'

애지봇^{AgiBot}: AI 신동이 만든 데이터 공장

창업자 펑즈후이는 화웨이 출신의 젊은 엔지니어이다. 그가 세운 애지봇은 설립 1년 만에 휴머노이드 5종을 동시에 공개하며 주목받았다. 특히 자동차 부품 공장에 로봇 100대를 투입해 실제 조립 업무를 수행하게 한 사례는 세계 최초이다. 이 회사의 가장 독특한 점은 데이터 팩토리 운영이다. 인력 500명이 로봇을 직접 조작해 동작 데이터를 수집하고 이를 AI 학습용으로 가공한다. 그 덕분에 애지봇은 실제 환경 기반 데이터로 AI를 학습시키며, 가상 시뮬레이션 중심의 서구 기업보다 빠르게 성능을 끌어올린다. 애지봇은 월드 모델 접근법을 채택해 로봇이 다양한 상황에서 범용적으로 작동하도록 학습시킨다. 이를 위해 개발한 AI 모델 GO-1과 오픈소스 로봇 플랫폼 X1은 이런 현장 데이터를 바탕으로 탄생했다. 애지봇 월드^{AgiBot World}라는 대규모 시뮬레이션 환경에서 다양한 시나리오를 학습한다. 이러한 데이터 중심 전략은 로봇의 범용성과 적응력을 크게 높이고 있다.

갈봇^{Galbot}: 가정의 로봇 비서를 꿈꾸는 범용 로봇

갈봇은 설립 1년 만에 CATL 등에서 11억 위안(약 2,200억 원)을 투자받으며 가정용 범용 로봇 시장의 신흥 강자로 떠올랐다. 목표는 '로봇이 인간 언어를 이해하고 손발을 움직이는 집 안 비서'이다. 거대 AI 모델을 내장한 휴머노이드에 하이브리드 하체, 즉 바퀴형 자율주행로봇^{AMR, Autonomous Mobile Robot}을 결합해 에너지 효율과 안전성을 높였다. 완벽한 인간형을 기다리기보다는 '지금 당장 쓸 수 있는 로봇'을 내놓겠다는 전략이다. 칭화대와 공동 개발한 시뮬레이션 플랫폼 OpenWBT는 로봇의 전신 제어와 원격 학습을 가능하게 해 휴머노이드 상용화를 앞당기는 역할을 한다. 갈봇의 차별화 전략은 단계적 상용화에 있다. 처음부터 완전한 휴머노이드를 목표로 하기보다는 하이브리드 구조로 실용성을 확보한 뒤 점진적으로 완전한 인간형 로봇으로 진화시킨다는 계획이다. 갈봇의 G1 모델은 가정 내 50제곱미터 크기 공간에서 5개월간 주문 없이 자율 운영되는 실증 테스트를 성공적으로 마쳤다. 이는 기술적 완벽함보다 시장의 실제 수요에 초점을 맞춘 전략이 효과를 거두고 있음을 보여준다.

세 기업 모두 다르지만 공통점은 '기술보다 실행'이다. 빠른 피드백 루프를 토대로 기술을 완성하고 시장에서 제품을 검증받는다. 이 과정에서 데이터가 쌓이고, 데이터가 다시 혁신을 만드는 것이다. 대형 기술기업과 스타트업이 활발히 움직일 수 있는 이유는 정부의 후방 지원과 자본 유입 덕분이다. 중국 정부는 2023년 로봇·AI·첨단기술 전담 국유 벤처캐피털 펀드 신설을 발표했으며, 향후 20년에 걸쳐 1조 위안(약 200조 원) 규모로 자금을 조성할 계획이다. 베이징, 상하이, 선전에는 각각 로봇 클러스터를 조성하고, 창업 기업에 세제 감면과 연구 보조금을 제공한다. 대학 연구소와 국책 연구기관은 인재를 공급하며, AI·기계공학 전공자들이 곧바로 스타트업으로 흘러들어간다.

중국 로봇 생태계에는 '정책-자본-시장'이 삼각 구조로 얽혀 있다. 정부가 방향을 정하고, 대형 기술기업이 플랫폼을 제공하며, 스타트업이 현장에서 실증하는 방식이다. 이 시스템은 매우 중국적이다. 한쪽이 멈추면 다른 쪽이 끌어올리고, 모두가 같은 속도로 달릴 때 폭발적으로 성장한다. 또 중국은 로봇 제조에 필요한 핵심 부품의 대부분을 자국에서 조달할 수 있다. 전기차 산업에서 단련된 배터리·센서·모터 공급망이 로봇 제조에 그대로 적용되면서 원가 경쟁력은 압도적인 수준이다. 특히 2024년 기준으로 중국은 전 세계 산업용 로봇 신규 설치의 54%를 차지했으며, 중국 내에 설치된 로봇 중 자국산 비율이 57%로 해외 업체를 처음 앞질렀다. 액추에이터(구동기)와 같은 부품 가격의 급격한 하락과 대량생산 체제 구축으로 휴머노이드 제조 단가가 해외 경쟁 제품 대비 큰 폭으로 낮아진 것으로 알려져 있다. 이 '공급망의 완결성'이 중국식 생태계의 가장 강력한 무기이다.

중국 로봇 생태계는 '빠르게 만들고, 싸게 공급하며, 데이터를 쌓아가는 구조'로 요약된다. 이 세 요소가 결합해 '규모의 경제 + 데이터 학습 + 기술 고도화'라는 가속 순환 시스템을 만든다. 그 결과 로봇 산업은 한 분야의 성장으로 끝나지 않고, 자동차·물류·헬스케어·서비스 산업 전반으로 확산된다. 예컨대 병원 복도에서는 소독 로봇이 밤새 움직이고, 호텔 로비에서는 자율주행 배송 로봇이 짐을 옮긴다. 일상에서도 서빙 로봇이 식당을 누비는 장면이 더는 새롭지 않다. 중국 전역의 레스토랑과 호텔에서 서빙 로봇과 배송 로봇이 빠르게 이용되고 있으며, 이로써 인건비 절감과 서비스 효율 향상이라는 두 마리 토끼를 잡고 있다는 평가를 받고 있다. 중국은 로봇을 첨단 산업이 아니라 생활 인프라로 끌어내리고 있다.

물론 부작용도 있다. 지방정부의 과잉 투자, 유사 기술 난립, 단기 성과 중심 경쟁 등은 시장 내 과열을 유발한다. 하지만 중국식 생태계의 가장 큰 강점은 회복탄력성이다. 실패한 기업이 사라져도 그 데이터와 기술은 곧 다른 기업으로 이전된다. 이런 집단적 학습 구조는 서구의 개별기업 모델보다 훨씬 빠른 진화를 가능하게 한다. 중국 로봇 생태계는 멈추면 쓰러지는 자전거와 같지만 그 자전거는 누구보다 빠르게 달리고 있다.

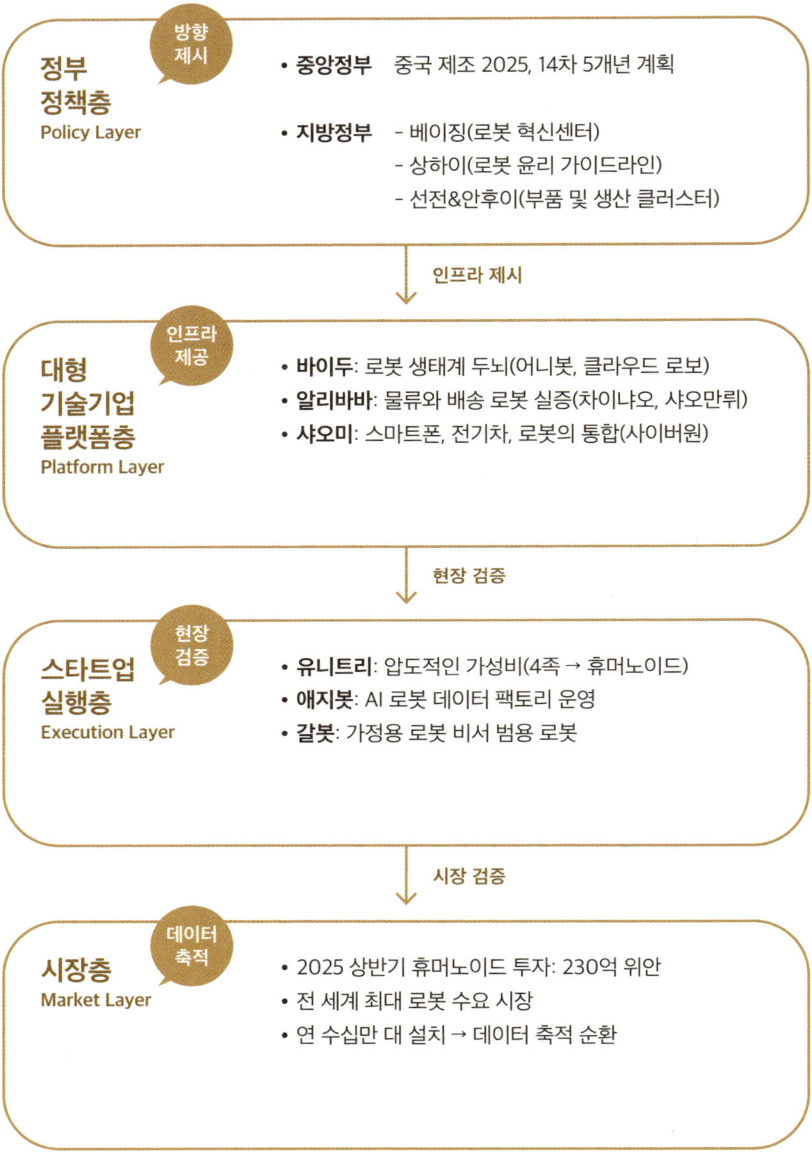

정부
정책층
Policy Layer

방향
제시

- **중앙정부**   중국 제조 2025, 14차 5개년 계획

- **지방정부**   - 베이징(로봇 혁신센터)
　　　　　　　- 상하이(로봇 윤리 가이드라인)
　　　　　　　- 선전&안후이(부품 및 생산 클러스터)

↓ 인프라 제시

대형
기술기업
플랫폼층
Platform Layer

인프라
제공

- **바이두**: 로봇 생태계 두뇌(어니봇, 클라우드 로보)
- **알리바바**: 물류와 배송 로봇 실증(차이냐오, 샤오만뤼)
- **샤오미**: 스마트폰, 전기차, 로봇의 통합(사이버원)

↓ 현장 검증

스타트업
실행층
Execution Layer

현장
검증

- **유니트리**: 압도적인 가성비(4족 → 휴머노이드)
- **애지봇**: AI 로봇 데이터 팩토리 운영
- **갈봇**: 가정용 로봇 비서 범용 로봇

↓ 시장 검증

시장층
Market Layer

데이터
축적

- 2025 상반기 휴머노이드 투자: 230억 위안
- 전 세계 최대 로봇 수요 시장
- 연 수십만 대 설치 → 데이터 축적 순환

중국 로봇 생태계의 4단계 레이어 구조

정부는 방향을 제시하고, 대형 기술기업은 엔진을, 스타트업은 페달을 밟는다. 이들이 만들어낸 속도와 실행력은 이제 글로벌 로봇 산업의 질서를 바꿔놓고 있다. 머지않은 미래에 중국 로봇 산업은 공장에서 가정과 도시로 확장될 것이다. 중국은 로봇으로 또 한 번의 제조 혁명을 준비하고 있다. 과거 전기차가 그랬던 것처럼, 이번에는 로봇이 중국의 기술 굴기를 완성할 차례이다.

중국의 로봇 굴기, 우리에게는 기회가 없는가

중국의 로봇 굴기는 단순한 산업적 성공이 아니라 국가 전략의 결정체이다. 노동인구 감소, 기술 자립, 산업 구조 전환이라는 세 가지 과제를 한 번에 해결하려는 시도이며, 그 속도와 규모는 세계 어느 나라와도 비교하기 어렵다. 중국은 이미 12년째 세계 최대 산업용 로봇 시장을 유지하고 있고, 서비스·휴머노이드 로봇까지 확장하며 산업 전반의 자동화를 이끌고 있다. '세계의 공장'에서 '세계의 로봇 공장'으로 진화한 셈이다. 하지만 이런 질주에는 그림자도 있다. 빠른 성장 뒤에는 구조적 불균형과 기술적 병목이 존재한다. 그리고 그 틈새는 한국에 새로운 기회가 될 수 있다.

중국 로봇 산업은 거대 자본과 정부 주도로 움직이는 고속 성장 모델이다. 하지만 이 모델의 약점은 속도 그 자체이다. 성장이 멈추면 동력이 사라지는, 달리는 자전거 바퀴와도 같다. 중앙정부의 목표가 지방정부의 실적 경쟁으로 전이되면서 중복 투자와 유사 프로젝트가 쏟아지고, 단기 고용과 설비 지표를 맞추는 데 급급한 경우가 많다. 그 결과 기술의 깊이보다 속도가 우선시되고, 유사 스타트업이 난립하며 시장이 과열된다. 예컨대 휴머노이드 분야에서 새 기업이 생기면 곧바로 유사 제품을 내놓는 '복제형 경쟁'이 일상화됐다. 2024년 한 해에만 휴머노이드 스타트업이 150개 이상 새로 생겨났지만, 실제로 차별화된 기술을 보유한 곳은 10%도 안 된다는 분석이 나온다.

AI와 로봇 융합 시장에서도 대형 기술기업이 뒤늦게 진입해 스타트업 기술을 흡수하거나 시장을 잠식하는 사례가 반복된다. 이런 과잉 경쟁은 혁신보다는 모방을 낳고, 결국 산업 체질을 불안정하게 만든다. 중국은 감속기, 모터, 컨트롤러 등 로봇의 3대 핵심 부품 중에서 일부를 국산화했지만, 정밀 감속기 분야는 글로벌 기업의 벽을 넘지 못하고 있다. 또 고성능 반도체와 AI 칩의 제약도 크다. 미국 제재로 NVIDIA급 칩을 확보하기 어려워지면서, 2025년부터 국가 보조금이 투입된 데이터센터에는 외산 AI 칩 사용이 금지되는 등 자국 AI 칩 업체 육성에 주력하고 있다.

무엇보다 '속도는 빠르지만 완성도는 부족하다'는 인식이 글로벌 시장에서 브랜드 신뢰에 제약을 준다. 품질과 안전, 특히 사람과 상호작용하는 서비스 로봇 영역에서 중국산 로봇은 아직 선진국 수준의 안정성을 입증하지 못했다. 이 부분이 바로 한국 등 외부 플레이어가 들어갈 수 있는 여지이기도 하다. 중국의 고속 성장은 위협인 동시에 여지를 남기는 성장이다. 그 여지는 기술의 깊이, 글로벌 신뢰, 데이터 품질 같은 영역이다. 우리는 바로 이 지점을 파고들어야 한다.

미·중 기술 경쟁이 심화하면서 양 진영은 각자 폐쇄적인 생태계를 구축하고 있다. 미국은 원천 기술과 알고리즘은 뛰어나지만 실제 시장 적용 속도는 느리다. 보스턴다이내믹스의 아틀라스Atlas가 기술적으로는 세계 최고 수준이지만 상용화까지는 10년 넘게 걸렸다. 이와 반대로 중국은 실

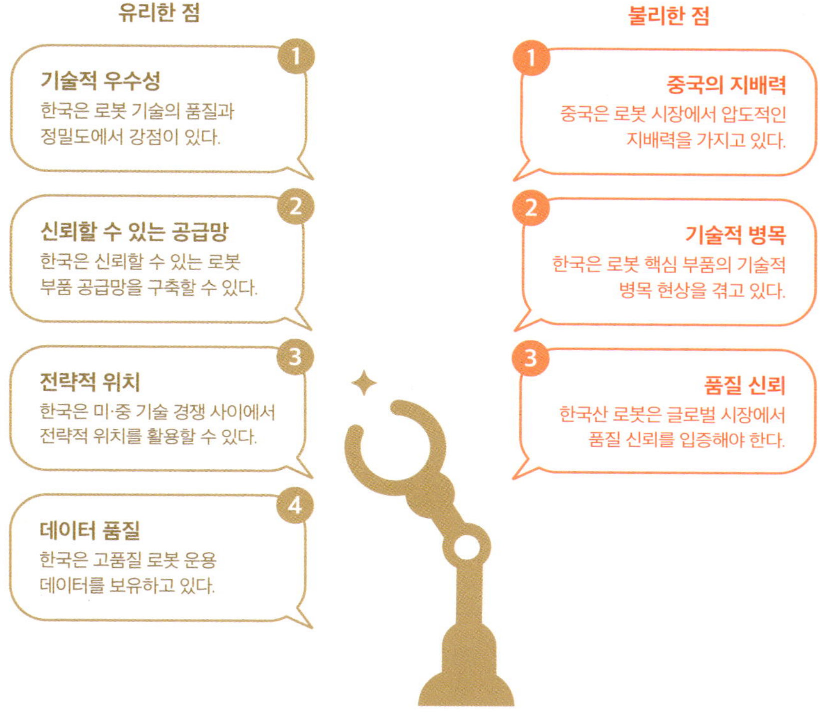

한국의 로봇 산업

행력은 탁월하지만 글로벌 신뢰와 표준화 경험이 부족하다.

이 사이에서 한국은 두 진영을 연결하는 실행형 허브가 될 수 있다. 즉 미국의 기술을 빠르게 실증하고 중국의 제조 역량을 효율적으로 활용하면서 글로벌 품질 기준을 충족하는 '브리지bridge 국가' 역할이다. 한국은 이미 반도체·디스플레이·자동차 산업에서 글로벌 밸류체인의 중간 허브로 자리 잡은 경험이 있다. 로봇에서도 이런 중간 실행력을 강점으로 발휘해야 한다. 중국이 대규모 데이터를 무기로 삼는다면 한국은 '현장 데이터의 질'로 대응할 수 있다. 2023년 한국은 산업 현장 로봇밀도(근로자 1

만 명당 로봇 대수)에서 세계 최고 수준을 자랑한다. 이것은 곧 실시간으로 복잡한 환경에서 발생하는 정제된 에지 데이터가 매일 쌓인다는 뜻이다.

현장 데이터는 AI 로봇 학습에 필수적인 고품질 자산이다. 한국의 반도체·자동차·정밀제조 공장에서 수집된 로봇 운용 데이터는 정밀도와 일관성 면에서 세계 최고 수준이다. 즉 한국은 데이터의 양이 아니라 데이터의 품질 수준과 정제도로 경쟁해야 한다. 한국의 로봇 산업은 여전히 성장 초기 단계이다. 글로벌 시장에서 존재감은 아직 그리 크지 않지만 품질과 시스템 완성도 면에서는 강점을 지니고 있다. 이를 기반으로 작지만 정교한 생태계를 키워야 한다. 중국이 범용 제품과 대량생산에 집중한다면, 한국은 고부가가치 틈새시장에 집중해야 한다. 의료용 수술 로봇, 재활 로봇, 국방용 정찰 로봇, 재난 대응용 특수 로봇 같은 분야가 대표적이다. 이 영역은 기술 장벽이 높고 신뢰성과 안전성이 절대적이기에 가격 경쟁보다 품질 경쟁이 중심이 된다. 작지만 강한 기술을 보여줄 수 있는 무대인 셈이다.

중국을 단순한 경쟁자가 아니라 '글로벌 진출 시험장'으로 활용할 수도 있다. 중국의 거대한 공급망과 생산 인프라는 한국 기업이 원가 경쟁력을 확보하기에 좋은 플랫폼이다. 선전 등의 전자시장에서는 필요한 부품을 즉시 대량 확보할 수 있고, ODM/OEM 업체를 통해 한국 대비 3~4배 빠른 속도로 시제품을 제작할 수 있다. 중국 현지에서 생산한 부품을 글로벌 시장으로 재수출하거나, 한국의 기술을 탑재한 중국 로봇을 해외 브랜드로 재포장하는 방식도 가능하다. 과거 전자·가전 산업에서 한국 기업이 OEM으로 성장했던 모델을 로봇 산업에서 역으로 적용하는 셈이다. 미국과 유럽이 보안·윤리 문제로 중국산 로봇을 꺼리는 지금, 한국은 신뢰할 수 있는 기술 파트너로서 포지션을 강화해야 한다. 통신, 센서, 소프트웨어 보안, 인증 등 신뢰가 중요한 영역에서 한국산 솔루션을 탑재한 로봇은 글로벌 기업과 공공기관에 안정감을 준다. 한국은 바로 이 신뢰 기반 생태계를 구축함으로써 중국의 속도전과는 다른 방향에서 승부를 걸 수 있다.

중국의 로봇 굴기는 막을 수 없는 흐름이다. 하지만 속도전에는 늘 균열이 생기게 마련이다. 그 균열을 먼저 발견하고 품질과 신뢰로 메우는 자가 다음 시대의 주인공이 된다. 한국은 이미 로봇을 가장 많이 쓰는 나라이다. 이제는 사용자에서 설계자로, 부품 공급자에서 솔루션 파트너로 진화해야 한다. 규모로는 중국을 따라잡기 어렵지만 품질, 데이터, 시스템으로는 충분히 초격차를 만들 수 있다. 결국 한국의 길은 속도 경쟁이 아니라 완성도 경쟁이다. 중국이 폭주하는 산업열차라면, 한국은 조용하지만 정밀한 기관차로 달릴 때 진정한 힘을 발휘할 수 있다. 로봇 굴기 시대에 우리는 거대한 경쟁 속에서도 자신만의 트랙을 만들어갈 수 있다.

금융

금융 패러다임의 전환: 화폐·기술·자본의 새로운 질서

1장
디지털 통화 패권을 노리는 중국

미국과 중국, G2의 패권 경쟁과 기축통화

세계 금융의 중심축은 언제나 '누가 돈을 찍고, 그 돈이 움직이는 길을 누가 깔았는가'의 문제로 요약된다. 20세기 중반에 금본위제가 막을 내린 뒤에도 달러가 기축통화 지위를 유지할 수 있었던 이유는 종이 달러 자체의 힘이 아니라, 달러를 둘러싼 신뢰 네트워크 때문이다. 미국은 국제 결제 표준과 금융 인프라(예: SWIFT)를 사실상 장악했고, 그 위에서 전 세계 금융이 호흡했다. 21세기 블록체인 기술은 이 익숙한 질서를 다시 흔들고 있다. 이제 패권의 질문은 '어떤 종이돈을 쓰는가'에서 '어느 디지털 네트워크를 통하는가'로 이동하고 있다.

이 변화의 최전선에서 미국과 중국은 상반된 해법을 들고 나왔다. 미국은 민간 혁신을 제도권에 흡수하며 달러의 영향력을 디지털 영역으로 확장하려 한다. 반면에 중국은 국가가 직접 설계하고 배포하는 중앙은행 디지털 화폐DCEP, Digital Currency Electronic Payment로 결제 질서 자체를 재편하려 한다. 그러나 다른 나라와 마찬가지로 이 책에서는 CBDC^{Central Back} ^{Digital Currency}로 이야기하기로 한다. 미국은 시장에 열린 플랫폼, 중국은 정책에 최적화된 플랫폼이다. 결과적으로 G2의 디지털 통화 경쟁은 돈의 전쟁이 아니라 데이터 주권과 결제 주권을 둘러싼 문명 충돌에 가깝다.

기축통화는 국제 거래의 기본 단위이자 안전자산의 기준점이다. 그러나 디지털 시대에 기축성의 실질은 네트워크 효과로 재해석된다. 누구의 통화가 더 널리 보유되는가 못지않게 누구의 결제 경로가 더 많이 이용되는가도 중요해진다. 스마트폰 지도 앱을 떠올리면 이해하기 쉽다. 지도 데이터의 질도 중요하지만, 더 결정적인 부분은 얼마나 많은 길이 그 앱에 깔려 있고, 얼마나 많은 상점·배달·교통 서비스가 그 위에서 작동하는가도 중요하다. 디지털 화폐도 마찬가지이다. 가치의 단위뿐 아니라 프로토콜, 지갑, 결제망, 규제 시스템이 엮인 거대한 생태계가 기축성의 핵심으로 부상한다.

이 관점에서 달러 패권의 근간은 여전히 견고하다. 글로벌 무역송금, 카드결제, 자본시장의 심장부가 달러 인프라에 맞물려 있기 때문이다. 다만 스테이블코인(가치를 달러 등 법정화폐에 고정해 가격 변동을 최소화한 암호자산)이라는 디지털 달러 형태가 급속히 번지면서, 달러는 종이에서 전자지갑으로 형태를 바꿔 영향력을 연장하고 있다. 테더^{USDT}·서클^{USDC}과 같은 스테이블코인은 '달러 1=토큰 1' 신뢰를 바탕으로 국경 없는 디지털 결제 언어가 되었고, 암호화폐 생태계를 넘어 일상적 송금과 상거래에도 침투했다.

신흥국에서는 자국 통화의 가치가 불안정할 때 국민이 스테이블코인을 일상적인 '생활 방패'처럼 활용하는 현상이 나타나고 있다. 예를 들어 물가가 급등하거나 환율이 요동칠 때 은행에 예금하는 대신 USDT나 USDC 같은 달러 연동 스테이블코인을 스마트폰 지갑에 보관해두는 것이다. 현금 대신 디지털 달러를 보유함으로써 자국 통화 가치가 하락하더라도 자산의 실질 구매력을 지킬 수 있다. 스테이블코인은 거창한 투자 수단이 아니라 일상 속 생활형 헤지hedge, 다시 말해 인플레이션과 환율 급등에서 자신을 지키는 가장 손쉬운 방어 수단으로 자리 잡고 있다. 이른바 디지털 달러화의 진행이다.

중국은 다른 길을 택했다. 중국인민은행PBoC, People's Bank of China이 설계한 디지털 위안화e-CNY를 통해 현금의 디지털 버전을 공공 인프라로 배포한다. 알리페이·위챗페이 같은 민간 결제망 위에 국가 레이어를 얹으며 통화 발행과 유통·거래 데이터의 주권을 강화한다. 그러나 디지털 위안화의 목적은 내수 결제의 편의성뿐만 아니라 국경을 넘는 결제 질서의 재구성이다. 중국이 주도하는 다자간 CBDC 프로젝트인 엠브리지mBridge는 홍콩·태국·UAE 중앙은행과 함께 초국경 실시간 결제를 실험하며, 기존 SWIFT(국제 은행 간 통신협회)가 며칠 걸리던 결제를 초 단위로 줄이고 비용을 대폭 낮췄다고 보고된다. 이 성과는 디지털 위안화가 국제무역의 인프라로 전개될 수 있음을 암시한다.

미국은 아직 연준발 CBDC를 발행하지 않았다. 대신 민간이 발행하는 달러에 연동된 스테이블코인을 규율을 갖춘 공식 인프라로 흡수하는 쪽으로 나아가고 있다. 논리는 단순하다. 시장이 이미 선택한 디지털 달러를 합법, 안전, 연결의 틀로 묶어 확장성을 최대화하는 것이다. 제도화된 준비금, 투명한 공시, 라이선스 체계를 바탕으로 소비자 보호와 금융안정을 확보하고, 개방형 블록체인 위에서 작동하는 달러 토큰들이 은행·카드·국제송금과 상호운용되도록 길을 열어준다. 이 전략의 힘은 네트워크 외부성에 있다.

스테이블코인은 디파이DeFi, Decentralized Finance(탈중앙화 금융), 거래소, 국경을 넘는 이체, 상거래 결제 등 수많은 앱과 서비스에 이미 연결되어 있다. 예컨대 전자상거래 판매자가 해외 고객 결제를 스테이블코인으로 수납하면, 기존의 선결제·해외법인 계좌 등 복잡한 예치·정산 과정이 간소화된다. 중소 수출기업에게는 외화 계정의 디지털 버전이 손에 쥐어지는 것이다. 이는 미국에게 달러의 경계면을 디지털로 확장하는 효과를 가져다준다. 종이 달러의 지배가 아니라 달러 네트워크의 지배인 셈이다.

실례로 신흥국에서 스테이블코인은 가계의 비상 통화와 상인의 실시간 정산 수단 역할을 동시에 수행한다. 한 예로 인플레이션이 심각한 나라에서 자영업자는 매출을 즉시 스테이블코인으로 전환해 환위험을 회피하고, 다음 날 재고 대금을 해외 공급처에 곧장 보낼 수 있다. 기존 은행망으로는 며칠이 걸리고 수수료가 높던 일을 24시간 365일 처리한다. 이러한 소액·빈번·무경계 흐름 전체가 달러 영향권 안에서 일어난다는 점이 핵심이다. 공공 CBDC 없이도 민간-개방 네트워크로 디지털 패권을 수성할 수 있는 미국은 자본시장과의 연결도 강화하고 있다. 토큰화된 국채, 은행의 온체인 예금, 카드 결제망의 스테이블코인 결제 지원 등은 월가-핀테크-블록체인을 잇는 다리이다. 결과적으로 달러는 지폐→예금→카드→토큰의 다중 형태로 존재하면서, 사용자에게는 더 빠르고, 더 싸고, 더 프로그래머블한 달러로 체감된다. 이는 달러의 네트워크 재설계에 가깝다.

중국은 톱다운 방식으로 간다. 디지털 위안화는 중국인민은행 발행,

상업은행 유통을 취하며, 대규모 트래픽을 감당하려고 기록을 중앙에서 처리하고, 이용자 경험을 위해 양측 오프라인 결제(NFC·IC카드), 소액 가명성可控匿名, 지정 용도와 유효기간을 설정할 수 있는 프로그래머블 머니 같은 기능을 도입한다. 정책 목표(보조금 표적 집행, 지역경제 진작, 부정수급 방지)에 최적화된 정책형 화폐인 셈이다.

중국이 노리는 것은 다음 세 가지이다. 첫째, 위안화의 국제화이다. 세계 1위 무역국이면서도 국제 결제가 대부분 달러로 이뤄지는 현실을 바꾸려 한다. 엠브리지가 그 시도 중 하나이다. 참여국 중앙은행들이 서로의 CBDC를 다리 없이 직접 교환할 수 있게 만들면, 환거래 은행과 SWIFT 의존을 줄이며 속도와 비용을 혁신할 수 있다. 3일→3초, 수수료 대폭 절감으로 요약되는 성과는 위안화 결제의 실용성을 증명하려는 노력이다. 둘째, 자본유출 통제와 금융안보이다. 민간이 발행하는 스테이블코인은 통제 회피 수단이 될 수 있다. 디지털 위안화는 모든 트랜잭션이 정책 시야 안에 놓이는 구조이기에 위험을 낮춘다. 이는 프라이버시 논란을 낳지만, 중국은 안정 우선 논리로 정당화한다. 셋째, 디지털 경제의 규범 설정자로서려는 야심이다. 중국은 이미 생활형 결제가 민간 빅테크 중심으로 굳어진 시장에서, 국가 레이어를 덧씌워 데이터 주권과 표준 설정권을 확보하려 한다. 장기적으로는 국내-국경-역외를 잇는 연속적 위안화 네트워크로 확장하는 비전이다.

흥미로운 점은 중국이 과거의 CBDC 단독노선에서 점차 벗어나, 역외 위안화 스테이블코인 등 혼합형 전략을 모색한다는 점이다. 본토의 엄격 통제와 홍콩의 개방 실험을 이중전략으로 병행해 국제투자·무역 허브에서 위안화 디지털 생태계를 세우려 한다. 이는 '내수는 통제, 대외는 개방'

이라는 중국식 금융개혁의 전형을 디지털 화폐 영역으로 옮겨놓은 모습이다.

미국과 중국은 기술, 규제, 인프라에서 구조적 대비를 보이고 있다.

- 기술: 미국식 디지털 달러는 퍼블릭 체인 기반의 개방형이다. 누구나 읽고 쓸 수 있는 표준 위에서 월렛과 앱 수천 개가 자발적으로 연결된다. 반면에 중국식 디지털 위안화는 중앙화와 허가형의 조합이다. 정책 기능(오프라인, 가명성, 조건부 사용)과 대규모 처리량이 요구되다 보니 성능과 통제를 우선한다. 결과적으로 미국은 인터넷(열린 프로토콜)에 가깝고, 중국은 인트라넷(관할 네트워크)에 가깝다.

- 규제: 미국은 '민간 혁신 + 명확한 규율' 프레임을 채택한다. 준비금, 공시, 감사를 전제로 합법적인 스테이블코인을 공공 인프라로 끌어올린다. 중국은 '공공 주도 + 민간 연동'이다. 본토에서는 디지털 위안화가 유일한 합법 디지털 화폐로 자리 잡았고, 민간 코인은 원칙적으로 금지된다. 다만 홍콩 등에서 선별적으로 개방해 국제 연계를 실험하고 있다.

- 인프라: 미국은 기존 달러 인프라(은행·카드·자본시장)에 토큰 레이어를 덧대는 방식으로 업그레이드한다. 중국은 새로운 연결망(CIPS, mBridge)을 깔아 탈SWIFT/탈중개를 추진한다. 한쪽은 레거시-프렌들리 확장, 다른 쪽은 뉴로드New Road를 까는 재배치이다.

이 대비는 두 경제의 DNA를 비춘다. 미국은 시장 경쟁과 개방 표준 위에서 승리한다는 신념이 강하다. 중국은 국가 기획과 정책 일관성으로 규모의 경제를 달성한다는 자신감이 있다. 어느 쪽이든 핵심은 '얼마나 많은 참여자와 트래픽을 끌어모으느냐'이다. 네트워크 전쟁에서 승자는 결국 용량과 연결과 신뢰의 총합으로 결정된다.

디지털 통화 경쟁을 두 축으로 분해해보면 명료해진다. 데이터 주권은 '거래 데이터가 어느 클라우드와 어느 규제 아래 저장되고 활용되는가'의 문제이다. 결제 주권은 '국제결제가 어떤 네트워크를 통과하는가'의 문제이다. 미국은 개방형 달러 네트워크로 데이터 흐름과 결제 경로를 세계 표준으로 만들고자 한다. 중국은 디지털 위안화와 엠브리지로 자국과 우방의 데이터와 결제 경로를 자립화하려 한다. 두 축이 동시에 달성될 때 진정한 디지털 기축성이 성립할 것이다.

이 프레임에서 보면 스테이블코인과 CBDC의 경쟁은 민간분권 네트워크 vs 중앙통제 네트워크의 경쟁이기도 하다. 전자는 혁신 속도와 개방 생태계가 강점이고, 후자는 정책 정합성과 대규모 보급에 강하다. 어느 쪽이든 신뢰 설계가 관건이다. 스테이블코인은 준비자산과 규제 신뢰, CBDC는 정책 투명성과 프라이버시 신뢰가 생명이다. 신흥국의 경험은 이를 극명하게 보여준다. 기술보다 앞서는 것은 국민이 느끼는 신뢰의 총합이다.

미국과 중국의 디지털 통화 전략은 서로 다른 길을 가는 것 같지만 도착지는 기축통화의 재정의로서 같다. 앞으로 기축성의 기준은 보유된 종이 달러의 양이 아니라 달러·위안 네트워크 위에서 처리되는 트랜잭션의 양으로 측정될 가능성이 높다. 승자는 더 많은 사용처, 더 빠른 정산, 더 낮은 비용, 더 강한 신뢰를 함께 제공하는 쪽이 될 것이다. 혹은 달러와 위안이 공존하는 다극 체제가 펼쳐질 수도 있다. 한 가지 분명한 사실은 돈의 얼굴이 바뀌는 순간을 우리가 지나고 있다는 점이다. 지갑 속 지폐가 사라지는 것이 아니라 돈이 코드가 되고, 결제가 API(서로 다른 프로그램이 대화할 수 있도록 규칙을 정해둔 통신 방법)가 되는 전환기이다. 그 가운데서 데이터 주권과 결제 주권을 둘러싸고 보이지 않는 전쟁은 이미 시작되었다.

중국의 이중 전략: 규제와 통제 그리고 홍콩을 통한 개방

21세기 들어 미국 달러가 지배해온 국제 통화 질서에 도전하려는 중국의 야심이 한층 노골적이다. 디지털 기술의 발달과 함께 중국은 기축통화 패권 경쟁의 무대를 전통적 외환시장에서 디지털 화폐 영역까지 확장하며 미국을 추격하고 있다. 2025년 중반 기준으로 국제 결제에 사용되는 통화 중 위안화의 비율은 3% 미만이며, 여전히 달러(약 48%)에 크게 못 미치는 수준이다. 중국은 2016년, 위안화를 IMF 특별인출권SDR 통화 바스켓에 편입시키며 국제 통화로 공식 인정받았지만, 실제 글로벌 사용 비율은 여전히 제한적이다. 중국은 이러한 격차를 좁히고자 내부적으로 철저한 금융 통제를 바탕으로 위안화의 신뢰를 지키고, 외부적으로는 디지털 통화를 매개로 국제 금융 질서에서 영향력을 넓히는 이중 전략을 구사하고 있다.

중국: 본토의 통제

중국은 전 세계에서 금융을 가장 강력하게 통제하는 국가로 꼽힌다.

일찍이 비트코인 등 암호자산의 채굴과 거래를 전면 금지하고, 해외로 자본이 유출되는 통로도 철저히 차단해왔다. 아이러니하게도 중국은 암호화폐를 배척하는 동시에 블록체인 기술 자체는 국가 전략산업으로 육성하고 있다. 2019년 시진핑 주석이 블록체인을 '핵심 기술 돌파구'로 천명한 이후 알리바바의 앤트그룹Ant Group과 텐센트 등 수많은 기업이 암호화폐 없는 블록체인 플랫폼 개발에 주력했다. 그 결과로 중국은 전 세계 블록체인 특허의 60% 이상을 보유하고 있다. '코인은 없지만 블록체인은 있는' 중국식 접근법은 혁신의 과실은 취하되 금융 질서를 어지럽힐 수 있는 요소는 걸러내겠다는 계산으로 해석된다.

중국 정부는 중앙은행인 중국인민은행을 통해 모든 거래 데이터를 들여다볼 수 있는 CBDC, 즉 디지털 위안화 체계를 구축했다. 모든 지불 거래 정보를 중앙에 집중함으로써 통화정책의 효율성을 높이고 부패나 탈세를 감시하는 데 활용할 수 있다는 것이다. 실제로 디지털 위안화는 단순한 전자결제 수단이 아니라 말 그대로 '국가의 시선'이 깃든 화폐라 할 만하다. 현금에 일련번호를 붙여 추적하는 정도가 아니라 마치 화폐 한 장 한 장에 CCTV를 달아놓듯이 모든 자금 흐름을 투명하게 들여다볼 수 있는 셈이다. 디지털 위안화는 종이 화폐와 유사하게 무이자 지급 수단으로 설계되었고, 가까이 있는 두 기기 간에 오프라인 상태에서도 송금할 수 있는 기능을 갖추고 있다. 현금의 일부 특성을 유지하면서도 중앙은행의 통제가 구현된 프로그래머블 머니Programmable Money(디지털 화폐의 핵심 개념 중 하나로서 '조건을 넣어 프로그램할 수 있는 돈')를 지향한다.

중국은 2020년대 초부터 주요 도시를 중심으로 디지털 위안화 시범사업을 진행해왔다. 선전과 쑤저우 등지에서 시작된 파일럿은 상하이, 베이징을 거쳐 2022년 베이징 동계 올림픽에서는 외국인을 대상으로 시연까지 하는 등 점차 범위를 넓혀왔다. 2025년 기준으로 디지털 위안화 개인 지갑을 개설한 중국인은 2억 6,000만 명에 달하며, 대형마트 결제나 교통카드 충전 같은 일상생활 영역에서 디지털 위안화 활용 사례도 늘고 있다.

2023년에는 텐센트의 위챗페이 등 주요 민간 결제 앱에서도 디지털 위안화 결제를 지원하면서 사용자 편의성이 한층 개선되고 있다. 이는 디지털 위안화를 기존 금융 생태계와 통합함으로써 자연스러운 확산을 도모하려는 노력으로 평가된다. 누적 거래액 역시 2024년 6월 기준 약 7조 위안(약 1,000조 원)에 달할 정도로 빠르게 증가했다. 다만 알리페이와 위챗페이 같은 민간 전자결제 수단이 이미 생활 깊숙이 자리 잡고 있어, 디지털 위안화가 일반 대중의 소비 습관을 완전히 바꾸기까지는 시간이 더 필요하다는 평가도 있다.

중국 시중은행을 비롯한 금융기관들도 디지털 위안화 사업에 다소 미온적이다. 알리페이와 위챗페이는 고객 데이터를 축적하고 결제 수수료 수입을 얻지만, 디지털 위안화는 모든 거래가 중앙은행 플랫폼에서 처리되므로 은행 입장에서는 별다른 수익이 발생하지 않는다. 오히려 현금이 대거 디지털 위안화로 이동하면 예금 이탈과 함께 전통적인 예대마진(대출 금리와 예금 금리의 차) 비즈니스에도 영향을 줄 수 있다. 실제로 S&P 글로벌은 디지털 위안화의 광범위한 도입이 중국 은행들의 수익성을 저해할 수 있다고 지적했다. 이러한 이유로 민간 금융권은 디지털 위안화를 규제 준수 차원에서 형식적으로 지원할 뿐 적극적으로 홍보하거나 활용처를 확대하는 데는 소극적이다.

그런데도 중국 당국이 디지털 위안화에 거는 기대는 남다르다. 기존 전자결제 시스템이 민간 기업의 플랫폼에 의존하는 반면, 디지털 위안화는 국가가 직접 발행하고 관리함으로써 데이터 주권을 확보하고 금융안정을 도모할 수 있기 때문이다. 중국인민은행은 디지털 위안화를 도입하여 금융의 공공성 강화와 통화 주권 수호라는 두 가지 목표를 달성할 수 있다고 강조한다. 이러한 맥락에서 중국 본토의 디지털 통화 실험은 '통제'의 극한을 시험하는 실험실에 비유할 만하다. 개인별 거래 흐름 하나하나까지 중앙에서 파악함으로써 거시적으로는 자금 이동 경로를 추적해 급격한 자본 유출에 따르는 금융 불안을 미연에 방지하고, 미시적으로는 지하경제 활동과 범죄 자금 세탁을 색출하는 데 효과적이다. 요컨대 중국은 통제할 수 있는 디지털 화폐로 내부 금융 질서를 다지고 있는 셈이다.

홍콩: 개방형 실험장 역할

홍콩은 일국양제一國兩制, One Country, Two Systems(한 나라 안에 서로 다른 두 체제가 공존하는 일) 원칙 아래 중국 본토와는 다른 금융·법 체제를 유지해온 국제 금융 중심지이다. 홍콩 정부 역시 2022년 가상자산 발전 정책을 선언해 아시아의 가상자산 허브로 도약하겠다는 포부를 밝힌 바 있다. 비트코인 ETF 등 미국이 움직이면 한 달 내 같은 움직임을 보이는 곳이 홍콩이다. 심지어 이더리움 ETF는 미국보다 먼저 출시하는 등 빠른 행보를 보여줬다.

중국 당국은 본토에서 엄격히 금지된 암호화폐와 스테이블코인 사업을 홍콩에서는 부분적으로 허용해 홍콩을 디지털 자산에 대한 개방형 실험장으로 활용하고 있다. 사실 홍콩은 2000년대 후반부터 역외 위안화 CNH 시장의 허브 역할을 해왔다. 중국 정부는 위안화 국제화를 위한 시험대로 홍콩을 활용하며, 홍콩 내 위안화 예금과 채권(일명 딤섬본드) 발행을 허용하고 점진적으로 역외 금융 거래에 위안화를 투입하는 실험을 이어 왔다. 디지털 시대에 이러한 홍콩의 역할은 스테이블코인이라는 새로운 형태로 계승되고 있다.

2025년 하반기 기준으로 전 세계 스테이블코인 시가총액은 3,000억 달러를 넘어섰으며, 이 중 1위 USDT가 약 1,760억 달러로 58%를 차지한다. 거의 모든 상위 스테이블코인이 미국 달러에 연동된 코인(USDT, USDC 등)인 만큼 사실상 달러화 코인이 세계 시장을 석권한 상태이다. 이러한 현실은 중국에 위기이자 기회 요인으로 인식되고 있다. 홍콩은 이에 맞서 위안화표 디지털 화폐로 돌파구를 모색하는 전략적 관문인 셈이다. 아울러 홍콩은 오랜 영미법 전통과 개방된 금융 인프라를 갖추고 있어, 해외 투자자들이 홍콩에서 발행되는 디지털 자산을 본토보다 신뢰하기 쉬운 환경이다. 자유로운 외환 교환과 자본 이동이 보장된 홍콩은 위안화표 디지털 화폐를 국제 시장에 우회적으로 공급하는 최적의 창구로 평가된다.

이러한 맥락에서 2025년 8월 시행된 '홍콩 스테이블코인 조례HKMA Stablecoin Ordinance, 2025'는 중요한 전환점이다. 홍콩금융관리국HKMA이 주도한 이 조례는 '동일행위, 동일위험, 동일규제Same Activity, Same Risk, Same Regulation' 원칙을 내세우며 스테이블코인의 발행과 유통을 제도권 안으로 편입했다. 핵심 내용은 모든 스테이블코인에 100% 법정화폐 준비자산을 의무화하고, 발행사에는 자본금을 최소 2,500만 홍콩달러(약 40억 원)로 요구하는 것이다.

쉽게 말해 스테이블코인 1개를 발행하려면 그 가치에 상응하는 금액을 미리 현금 등 안전자산으로 확보해야 한다는 뜻이다. 이로써 언제든

구분	주요 내용	설명 및 의미
시행 시점	2025년 8월	홍콩금융관리국이 세계 최초로 스테이블코인 전용 포괄법 제정
입법 주체	홍콩특별행정구 정부, 홍콩금융관리국	일국양제 체제하에서 중국 본토와 별도로 금융·법률 체계 유지
기본 원칙	동일행위, 동일위험, 동일규제 (Same Activity, Same Risk, Same Regulation)	기존 금융과 디지털자산을 동일 기준으로 감독하겠다는 원칙 선언
인가 제도	홍콩금융관리국의 사전 허가제 (Licensing System)	모든 스테이블코인 발행자는 홍콩금융관리국의 인가를 반드시 받아야 함
자본 요건	최소 자본금 2,500만 홍콩달러 (약 43억 원)	시장 진입 장벽을 설정하여 재무 건전성이 약한 프로젝트 차단
준비금 요건	100% 법정화폐 담보 (Full Reserve) 의무	발행량만큼 현금 또는 단기국채 예치 → 상환 안정성 확보
대상 범위	법정화폐 연동형(Fiat-Backed) 스테이블코인만 해당	금·암호화폐 담보형, 알고리즘형 코인은 제외
감독 체계	홍콩금융관리국이 직접 관리, 발행자 정기보고 및 외부 감사 의무화	홍콩금융관리국이 직접 관리, 발행자 정기보고 및 외부 감사 의무화
벌칙 조항	무인가 발행 또는 담보 위반 시 최대 7년 징역 + 500만 홍콩달러 벌금	홍콩 금융시장 질서 교란 행위에 대한 강력한 처벌 의지 표명
시장 반응	글로벌 은행 및 중국계 테크기업의 적극 참여	스탠다드차타드, HSBC, 앤트그룹, 징둥닷컴, Animoca Brands 등이 초기 참여
정책 목적	① 국제 금융허브로서 신뢰 회복 ② 합법적 디지털 결제 생태계 조성 ③ 향후 위안화 기반 스테이블코인 실험 토대 마련	'금융안정 + 혁신'이라는 두 목표를 동시에 달성하려는 시도
중국과의 관계	본토의 통제 정책과 상보적 역할	본토는 CBDC 실험, 홍콩은 스테이블코인 개방 실험으로 분업 구조 형성
핵심 키워드	"규제 속 개방(Regulated Openness)"	통제와 개방의 공존이 가능하다는 중국의 실험적 메시지

해당 코인을 정해진 가치의 법정통화로 교환해주도록 담보를 갖춰놓으라는 요구이다. 또 예외 없이 금융관리국의 인가를 받은 면허 취득자만 스테이블코인을 발행할 수 있으며, 무허가로 코인을 발행하거나 규정된 담보 비율을 어기면 최고 7년 징역형과 500만 홍콩달러 벌금까지 부과되는 형사 처벌 대상이 된다. 조례는 우선 홍콩달러 등 법정통화에 연동된 스테이블코인만 규제 대상으로 삼고, 금이나 암호화폐 담보, 알고리즘 기반 코인은 적용 대상에서 제외했다. 그야말로 견고하게 울타리를 친 상태에서 건전한 스테이블코인만 육성하겠다는 취지인 셈이다.

홍콩 당국이 이렇게 높은 진입 장벽을 세운 데는 스테이블코인이 지닌 이중성이 작용했다. 한편으로 스테이블코인은 암호자산 시장과 전통 금융을 연결해주는 혁신적인 결제 수단이지만, 다른 한편으로는 준비자산 부족이나 운영 부실 시 시스템 전체에 위험을 끼칠 수 있는 잠재적 뇌관이기도 하다. 홍콩은 국제 금융 중심지답게 새로운 금융기술을 선도적으로 받아들이면서도 금융안정성을 해치지 않도록 강력한 선先허가제와 자본 규제로 위험 요소를 원천 차단하고자 한 것이다.

홍콩금융관리국장은 "홍콩이 세계 최초로 스테이블코인 발행인을 위한 규제 틀을 마련했다."라고 강조하면서, 초기에는 면허를 극소수에게만 부여해 신뢰도가 검증된 스테이블코인만 시장에 나오도록 할 방침임을 밝혔다. 또 홍콩금융관리국은 2025년 8월 제도 시행 이후 첫 라이선스 승인 사례가 2026년 초에 나올 것으로 전망했다. 실제로 첫 번째 라이선스는 2024년 운영된 규제 샌드박스에 참여해 사업 모델과 안정성을 인정받은 기업 위주로 발급될 것이라는 관측이 나온다.

특히 주목할 만한 점은 이러한 홍콩 스테이블코인 생태계에 뛰어든 주체들이다. 영국계 은행 스탠다드차타드 홍콩법인은 홍콩통신HKT 및 현지 블록체인 기업 애니모카 브랜즈와 합작으로 앵커포인트 파이낸셜 Anchorpoint Financial이라는 회사를 설립하여 첫 번째 스테이블코인 발행 라이선스에 도전장을 냈다. 또 다른 글로벌 은행 HSBC 역시 새 제도하의 스테이블코인 사업 참여를 적극적으로 검토하고 있는 것으로 알려졌다.

중국계 빅테크 기업들의 움직임은 더욱 발 빠르다. 알리바바 산하의 앤트그룹과 전자상거래 기업 징둥닷컴은 일찍이 홍콩금융관리국에 스테이블코인 발행을 위한 라이선스 취득 의향을 타진해왔으며, 일부 사업은 규제 샌드박스를 통해 테스트를 진행하고 있다. 이들은 본토에서는 암호자산 비즈니스를 펼칠 수 없었던 만큼, 홍콩을 거점 삼아 홍콩달러 또는 미국 달러에 연동된 스테이블코인을 발행하려는 구상을 그리고 있다. 실제로 2025년 7월 징둥닷컴과 앤트그룹은 중국인민은행에 '홍콩에서 위안화 기반 스테이블코인을 발행할 수 있도록 허가해달라'고 공식 건의하기도 했다. 이는 중국 기업들이 홍콩을 발판으로 장차 달러 패권에 맞설 위안화 표시 코인을 만들어보겠다는 야심을 드러낸 셈이다.

만약 이러한 위안화 연동 코인이 현실화한다면, 중국 기업들은 달러를 통하지 않고도 해외에서 디지털 위안화로 직접 거래 대금을 결제할 길이 열리게 된다. 이 외에도 홍콩 현지 핀테크 기업 RD InnoTech 등을 포함해 2025년 하반기 기준으로 40여 개 업체가 스테이블코인 라이선스 취득을 준비 중인 것으로 전해진다. 그만큼 전 세계 여러 플레이어가 홍콩의 새 제도를 주목하고 있다.

한편 중국의 수출 기업 사이에서는 무역 결제 대금에 USDT 같은 달러화 스테이블코인을 활용하는 사례가 급증하고 있다. 홍콩의 한 장외거래OTC 업체에 따르면, 중국 본토 거래자의 USDT 이용은 2021년 이후 5배 이상으로 뛰어올랐다. 엄격한 외환 통제로 위안화 기반 거래가 불편하고 환율 변동 위험도 피할 수 있는 달러 코인이 대안이 되면서, 많은 기업이 달러 연동 코인을 결제 수단으로 활용하고 있는 것이다. 이는 자본 통제하에서 달러 기반 디지털 통화가 사실상의 국제 교환 매개로 자리매김하고 있음을 보여준다. 중국 당국이 위안화 연동 스테이블코인 도입을 모색하는 배경에는 이처럼 민간 부문의 달러 코인 확산에 대한 위기감이 깔려 있다.

실제로 판궁성 중국인민은행 총재는 2025년 6월 "디지털 통화와 스테이블코인의 확산이 금융 규제에 거대한 도전을 가져왔다."라고 우려를 표명했으며, 중국인민은행 자문위원 황이핑黃益平은 "홍콩에서의 위안화 스테이블코인 발행도 가능성 있는 시나리오"라고 언급했다. 나아가 중국은행 전 부행장 왕융리王永利는 "달러 기반 스테이블코인이 결제 효율과 청산 비용 측면에서 앞서가면 위안화 국제화에 제약이 될 수 있다."라고 경고하며, 중국이 홍콩에서 역외 위안화 스테이블코인을 적극 도입해야 한다고 주장했다.

흥미롭게도 이러한 목소리가 공개적으로 제기되고 있다는 점은, 중국 정부 내에서도 위안화 기반 스테이블코인 도입을 상당 부분 용인하고 있음을 시사한다. 종합하면, 중국 본토가 통제된 실험실이라면 홍콩은 개방된 실험실로 기능하고 있다. 본토에서는 디지털 위안화로 중앙집권적 통제를 극대화하는 한편, 홍콩에서는 글로벌 스테이블코인 자본을 적극 수용하는 상반된 정책을 시행하고 있다. 표면적으로 두 실험은 모순되어 보이지만, 실상은 한 몸통의 두 축으로서 정교하게 역할을 분담하고 있는 것이다. 이러한 이중 전략을 바탕으로 중국은 내부적으로는 금융안정을 도모하고 외부적으로는 새로운 금융 자본을 흡수하는, 두 마리 토끼 잡기를 노리고 있다. 홍콩에서 위안화 연동 코인을 발행하면 자본 계정을 함부로 열지 않고도 자국 통화의 국제적 영향력을 확대하는 효과를 얻을 수 있다. 즉 홍콩이라는 창구를 활용해 위안화 국제화의 가능성을 시험하면서도, 본토의 자본 통제 장치는 그대로 유지하는 안전판을 확보하는 셈이다.

이처럼 겉보기에는 엇갈려 보이는 두 전략이지만 궁극적으로는 한 가지 목표로 귀결된다. 그것은 자국 통화의 주권을 확고히 지키는 동시에 글로벌 금융 패권 경쟁에서 앞서나가겠다는 의지이다. 중국인민은행을 축으로 한 본토의 강력한 통제 시스템은 위안화의 신뢰도를 국내에서 떠받치는 기반이 된다. 한편 홍콩에서 펼치는 개방 정책은 해외 투자자와 국제 자본이 안심하고 중국계 디지털 자산을 활용하도록 만드는 창구 역할을 한다. 이러한 규제 속 개방 기조는 '혁신은 하되 통제력을 잃지 않는다'는 중국 당국의 지향점을 단적으로 보여준다.

실제로 중국은 비트코인이나 이더리움 같은 탈중앙·익명 성격을 띤 암호화폐를 배척하는 대신, 중앙에서 관리감독할 수 있는 허가형 permissioned 디지털 화폐에 국가적 역량을 집중하고 있다. 개방된 블록체인 네트워크를 허용하면 익명 거래를 통한 자본 유출과 불법 행위를 통제하기 어렵다는 판단에서다. 이와 반대로 폐쇄형 블록체인 위에서 작동하는 디지털 위안화나 스테이블코인은 애초에 프로그램 코드에 규제 준수와 모니터링 기능을 내장함으로써, 금융 주권을 지키면서도 기술 혁신을 수용하는 도구가 된다. 다시 말해 중국이 구상하는 디지털 통화 시스템은 철저히 통제를 위한 혁신이지, 통제를 포기한 혁신은 아니다.

예컨대 '프로그래밍할 수 있는 화폐'라는 디지털 화폐의 특성을 활용하면 정책 목적에 따라 통화에 조건부 사용 제한을 설정할 수도 있다. 이미 디지털 위안화 파일럿에서 지정 업종에서만 사용할 수 있게 하는 기능, 지급 후 일정 기간이 지나면 화폐 가치가 소멸하는 기능 등이 실험된 바 있다. 차후 홍콩에서 발행될 위안화 연동 스테이블코인에도 이러한 프로그램식 통제 장치를 심어, 본토의 자본 통제와 모니터링 능력을 훼손하지 않으면서도 국외에서 위안화가 활용되는 효과를 거둘 수 있을 것이다.

한편 홍콩의 이러한 행보는 국제적인 흐름과도 맥을 같이한다. 유럽연합은 2024년 암호자산 규제안인 MiCA^{Markets in Crypto-Assets} 법을 시행하며 스테이블코인 등 디지털 자산에 대한 포괄적 법제화를 이뤄냈고, 미국 역시 2025년 첫 연방 차원의 스테이블코인 규제 법안인 GENIUS Act^{Guiding and Establishing National Innovation for U.S. Stablecoins Act}를 마련했다. 2025년 초 재취임한 도널드 트럼프 미국 대통령은 며칠 만에 달러 연동 스테이블코인 육성 방침을 공식화하며 디지털 달러 경쟁에 불을 붙였다. 이러한 세계적 흐름 속에서 홍콩이 선제적으로 스테이블코인 규율을 마련한 것은, 디지털 통화 시대의 패권 경쟁에서 중국이 주도권을 확보하도록 돕는 전초기지를 자처한 측면도 있다.

나아가 홍콩에서 성공적으로 안착한 스테이블코인 모델은 향후 중국 본토나 제3국에 적용되어 디지털 위안화 표준으로 자리 잡을 수 있다는 전망도 나온다. 예컨대 위안화에 연동된 홍콩의 스테이블코인이 국제 무역 거래에서 편의성과 안정성을 입증하면, 중국은 이를 다른 국가에 전파함으로써 위안화 블록체인 생태계를 넓혀갈 것이다. 이런 점에서 홍콩은 중국이 글로벌 디지털 화폐 주도권을 선점하려는 테스트베드 역할을 수행한다고 볼 수 있다.

요컨대 중국은 규제 속 개방이라는 독자적 전략으로 디지털 통화 시대에 대응하고 있다. 본토와 홍콩이라는 두 무대를 유기적으로 활용하여 한쪽에서는 국내 금융 질서를 흔들림 없이 지키고, 다른 한쪽에서는 위안화의 대외적 입지를 확대하는 이중 전략을 펼치는 것이다. 이러한 접근을 통해 중국은 다가올 글로벌 디지털 통화 패권 경쟁에서 주도권을 쥐려 하고 있다. 결국 중국은 통제를 기반으로 한 개방, 즉 규제 속 개방의 기치 아래 위안화의 디지털 생태계를 꾸준히 확장해가고 있다. 중국의 이 같은 쌍두마차 전략이 과연 달러 중심 기축통화 체제에 얼마나 큰 변화를 가져올지 전 세계의 이목이 집중되고 있다.

중국의 이러한 행보는 한국을 비롯한 주변국에도 큰 영향을 미치고 있다. 각국 중앙은행이 앞다투어 CBDC 연구개발에 속도를 내고, 스테이블코인에 대한 규율 정비에 나서는 등 디지털 통화를 둘러싼 경쟁과 협력이 가속화하고 있다. 디지털 화폐를 둘러싸고 새로운 글로벌 금융 지형이 형성되고 있다.

중국은 민간 스테이블코인 규제 강화를 공식 언급했고, 같은 시기 홍콩에서 진행하던 일부 민간 발행 프로젝트, 특히 알리바바나 징둥이 추진하던 스테이블코인 실험을 사실상 보류한 것으로 알려졌다.

그 대신 중국은 e-CNY 확대에 올인하는 모습을 보이고 있다. 이미 260개 도시에서 실사용 테스트가 진행 중이고, '디지털 위안화 국제운영센터'를 세워 무역결제와 국가 간 송금까지 연결하려는 계획을 내놓았다. 결국 중국의 디지털 금융 전략은 이전의 '통제와 실험의 병행'에서 지금은 '통제 중심 + 국제화 확대'로 접근하고 있다. 현재는 홍콩의 개방형 실험은 속도를 늦추고, 본토의 e-CNY를 중심으로 국가 주도의 디지털 통화 질서를 강화하는 쪽으로 선회한 것으로 보인다.

왜냐하면 중국 입장에서는 달러 스테이블코인의 확산이 자국 통화정책과 외환 통제력을 약화시킬 수 있다는 위기감이 커졌기 때문으로 보인다. 그래서 현재는 민간의 실험은 줄이고 국가가 직접 주도하는 방식으로 다시 중심을 잡은 것이며, 이는 달러 패권에 대응하는 중국식 디지털 금융 질서를 구축하려는 것으로 판단된다.

한국의 스테이블코인 준비 상황

최근 몇 넌간 전 세계 금융권에서 스테이블코인의 영향력이 급격히 커지고 있다. 이런 흐름 속에서 한국은 어떻게 대비하고 있을까? 한국은 이미 디지털 결제 서비스가 매우 발달한 나라이다. 카카오페이·네이버페이 등 간편결제가 생활화되어 일상에서 현금이나 카드 없이도 손쉽게 결제할 수 있다. 이러한 상황에서 한국은행 CBDC나 원화 기반 스테이블코인 도입 논의는 효용성에 대한 논쟁과 더불어 통화 주권과 금융 혁신을 둘러싼 중요한 정책 과제로 부상하고 있다. 한국은행이 진행한 '프로젝트 한강' 실험과 이후 경과, 한국 내 정책 방향의 모호성, 간편결제 시장 상황과 CBDC 효용 논쟁, 원화 스테이블코인 관련 제도 현황과 민간 시도, 주요 기업 사례, 통화 주권 측면의 논의를 살펴보고 향후 정책 방향에 대한 제언을 하고자 한다.

한국은행은 2020년부터 디지털 화폐 도입 가능성을 연구해왔고, 2023년에는 금융위원회·금융감독원과 함께 CBDC 활용성 테스트 계획을 발표했다. 이를 구체화한 것이 2025년 실시된 '프로젝트 한강' 실험이다. 이는 한국은행이 발행한 기관용 디지털 원화^{CBDC}를 시중은행이 예금토큰 형태로 고객에게 유통하고 실제 결제에 활용해보는 시범 사업이었다. 말하자면 중앙은행이 도매형 CBDC를 발행하고, 시중은행이 이를 100% 준비자산으로 삼아 예금토큰이라는 디지털 화폐를 고객에게 제공하는 2단계 구조를 시험한 것이다.

2025년 4월부터 6월까지 진행한 1차 실험에는 국민은행, 신한은행, 하나은행, 우리은행, 농협은행, 부산은행, 기업은행 등 7개 은행이 혁신금융서비스로 참여했다. 최대 10만 명이 참여해 각자 은행 모바일 앱에 전자지갑을 만들고 예금을 예금토큰으로 전환한 뒤 여러 온오프라인 가맹점에서 QR코드 결제를 체험했다. 예금토큰을 사용할 수 있는 곳으로 편의점(세븐일레븐), 대형마트(하나로마트), 커피숍(이디야커피), 서점(교보문고), 온라인 쇼핑몰(현대홈쇼핑), 배달앱(땡겨요) 등 일상적인 업종이 지정되었고, 참여자는 스마트폰 앱으로 생성한 QR코드로 손쉽게 결제하고 디지털 바우처까지 이용해볼 수 있었다. 이러한 1차 실험의 목표는 디지털 화폐의 효용을 국민이 체감하게 하여, 예금토큰으로도 현금처럼 다양한 거래가 원활히 이뤄지는지를 확인하는 것이었다.

1차 실험은 홍보 및 왜 사용하는지에 대한 합의가 부족해 비교적 작은 성공으로 마무리되었고, 이를 분석해 개인 간 송금, 바우처 확대, 인증 간소화 등을 포함한 2차 실험을 이어가려 했었다. 그런데 2025년 6월 말, 한국은행은 원래 연말에 진행할 예정이던 프로젝트 한강 2차 실험을 잠정 보류한다고 발표했다. 이는 마침 여야 정치권에서 원화 스테이블코인을 민간도 발행하도록 허용하는 법안이 발의된 상황과 맞물려 있었다. 이 법안(디지털자산기본법)으로 민간에서 '1코인=1원' 식의 원화 연동 스테이블코인 발행이 제도권에 들어올 가능성이 높아지자, 중앙은행이 애써 CBDC를 개발해도 실효성이 떨어지는 것 아니냐는 우려가 커진 것이다. 실제로 한국은행은 해당 법안 처리 동향을 지켜본 후에 2차 실험 추진을 논의하겠다는 입장을 밝혔다.

물론 정책 입안자들은 다른 관점에서 CBDC의 공공재로서 잠재력을 강조한다. CBDC는 중앙은행이 발행하는 공신력 있는 화폐이므로 민간 간편결제와 근본적으로 다르고, 판매자에게 카드 수수료 부담 없이 즉시 대금이 지급된다는 점 등을 장점으로 든다. 또 프로그래밍할 수 있기에 바우처 등 정책자금을 목적에 맞게 효율적으로 집행할 수 있고, 현금 이용이 줄어드는 미래에 대비한 디지털 현금 인프라가 될 것이라는 기대도 있다. 이런 CBDC 도입의 공익적 가치와, 기존 간편결제와의 효용성 논쟁 사이에서 한국 사회의 의견은 분분하다. '지금도 잘 돌아가는 결제 시스템에 굳이 CBDC가 필요한가'라는 회의론과 '보이지 않는 곳에서 금융 인프라 혁신을 이루고 미래를 대비해야 한다'는 주장 사이에 활발한 논의가 오가고 있다.

프로젝트 한강 2차 실험 중단 결정은 한국 내 CBDC vs 스테이블코인을 둘러싼 정책 불확실성을 드러낸 사건이라고 볼 수 있다. 2025년을 전후해 정부와 중앙은행, 국회 사이에 미묘한 입장 차이가 나타났다. 현 정부는 원화 기반 스테이블코인 민간 발행에 비교적 적극적이다. 실제로 2025년 초 출범한 새 정부는 대선 공약으로 원화 스테이블코인 허용을 내걸었고, 의원들이 관련 법안을 발의하며 제도화를 서두르고 있다. 이는 가상자산 시장 육성과 핀테크 혁신 측면을 강조한 행보로 풀이된다.

그런 반면에 한국은행은 '화폐 발행은 중앙은행 고유 권한'이라는 원칙을 중시하여 신중한 태도를 보여왔다. 한국은행 총재는 "한국은 (미국과 달리) 비은행 발행 스테이블코인은 자본규제를 우회하는 문제가 있다."라며 성급한 민간 발행 허용에 우려를 표했다. 또 한국은행 부총재는 "처음에는 은행 같은 규율이 강한 기관 중심으로 제한적으로 허용하고 비은행은 점진적으로 확대하는 것이 바람직하다."라고 밝혀, 섣부른 전면 허용보다는 안전판을 갖춘 도입을 강조했다.

정책 논의가 다소 혼란스럽지만, 민간 부문에서 발 빠르게 움직이고 있는 것도 주목할 점이다. 법제가 미비한 가운데서도 여러 국내 기업이 원화 스테이블코인 발행 준비에 착수해 주도권 확보 경쟁을 벌이고 있다. 가장 눈에 띄는 곳은 빅테크 금융 플랫폼들이다. 카카오는 2023년 이후 한때 블록체인 사업을 축소했지만, 2025년 들어 원화 스테이블코인 TF를 구성하며 적극적인 재도약에 나섰다. 카카오페이와 카카오뱅크는 'KPRKW', 'PKRW' 등 원화 토큰과 연관된 상표권을 출원해 사업에 시동을 걸었다. 카카오페이 측은 미국 서클Circle사의 대표단까지 만나 협력 논의를 하는 등 글로벌 스테이블코인 기업과도 접촉하고 있다. 이는 카카오가 과거 자체 블록체인 플랫폼(클레이튼)을 운영했던 경험과 그룹의 방대한 사용자 기반을 살려 원화 스테이블코인 시장을 선점하려는 포석으로 풀이된다.

네이버 역시 움직임이 심상치 않다. 네이버페이를 운영하는 네이버파이낸셜은 국내 최대 가상자산 거래소인 업비트의 운영사 두나무와 손잡고 원화 스테이블코인 사업을 추진하고 있다. 2025년 하반기에 네이버와 두나무는 포괄적 주식교환 방식으로 제휴를 추진하며, 두나무가 네이버의 자회사로 편입될 것이라는 뉴스가 나왔다. 두 회사는 단순 제휴를 넘어 긴밀한 협력 의지를 보이고 있는데, 그 핵심 목표 중 하나가 원화 기반 스테이블코인이다. '네이버페이가 스테이블코인을 발행하면, 두나무는 자체 블록체인 기와 GIWA로 이를 유통하고 업비트 거래소에 상장해 국내외 유동성을 제공할 수 있다'는 구상이 대표적이다. 즉 네이버의 거대한 결제 플랫폼과 두나무의 블록체인·암호자산 인프라를 결합해 원화 토큰 발행부터 유통·거래까지 원스톱으로 아우르는 생태계를 만들겠다는 그림이다. 이는 마침 정부·여당이 원화 스테이블코인 도입을 추진하는 시기와 맞물려 양사 시너지를 극대화할 수 있다는 평가가 나온다. 달러 스테이블코인 USDT·USDC가 글로벌 시장 85% 이상을 점유하는 상황에서 원화 스테이블코인이 성공하려면 국민이 실생활에서 쓸 수 있는 플랫폼과 막강한 이용자 기반이 필수이다. 네이버-업비트 연합은 그 조건을 충족할 유력 후보로 거론된다. 또 AI 시장의 검색과 쇼핑에서 위협받고 있는 네이버에게는 정체된 시장을 새로운 방향으로 개척하는 길이니 이는 두 회사 모두 Win-Win인 셈이다.

또 다른 핀테크 강자인 토스도 원화 스테이블코인 경쟁에 가세했다. 토스는 산하 금융연구 조직인 토스인사이트를 통해 2025년 8월 '스테이블코인: 새로운 금융 인프라의 부상'이라는 보고서를 내놓으며 화제를 모았다. 이 보고서는 손병두 전 금융위 부위원장이 이끄는 연구진이 작성했는데, 원화 스테이블코인의 발행 구조로 은행 등 기존 금융기관 중심의 컨소시엄 또는 신탁 구조를 제안했다. 그래야 준비금 투명성과 초기 유동성 확보가 용이하고, 통화정책에 부정적 영향을 최소화할 수 있다는 설명이다. 민간 스테이블코인 도입 시 통화량 조절과 금융안정 우려를 고려해, 은행권이 앞장서서 관리하는 형태가 현실적인 해법이라는 주장이다. 이

점은 한국은행이 일관되게 밝혀온 태도와도 맥락을 같이한다. 실제로 이창용 한국은행 총재는 "은행 중심으로 스테이블코인 발행을 허용하되, 비은행과 은행이 49:51로 지분을 투자하는 컨소시엄 형태도 염두에 둘 수 있다."라고 언급한 바 있다. 토스는 이 외에도 스테이블코인 전담 TF를 가동해 카카오와 네이버에 이어 새로운 빅테크 전선을 구축하고 있다는 보도도 나왔다. 즉 한국의 주요 핀테크 기업들이 모두 원화 스테이블코인을 '놓칠 수 없는 미래 사업'이라 여기고 선제적으로 준비하고 있는 것이다.

시중은행들도 마냥 손 놓고 있지는 않다. 프로젝트 한강 중단 이후 일부 은행은 자체 스테이블코인 브랜드를 상표 출원하며 만약의 경우를 대비하고 있다는 소식이 전해졌다. 실제 어느 은행은 자사 영문 이니셜을 딴 코인 이름을 특허청에 신청한 사례도 있다고 한다. 또 몇몇 은행은 국내 블록체인 업체들과 협력해 스테이블코인 발행 방안을 모색하는 컨소시엄 구상도 검토 중이다. 이는 법률이 허용되는 순간 은행권 주도로 원화 토큰을 빠르게 출시하려는 준비로 보인다. 은행에게는 기존 예금토큰과 유사하지만 자신들의 브랜드를 입힌 디지털 화폐를 만들어낼 수 있고, 이로써 가상자산 거래 등 새로운 시장에 진입할 기회가 된다. 다만 은행들 스스로도 CBDC 실험에 비용 부담을 호소했듯, 대규모 초기 투자와 명확한 비즈니스 모델 확보라는 과제를 안고 있다. 결국 은행 단독으로 하기보다는 여러 은행이 힘을 합치거나 기술기업과 손잡는 방식이 될 가능성이 높다.

원화 스테이블코인 도입 논의를 단순한 기술이나 편의성 문제가 아닌 국가 통화 주권의 관점에서 바라봐야 한다는 지적도 힘을 얻고 있다. 스테이블코인이 확산하면서 가장 우려되는 시나리오는, 달러 기반 해외 스테이블코인(예: USDT, USDC)이 국내에 대거 유입되어 사실상 디지털 달러화Digital Dollarization가 진행되는 것이다. 이미 많은 신흥국에서 자국 통화가 불안할 때 국민이 달러 연동 스테이블코인을 대안으로 사용하는 현상이 나타나고 있다. 한국은 통화 가치가 안정적이지만, 가상자산 투자 붐 속에서 USDT 등 달러 스테이블코인이 국내 거래에서 기축통화처럼 쓰이는 조짐이 있다.

실제로 세계 최대 가상자산 거래소에서는 비트코인 등을 살 때 원화 대신 USDT 마켓을 활용하는 경우가 많고, 국내 투자자들도 달러 스테이블코인에 익숙해지고 있다. 만약 글로벌 빅테크 기업이 자체 스테이블코인 결제망을 들고 들어와 한국 시장을 장악한다면, 우리 국민의 결제·저축 활동 일부가 달러 기반으로 옮겨갈 위험도 배제할 수 없다. 그렇게 되면 한국은행의 통화정책 전달력 약화, 자금 유출입 통제 곤란, 외환시장 교란 등 통화주권 훼손 우려가 현실이 될 수 있다. 우리가 아무 대비 없이 앉아 있으면 판이 다 짜인 후에는 영영 주도권을 잡지 못할 수 있다. 중국조차 디지털 위안화를 추진하면서 '원딩비穩定幣(스테이블코인)'라는 용어를 공식 언급하고 관련 제도 구축에 나서고 있다. 신중하게 검토만 하다가는 한국이 주도권을 잃을 수 있다는 위기감이 드는 이유이다.

원화 스테이블코인은 글로벌 통화 패권의 공격수가 되긴 어렵지만, 최소한 수비수로서 국내 원화 수요를 지켜줄 필요가 있다. 달러가 수십 년간 기축통화로 군림해온 상황에서 원화 토큰 하나로 판도를 바꾸기는 힘들겠지만, 자체 디지털 통화조차 없이 외국이 만든 디지털 달러에 종속된다면 게임을 시작하기도 전에 패배가 확정된다는 의미이다. 실제로 미국은 2025년 GENIUS Act를 제정해 달러 스테이블코인 준비금으로 미국 국

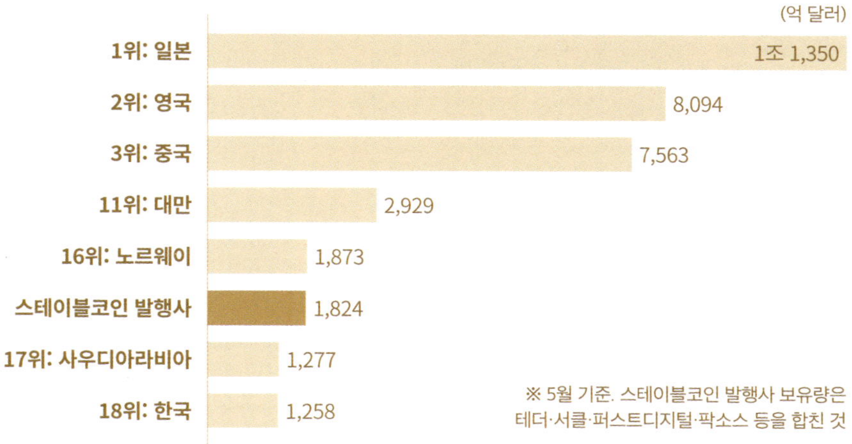

미국 국채 보유 순위(자료: 미국 재무부, 연합뉴스, 업계)

채를 편입하도록 유도하고 있다. 이는 전 세계 달러 수요를 늘려 디지털 시대에도 달러 패권을 강화하려는 전략으로 해석된다. 미국의 주요 스테이블코인 발행사들은 이미 현금보다는 미국 재무부 채권을 준비자산으로 더 많이 보유하고 있으며, 그 규모가 국가 수준에 이르렀다.

스테이블코인의 성장 자체가 미국 국채 수요 증가와 달러 영향력 확대로 이어지는 구도인 셈이다. 이러한 흐름에서 한국이 자체 원화 스테이블코인 생태계를 갖추지 못한다면, 향후 AI 에이전트 경제, IoT, 메타버스 등에서 발생할 방대한 초소액·초고빈도 결제의 이익도 해외 달러 플랫폼에 종속될 우려가 있다. 결국 미래의 금융 주권을 지키기 위해서라도 우리 손으로 디지털 원화에 한 걸음이라도 내딛는 것과, 손 놓고 있다가 해외 스테이블코인에 의존하는 것의 차이는 매우 크다는 점이 분명해진다.

한국의 디지털 통화 전략은 CBDC와 민간 스테이블코인을 이분법적으로 대립시키기보다 상호 보완적으로 설계하는 데 초점을 맞춰야 한다는 제언이 힘을 얻고 있다. 앞서 살펴본 바와 같이, CBDC에는 CBDC의 역할이 있고 스테이블코인에는 스테이블코인의 장점이 있다. CBDC는 중앙은행 발행이라는 신뢰성과 법정화폐와 1:1 교환 보장, 통화정책 연계 용이성 등의 강점이 있고, 스테이블코인은 민간의 혁신 역량과 전 세계 네트워크 활용, 다양한 서비스와 결합 유연성이라는 이점이 있다. 한국이 디지털 경제 생태계를 선도하려면 이 둘을 적절히 병행 채택하는 투 트랙 접근을 택해야 할 것이다.

구체적으로는 한국은행이 CBDC 인프라를 마련하면서, 이를 활용해 민간이 스테이블코인을 발행하도록 하는 2단계 구조를 고려할 수 있다. 사실상 프로젝트 한강이 그 프로토타입이었다고 볼 수 있다. 한국은행 내부에서도 스테이블코인을 3형 토큰(특수 목적형 토큰)이라고 부르며 기관용 CBDC(2형 토큰)를 100% 담보로 외부 기관이 발행하는 토큰으로 정의하고 있다. 쉽게 말해 중앙은행이 도매 CBDC를 공급하면 이를 완전 예치금으로 둔 민간 토큰을 발행하는 모델이다. 이렇게 하면 민간의 창의적인 서비스 개발 여지를 열어두면서도, 준비자산은 중앙은행 돈으로 100% 뒷받침되므로 안정성과 통제력을 확보할 수 있다.

또 하나 중요한 점은 은행과 핀테크, 스타트업이 협력하는 생태계 구축이다. 은행권과 비은행 핀테크들도 참여할 수 있는 컨소시엄 형태가 바람직하다. 이로써 여러 금융기관의 자본력과 기술기업의 혁신성을 결합할 수 있다. 정부는 공동 실험과 샌드박스를 지원하고 법·제도를 유연하게 정비하여 민간의 자율적 혁신을 장려해야 한다. 이는 마치 '축구팀에 공격수만 중요한 게 아니라 수비수도 필요하다'는 비유처럼, CBDC라는 수비수와 민간 스테이블코인이라는 공격수가 함께 뛰도록 팀 전략을 짜야 한다는 의미이다.

결론적으로 한국의 스테이블코인 준비 상황은 이제 본격적인 2막에 진입했다. 첫 막이었던 CBDC 파일럿에서 우리는 기술적 가능성과 한계를 직접 확인했다. 이제 두 번째 막에서는 그 경험을 바탕으로 민간과 손잡고 실용적 해법을 찾아나가야 한다. 스테이블코인은 한 기업이 단독으로 만들어내는 상품이 아니라, 사회 전체가 함께 구축해야 할 새로운 금융 인프라이다. 한국은행이 지혜로운 조율자로서 은행권·핀테크·규제당국 간 협력 플랫폼을 마련하고 민간도 책임 있는 혁신을 보여준다면, 원화 디지털화 시대를 선도적으로 열어갈 수 있을 것이다. 그 길이 결코 쉽지는 않겠지만, 잘 준비하여 능동적으로 도전하고 대응한다면 다가올 디지털 금융 질서 속에서 한국의 통화 주권과 금융경쟁력을 지키는 지름길임은 분명하다.

2장
알고리즘 거래가 바꾸는 새로운 자본시장

중국 금융시장은 기술 혁신에 힘입어 빠르게 변화하고 있다. 알고리즘 트레이딩algorithmic trading, 즉 컴퓨터 프로그램이 매매 시점과 종목을 자동으로 결정하는 거래 방식은 이러한 변화의 핵심에 자리한다. 최근 중국 증시에서는 '퀀트 지진'으로 불린 사건이 화제가 되었다. 2024년 2월 한때 중국 주식시장이 급락한 원인인데, 수많은 퀀트 펀드quant fund가 동시다발적으로 주식을 팔아 치운 현상이 지목된 것이다. 퀀트 펀드란 수학 모델을 이용해 시장의 움직임을 컴퓨터 프로그램으로 만들고 이에 근거해 투자 결정을 내리는 것으로, 당시 개인 투자자들은 눈앞에서 벌어진 순식간의 폭락에 충격을 받았고 초단타로 주식을 사고파는 플래시 보이flash boy들을 성토했다. 플래시 보이는 마이클 루이스의 2014년 논픽션 도서 제목이자, 월스트리트의 거대 금융 회사들이 알고리즘 기술과 초단타 매매 기법을 이용해 일반 투자자에게서 이득을 취하는 방식을 폭로하며 은유적으로 쓰인다. 이는 알고리즘에 기반한 거래가 얼마나 시장에 큰 영향을 미칠 수 있는지를 드러낸 사례이다. 이러한 극적인 사건을 계기로 중국 당국은 시장 신뢰를 높이려고 알고리즘 거래 규제를 강화하기 시작했다.

2장에서는 금융기술FinTech과 자본시장 혁신의 흐름 속에서 중국의 알고리즘 트레이딩과 고빈도 트레이딩HFT, High-Frequency Trading이 어떻게 발전해왔는지를 살펴본다. 알고리즘 거래의 기술적 기반과 성장 배경을 먼저 짚어보고, AI와 머신러닝을 활용한 거래전략의 실제 사례를 소개한다. 또 중국 내 고빈도 트레이딩의 동향과 주요 플레이어, 그리고 이에 대응하는 상하이·선전 증권거래소의 전략을 다룬다. 더불어 클라우드 컴퓨팅 등 신기술 도입으로 거래 환경이 어떻게 변모하고 있는지, 그리고 이러한 변화에 발맞춘 규제 정비 상황을 MiFID IIMarkets in Financial Instruments Directive II(유럽연합의 금융상품 시장 규제 체계를 대폭 개혁하고 강화하려고 도입된 지침) 등의 글로벌 규제와 비교한다. 아울러 미국 시장과 중국 시장을 구조나 기술 채택 측면에서 비교 분석하고, 알고리즘 거래가 가져오는 위험 요인과 시장 무결성에 대한 도전 과제도 짚어본다. 전체 금융 부문의 패러다임 전환 속에서 알고리즘 트레이딩이 화폐·기술·자본의 새로운 질서를 어떻게 형성해가는지 종합적인 그림을 제시할 것이다.

중국 알고리즘 거래의 기술 기반과 성장 배경

중국에서 알고리즘 기반 퀀트 거래quantitative trading는 2010년대에 본격적으로 등장했다. 2010년에 중국은 첫 주가지수 선물을 도입하며 헤지펀드 등 기관이 하락장에서도 수익을 낼 수 있는 공매도 수단을 열어주었다. 이를 계기로 정량 투자quantitative investment에 기반한 사모펀드PE, Private Equity 산업이 싹트기 시작했고, 월가 출신 트레이더와 데이터 과학자들이 알파alpha(시장평균 대비 초과 수익)를 찾아 중국 시장으로 모여들었다. 또 이 시기에 인터넷과 통신 인프라가 발전하여 시장 데이터 접근이 용이해 지고, 컴퓨팅 파워 비용이 감소하면서 알고리즘 트레이딩의 기술적 토대 가 갖춰졌다. 증권사들과 자산운용사들은 거래 시스템을 전자화하고 자 동주문 시스템을 도입하는 등 전자거래의 시대가 열렸다.

2010년대 중반 이후 2021년 말까지 중국 퀀트 펀드들은 폭발적으로 성장했다. 중국 증권투자펀드업협회 공식 통계에 따르면, 중국 퀀트 헤지 펀드의 운용자산AUM은 2021년 말 약 1.61조 위안으로 정점에 달했다. 최 근 3년간은 규제 강화 등으로 2024년 말 기준 약 8,370억 위안 수준으로 감소했다. 이러한 폭발적인 성장은 같은 기간에 전체 증시가 부진했는데 도 맨 그룹Man Group, 투 시그마Two Sigma, 윈턴Winton 등 글로벌 퀀트 거인 들까지 중국 시장에 관심을 보일 정도로 시장의 비효율이 높았기 때문이 다. 중국 시장은 개인 투자자 비율이 70% 안팎으로 높아 투자 의사결정이 감정에 좌우되는 경향이 강하다. 루정저陆政哲 하이플라이어 퀀트High-Flyer Quant 대표의 말처럼 "중국 A주 시장은 비이성적 투자로 비효율성이 높아 퀀트 전략에 유리한 환경"이었다. 실제로 많은 중국 퀀트 펀드는 변동성이 큰 중소형주에서 가격 괴리를 찾아 단기 차익을 노리는 전략으로 두각을 나타냈다.

한편 중국 정부는 금융 혁신을 장려하면서도 시스템 리스크 관리에 무게를 실어왔다. 2015년 증시 폭락 당시에 당국은 알고리즘 거래가 시 장 급변을 부추겼다고 의심하여 일부 프로그램 매매 계정을 정지하고, 대 량 주문 취소 등 비정상 거래행위를 집중 단속했다. 이는 이후 알고리즘 거래 규제 논의의 단초가 되었다. 특히 2024년 2월 '퀀트 지진'으로 불린

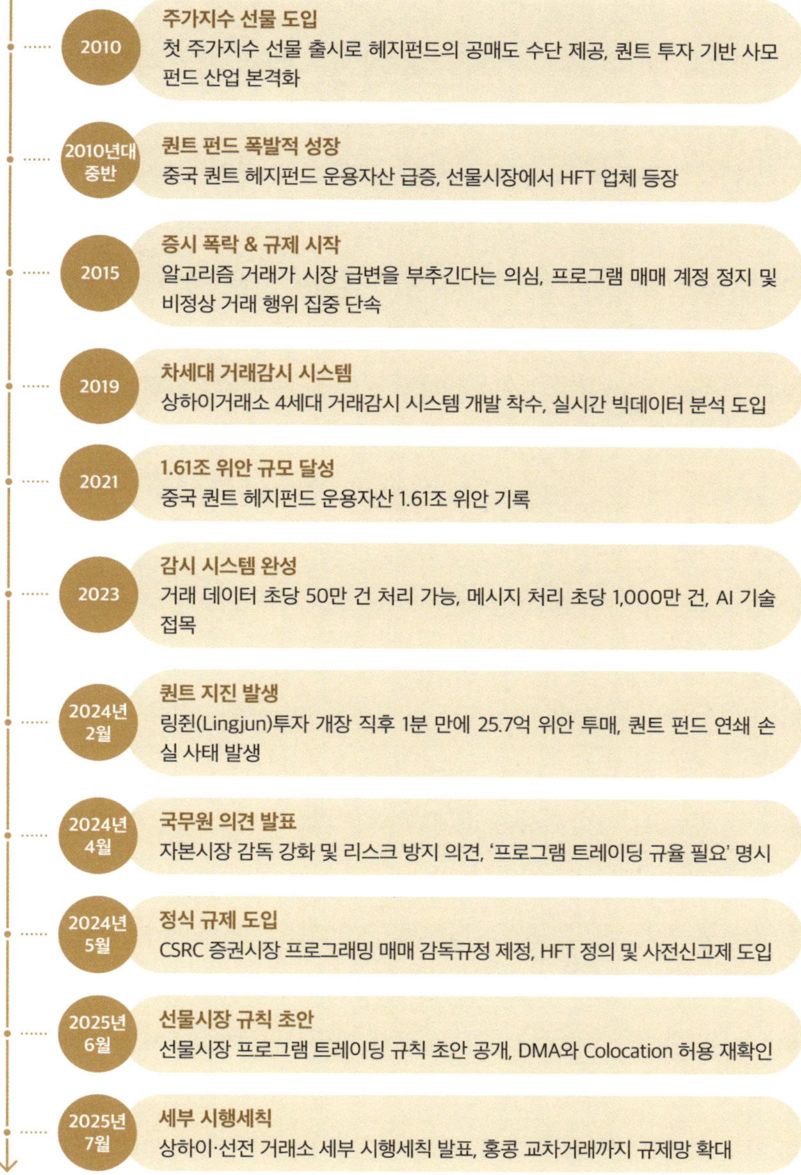

중국 알고리즘 트레이딩 발전 타임라인

대규모 동반 손실 사태 이후 당국은 규제 수위를 대폭 높였다. 증권감독관리위원회CSRC 우칭吳淸 신임 주석은 개인 투자자 보호와 시장 공정성을 최우선으로 내세우며 공매도 제한, 초단타 알고리즘 거래 단속 등의 강경 조치를 시행했다. 2024년 4월 국무원이 발표한 자본시장 감독 강화 및 리스크 방지 의견에서도 '프로그램 트레이딩이 합법적 투자수단이지만 공정하고 질서 있는 시장을 위해 규율이 필요하다'고 명시했고, 이에 호응하여 중국증권감독위원회는 2024년 5월 증권시장 프로그래밍 매매 감독규정을 제정해 알고리즘 거래의 합법성을 공식 인정하는 한편, 사전신고제 등을 도입했다. 이처럼 성장기의 혼란과 시행착오, 그리고 2024년 규제 충격을 거치며 중국의 알고리즘 트레이딩 생태계는 기술적 성숙과 더불어 제도적 틀이 갖춰지는 단계로 접어들었다.

알고리즘 거래의 발전에서 AI와 머신러닝 기술 도입은 빼놓을 수 없는 화두이다. 과거 단순 규칙 기반 알고리즘에서 나아가 최근 중국의 최첨단 퀀트 펀드들은 딥러닝deep learning을 비롯한 AI 기법을 적극 활용하고 있다. 대표적인 사례로 언급되는 하이플라이어 퀀트는 완전한 AI 중심 투자 모델을 표방한다. 이 회사는 방대한 시장 데이터와 거시경제 지표, 대체 데이터까지 딥뉴럴네트워크deep neural network로 통합 분석하여 주가 움직임을 예측하고, 포트폴리오 구성부터 주문 실행까지 전 과정을 AI가 최적화한다. 마치 체스에서 인간 챔피언을 능가한 컴퓨터처럼, 주식시장에서도 인간의 직관을 넘어서는 패턴 인식과 속도로 거래에 나서는 것이다.

중국 시장의 비효율성을 겨냥한 머신러닝 전략도 속속 등장했다. 예컨대 일부 펀드는 소셜미디어와 뉴스의 자연어 처리NLP를 바탕으로 투자심리를 계량화하고 이를 매매 신호로 연결한다. 또 위성사진, 모바일 결제 데이터 등 대체 데이터alternative data를 머신러닝으로 해석하고 소비 동향이나 기업 생산활동을 실시간 파악해 주가에 반영하는 시도도 하고 있다. 이러한 생성형 AIGenerative AI 시대의 데이터 폭발 속에서 클라우드상의 거대한 병렬 처리로 수백만 가지 모형을 학습시키는 일은 과거라면 불가능했을 것이다. 실제로 한 AI 기반 펀드는 중국 상장사들의 재무제표, 뉴스 공시, 특허 데이터까지 종합적으로 딥러닝하여 종목을 선별했다고 알려져 있다. 어려운 개념이지만 쉽게 비유하면, 마치 자동차의 자율주행 AI가 수많은 도로 상황을 학습해 최적 경로를 찾듯, 자율주행 트레이딩 AI가 시장의 미세한 징후를 학습해 매매 의사결정을 내리는 셈이다.

물론 AI 트레이딩이라고 해서 마법같이 항상 성공하는 것은 아니다. 2024년 초 중국의 퀀트 펀드 연쇄 손실 사태는 기계학습 모델의 위험을 일깨웠다. 다수의 퀀트 펀드가 이전까지 유효하던 데이터 패턴이 갑자기 막히자 일제히 손실을 보고 일부는 -30%에 달하는 낙폭을 기록했다는 분석이 나왔다. 한 상하이 기반 펀드는 "시장 데이터와 패턴이 더는 통하지 않아 기존 알고리즘이 계속 틀리기 시작했다."라고 토로했는데, 이는 머신러닝 모델이 과거 데이터에 과적합overfitting되었을 때 발생할 수 있는 위험이다. 이처럼 AI와 머신러닝은 강력한 도구이지만, 시장 환경 변화에 따른 모델 리스크를 항상 관리해야 한다. 그럼에도 불구하고 중국의 선도적인 퀀트 운용사들은 대규모 AI R&D 인력과 인프라를 갖추고 끊임없이 모델을 개선하고 있다. 하이플라이어 퀀트의 경우 전문인력 120여 명과 첨단 컴퓨팅 자원을 바탕으로 전략 개발→백테스트→실거래 피드백의 사이클을 매우 빠르게 돌려 경쟁우위를 유지한다고 밝혔다. 결국 AI 시대의 투자에서 승패는 특정 알고리즘 하나보다는 지속적 학습과 적응 능력에 달려 있다고 할 수 있다.

고빈도 매매 동향과 거래소의 대응

고빈도 트레이딩은 알고리즘 거래 중에서도 특히 거래 속도와 빈도를 극한까지 끌어올린 형태이며, 극초 단위의 초단타 매매를 일컫는다. 시세의 미세한 차익을 노려 1초에 수백에서 수천 건에 이르는 주문을 내고 취소하는 전략이기에 흔히 '증권가의 F1 레이스'에 비유되곤 한다. 미국 등 선진 시장에서 고빈도 트레이딩은 2000년대 후반에 폭발적으로 성장하여 한때 주식거래량의 상당 부분을 차지했다. 2010년 미국 플래시 크래시 Flash Crash(수분 만에 주가가 폭락했다가 회복하는 금융시장 붕괴 사태를 말하며, 실제로 2010년 5월 6일 오후 미국 주식시장에서 발생)와 같이 알고리즘 폭주로 사건을 일으키기도 했다. 그렇다면 중국에서는 고빈도 트레이딩이 어떤 모습일까?

중국 주식시장은 전통적으로 당일매도금지(T+1) 규정과 가격제한폭(상하 10%) 등 초단기 투기 억제장치가 있어서 미국과 같은 고빈도 트레이딩이 활개칠 환경은 아니다. 실제로 일반 투자자는 오늘 산 주식을 당일 되팔 수 없기 때문에, 미국에서 흔한 동일 주식 내 당일 수백 회 주문 반복 같은 고빈도 트레이딩 전략은 애초에 제약이 있다. 다만 선물시장과 일부 파생상품 영역에서는 예외였다. 선물거래는 당일 반복 매매가 가능하고 레버리지도 높아 일찍이 시타델Citadel이나 타워리서치Tower Research 같은 미국계 고빈도 트레이딩 업체들이 중국 선물시장에 관심을 보였고, 중국 내에서도 이와 유사한 고빈도 트레이딩 퀀트들이 등장했다. 대표적으로 2010년대 중반 상품선물 시장에서 틱 단위로 매매하는 프로그램이 포착되어, 거래소가 비공식적으로 관련 계좌를 관리해온 것으로 알려졌다.

최근 들어 중국 증권거래소도 고빈도 트레이딩의 존재를 공식적으로 인정하고 제도권 안으로 편입시키려는 움직임을 보이고 있다. 2024년 5월 도입된 증권시장 프로그래밍 매매 규정에 '고빈도 트레이딩'을 처음으로 명시하여 정의했는데, 1초 동안 300건 초과 주문·취소 또는 하루 2만 건 초과 주문·취소가 발생하는 계정을 고빈도 트레이딩으로 간주하고 별도의 신고의무를 부과하기로 했다. 이는 고빈도 트레이딩의 속도 장치 scalar를 수치로 규정한 것인데, 이러한 임계치를 넘는 계좌를 모니터링해 이상징후를 감지하겠다는 것이다. 아울러 상하이·선전 거래소는 차등 수수료 부과 방안도 발표했다. 이는 주문 건수와 취소 빈도가 많은 초단타 계좌에 데이터 사용료나 과다 취소 페널티 같은 추가 비용을 부과함으로써 무분별한 주문 남발을 억제하려는 취지이다.

고빈도 트레이딩 논란의 핵심은 시장에 유동성을 공급하는 긍정적 역할과 가격교란 위험 사이의 줄타기라고 할 수 있다. 고빈도 트레이딩 업체들은 호가 스프레드bid-ask spread(매수자와 매도자가 제시하는 가격 차이)를 줄이고 가격 발견을 돕는다고 주장하지만, 중국 당국의 시각은 신중한 편이다. 상하이·선전 거래소는 공동 성명에서 "고빈도 거래는 기술·정보·속도 측면에서 개인 투자자보다 현저한 우위를 지녀 시장 변동성을 증폭시킬 수 있다."라고 지적했다. 실제 사례로는 앞서 언급한 2024년 2월 링쥔투자灵均投资의 대량매도 사건이 있다. 60억 위안을 굴리는 중국 최대 퀀트 펀드 중 하나인 링쥔이 개장 직후 1분 만에 25.7억 위안어치 A주를 투매하여 지수 급락을 유발했고, 거래소는 '거래 질서 교란'을 이유로 이 펀드의 매매를 3일간 정지시켰다. 링쥔 측은 곧바로 사과문을 내고 "중국 주식의 장기적 강세 견해에는 변함이 없으며, 거래 모델을 개선해 매매를 완만하게 진행하겠다."라고 밝혔다. 이 사건은 고빈도 트레이딩과 프로그램 매매가 시장에 실질적 충격을 줄 수 있음을 보여준 동시에 거래소가 신속히 개입했다는 점에서 주목할 만하다.

상하이와 선전 거래소는 고빈도 트레이딩 시대에 대비하여 기술적 대응도 강화하고 있다. 상하이거래소는 2019년부터 4세대 거래감시 시스템 개발에 착수해 2023년에 완성했다. 이 시스템은 실시간 빅데이터 스트리밍 분석을 도입하여 초당 50만 건 이상 거래 데이터를 처리할 수 있고, 메시지 처리용량은 초당 1,000만 건에 달해 과거 대비 지연시간을 획기적으로 줄였다. 첫 가동일에 초당 15만 건 이상 주문을 무리 없이 소화한 사례에서 알 수 있듯, 웬만한 고빈도 주문 쇄도도 시스템으로 감당할 수 있는 셈이다. 이와 함께 AI 기술을 접목해 비정상 호가 패턴, 스푸핑spoofing과 같이 주문과 취소를 반복하며 시장을 교란하는 행위도 실시간 탐지할 수 있도록 감독 모델을 고도화하고 있다. 정리하자면, 중국 거래소들은 고빈도 트레이딩의 양날의 검과 마주하며 한편으로는 초고속 거래 인프라를 구축하고, 다른 한편으로는 초정밀 감시 체계로 시장 질서를 지키는 투 트랙 전략을 구사하고 있다.

알고리즘 트레이딩의 발전에는 클라우드 컴퓨팅의 역할 또한 커지고 있다. 대량 데이터 저장과 빠른 연산을 요하는 퀀트 운용사에게, 필요할 때 유연하게 서버 자원을 확장할 수 있는 클라우드는 매력적인 선택지이다. 특히 중소 규모 핀테크 트레이더들은 자체 데이터센터를 구축하는 대신, 알리바바 클라우드나 텐센트 클라우드 같은 국내 클라우드 플랫폼을 활용해 백테스팅(과거 데이터를 기반으로 트레이딩 전략의 수익성과 실행 가능성을 검증하는 과정)부터 실시간 거래까지 수행하고 있다. 예를 들어 알리바바 클라우드는 퀀트 트레이딩 전용 가속 솔루션을 내놓고 있는데, 지능형 캐시 기술과 초고속 네트워크로 시장 데이터 전송 지연을 줄여 주문 집행 효율을 높여준다. 또 클라우드에 계좌와 전략 정보를 안전하게 저장해주고 필요시 어디서든 접속해 거래를 관리할 수 있어 편의성도 높다.

클라우드의 위력은 단순한 서버 임대 이상의 변화를 가져왔다. 서비스형 인프라IaaS 개념을 금융에 적용하면서, 전통적으로 수개월 걸리던 전산 시스템 구축 작업이 며칠로 단축되고 있다. 최근 싱가포르계 핀테크 기업 Doo 그룹은 알리바바 클라우드와 제휴를 맺고 신규 거래 플랫폼을 공동 개발하기로 했다. 알리바바의 강력한 클라우드 인프라로 지연시간이 극히 낮은low latency 거래 시스템을 구현하고, AI 기술을 접목한 실시간 리스크 관리와 스마트 자산배분 서비스를 제공할 계획이라고 한다. 특히 글로벌 네트워크 가속 기술을 활용해 주문 전송 딜레이를 최소화하고, 변동성 장세에도 탄력적으로 서버 용량을 늘려 급등락 시에도 매매체결이 끊기지 않는 것을 목표로 삼고 있다. 이는 클라우드 기반으로 거래소급의 안정성을 확보하려는 시도라고 할 수 있다.

중국의 거래소들도 클라우드 전환 흐름에 동참하고 있다. 물론 주식 매매체결 같은 핵심 인프라는 여전히 자체 데이터센터에서 운영되지만, 주변 서비스에는 클라우드 도입이 활발하다. 예컨대 홍콩거래소HKEX는 2023년 IPO(기업공개) 청약·배정 플랫폼을 아예 AWS 클라우드상에 구현했고, 상하이거래소도 방대한 시세 데이터와 통계자료에 외부 이용자가 편리하게 접근하도록 클라우드 기반 데이터 서비스 플랫폼을 강화하고 있다.

클라우드의 장점은 탄력성과 민첩성이다. 시장 거래량이 폭증하면 즉시 서버 자원을 늘려 병목을 해소할 수 있고, 새로운 상품이나 규제 변화에도 소프트웨어 업데이트만으로 빠르게 대응할 수 있다. 과거처럼 장비를 직접 사고 깔 필요 없이 클릭 몇 번으로 전 세계에 분산된 리소스를 가져다 쓸 수 있는 것이다. 다만 잠재적 단점으로 지적되는 부분도 있다. 거래 핵심 시스템을 퍼블릭 클라우드에 올릴 경우, 지연시간의 예측 불확실성이란 이슈가 있다. 예컨대 어느 투자자는 클라우드 서버와 물리적으로 매우 가까운 곳에 있고 다른 투자자는 멀리 있다면, 양자 간 레이턴시latency 차이가 발생해 공정한 경쟁을 저해할 소지가 있다. 이런 이유로 전 세계 주요 거래소들도 현재는 주문매칭 엔진 등 핵심 시스템은 온프레미스On-Premise에 두고, 백업이나 비상거래 시스템, 청산 결제 등에서 서서히 클라우드를 활용하는 추세이다. 온프레미스는 기업이 자체 데이터센터나 전산실에 서버, 네트워크, 소프트웨어 등 IT 인프라를 직접 구축·운영하는 방식을 말한다.

요약하면, 중국의 알고리즘 트레이딩 생태계에서 클라우드는 숨은 조력자 역할을 톡톡히 하고 있다. AI 모델 학습을 위한 대규모 GPU 클러스터도 이제는 클라우드상에서 저렴하게 빌려 쓸 수 있고, 전국에 분산된 투자자들에게 안정적 서비스를 제공하도록 지역별 에지 서버(네트워크의 가장자리, 즉 사용자와 가까운 곳에서 데이터나 콘텐츠를 빠르게 전달하는 서버)를 둘 수도 있다. 이러한 기술적 토대 덕분에 과거보다 더 많은 플레이어가 정교한 알고리즘 거래에 참여할 수 있게 되었으며, 진입장벽이 낮아 시장의 경쟁과 혁신을 촉진하고 있다. 결국 클라우드 도입은 중국 자본시장 전체의 디지털 전환을 가속화하며, 거래소도 한층 개방적이고 유연한 시장 인프라로 거듭나고 있다.

규제 변화와 미·중 생태계 비교

알고리즘 트레이딩의 급성장에 대응하여 중국 규제당국은 관련 거버넌스 체계를 빠르게 정비하고 있다. 앞서 언급했듯이 2024년 5월 증권감독관리위원회는 '증권시장 프로그램 트레이딩 규칙'을 발표하며 프로그램 알고리즘 거래에 대해 명문화된 규제 틀을 최초로 마련했다. 이 규정은 주식·채권 현물시장을 대상으로 하며, 거래 결정에 일정한 알고리즘 또는 소프트웨어가 개입되면 설령 최종 의사결정을 인간 펀드매니저가 했더라도 프로그램 매매로 간주될 수 있다고 범위를 넓게 정의했다. 또 모든 알고리즘 거래 참여자가 사전에 거래 전략, 사용 소프트웨어, 자금규모, 레버리지, 브로커 연락처 등을 상세히 담은 초기보고서를 거래소에 제출하도록 의무화했다. 만약 전략이나 사용 시스템에 중대한 변경이 있으면 추가 신고도 해야 한다. 이제 중국에서는 알고리즘으로 자동매매를 시작하려면 당국에 신상명세서를 내고 허락을 구해야 하는 셈이다.

특히 거래소 차원에서 새 규정에 맞춰 이상거래 모니터링 기준도 구체화했다. 기존에도 과도한 주문취소나 단일종목 집중매매는 모니터링 대상이었지만, 이번에 신설된 항목들이 있다. 예를 들어 '1초 이내 대량 주문·취소', '동일계좌의 반복적 초단기 주문·취소', '여러 종목에서 동시다발적 미세한 가격조작', '1분 내 거액 매도·매수' 등이 시장교란 행위로 열거되어 강화된 감시에 포함된다. 이는 프로그램 매매가 순식간에 시장충격을 야기하는 상황을 막으려는 선제 조치이다.

아울러 2025년 7월 시행을 목표로 상하이·선전 거래소는 세부 시행세칙을 발표하여 앞서 언급한 고빈도 트레이딩 정의와 보고요건, 홍콩을 통한 교차거래Stock Connect와 스왑거래(두 당사자가 서로 다른 금융자산을 교환하고 일정 기간 후 원금을 재교환하는 금융계약)까지도 이 규제망에 포함시켰다. 즉 후강통(상하이·홍콩 증권거래소 간의 교차거래를 허용한 제도)·선강통(선전·홍콩 증권거래소 간의 교차거래를 허용한 제도)을 이용해 홍콩에서 상장된 A주를 사고파는 해외 투자자나, 파생스왑으로 중국 주식에 투자하는 경우도 동일한 알고리즘 거래 신고와 규율을 적용받는다. 이는 글로벌 자금까지 포괄하는 포괄적 규제망이라 할 수 있다.

선물시장에 대해서도 2025년 6월에 별도로 '선물시장 프로그램 트레이딩 규칙(시행)' 초안이 공개되었다. 증권 규제와 달리 선물 분야는 이미 오래전부터 거래소의 비공식 *윈도우 가이던스Windows Guidance 형태로 알고리즘 거래 등록제가 운영되어왔다. 이는 예컨대 한 선물계좌가 1초 내 주문을 5건 이상 5차례 이상 발생시키면 프로그램 거래로 보고 사전등록을 요구하는 식이다. 새 규칙은 이러한 기준을 정식화하면서 모든 선물시장의 프로그램 트레이딩(국내외 투자자 불문)은 선물거래소에 계좌정보와 사용 소프트웨어 등을 신고하고 승인받은 후 진행해야 한다고 명문화했다.

또 선물시장에서도 스푸핑, 과도한 주문-체결 비율, 대량연속주문 등을 주요 이상징후로 열거하고 거래소 재량하에 면밀히 감시한다고 밝혔다. 주목할 점은 DMA Direct Market Access와 코로케이션colocation(동일 장소 배치)이 선물시장에서는 이미 허용되어 있는데, 새 규칙은 이를 재확인하면서 선물 브로커의 리스크 관리 책임을 강조한 부분이다. 이는 선물 쪽이 주식보다 상대적으로 고빈도 기술 도입에 열려 있음을 보여준다.

이러한 중국의 움직임은 글로벌 규제와도 맥이 닿아 있다. 유럽연합은

* **윈도우 가이던스** 특정 정책 목표를 달성하려고 윈도우 운영체제나 관련 시스템에서 제공하는 공식 또는 비공식 안내 및 지침.

2018년 발효된 MiFID II를 바탕으로 알고리즘과 고빈도 트레이딩을 촘촘히 규율하기 시작했다. MiFID II는 자동화 매매전략을 사용하는 모든 투자회사에 사전승인과 위험관리 의무를 지우고, 고빈도 트레이딩 업체는 자체 식별코드를 등록하도록 했다. 또 알고리즘이 오작동할 경우를 대비한 킬 스위치kill switch(비상 상황에서 장비를 빠르게 종료해 피해를 줄이는 안전 메커니즘)와 실시간 모니터링 시스템을 갖출 것을 요구하며, 주문 기록을 5년간 보관하는 등 사후 추적을 위한 조치도 마련했다. 일정 조건하에서 고빈도 트레이딩 회사에 유동성 공급 의무를 부과해, 단순히 시장에서 빠른 거래로 이익만 취하고 사라지는 것을 방지하려는 의도도 있었다.

중국의 이번 규정들과 비교하면, 시장안정과 공정성을 위해 알고리즘 거래자의 신고·승인 및 사후 모니터링을 강화했다는 공통점이 있다. 중국이 행정지도나 교훈적 제재를 토대로 업계 관행을 다소 정성적으로 규율해왔다면, 유럽은 법조문에 근거한 정량적 요건과 의무를 명시했다는 점이 다르다. 그러나 이제 중국도 세부 수치 기준(예: 300건/초)을 명문화하고 프로그램 코드 제출 요구까지 거론하는 등 규제 방식이 점점 정교해지고 있다.

미국은 별도로 법을 제정하지는 않았지만, 2010년 플래시 크래시 이후 증권거래위원회SEC가 '시장 접근규칙'을 통해 브로커 딜러에게 고객 알고리즘 주문에 대한 사전위험관리를 의무화했고, 각 거래소도 자율규제로 비정상 알고리즘 행위를 제재하고 있다. 또 스푸핑이나 페깅(유통시장에서 증권의 발행가격을 공개시장에서 매수·매도해 고정하는 것) 등 알고리즘을 악용한 시세조종에 대해서는 사건 발생 시 강력한 형사처벌로 대응하는 추세이다. 결국 중국, 미국, 유럽 모두 알고리즘 거래 자체를 금지하기보다는 '투명성 제고와 위험 완화'에 방점을 둔다는 점에서 맥락을 같이한다. 중국 증시의 한 관계자는 "규제당국이 원하는 것은 매매가 시장에 영향을 주지 않는 것이며, 우리도 그 방향으로 움직이고 있다."라고 전했다. 이는 글로벌 규제자들의 공통된 고민이기도 하다. 기술 진보가 효율성을 높여주지만, 시장 신뢰를 해치지 않도록 안전장치를 마련하는 것이 알고리즘 트레이딩을 규제하는 궁극적인 목적이라 할 수 있다.

중국의 알고리즘 트레이딩을 논할 때 미국 시장과의 구조적 차이를

비교 항목	중국	미국
거래소 수	상하이·선전 2개(독점적 지위)	NYSE, NASDAQ 등 다수 + 수십 개 다크풀
개인투자자 비중	약 70%(거래량 기준)	약 15~20%
거래시간	개장 전 동시 호가 + 90분 점심 휴식	09:30~16:00 연속 거래
가격제한폭	일반종목 ±10% 제한	제한 없음(서킷브레이커만 존재)
당일매매	T+1(당일 매도 금지)	T+0(자유로운 당일매매)
공매도	일부 종목 한정, 규모 작음	대차시장 발달, 자유로운 공매도
호가 단위	0.01위안	$0.01(매우 촘촘)
HFT 환경	제약 많음, 선물시장 중심	마이크로초 경쟁, 코로케이션 보편화
주요 전략	통계적 차익거래, A주-H주 괴리 거래	교차시장 차익거래, 멀티자산 전략
파생상품	발전 중, 유동성 제한적	옵션, 선물, ETF 등 매우 발달
규제 스타일	행정지도, 개인 투자자 보호 우선	사후 제재, 업계 자율규제 중심
체결 속도	초당 50만 건 처리(보수적)	수백만 건 이상, 마이크로초 단위

중국 vs 미국 시장 구조 비교

짚어보는 것이 도움이 된다. 두 나라 모두 세계 최대 규모의 주식시장을 가지고 첨단 기술을 도입하고 있지만 시장 구조, 참여자 구성, 규제 환경에서 상당한 차이가 있다.

- **시장 구조 및 참가자 구성**

  미국 주식시장은 뉴욕증권거래소^{NYSE}, 나스닥^{NASDAQ} 등 다수의 거래소와 수십 개 다크풀^{dark pool}, 전자거래 네트워크로 고도로 분산되어 있다. 주문은 여러 시장에 흩어지기 때문에 초단기간 시장 간 차익거래 기회가 존재하고, 고빈도 트레이딩들은 거래소 간 호가 차이를 포착해 미세이익을 추구하는 전략을 즐겨 사용한다. 반면에 중국 A주 시장은 본토의 상하이·선전 거래소가 사실상 독점하고 있으며, 그마저도 장중 동시호가와 점심 휴장 등으로 거래 타이밍이 일률적이다. 거래소 간 경쟁이나 복잡한 유동성 분산이 없으니, 미국식 교차시장 체결속도 경쟁은 상대적으로 제한적이다. 또 미국은 기관 투자자 비율이 높고 개인 투자자는 약 15~20%인 반면, 중국은 개인 투자자가 거래량의 70% 이상을 차지한다. 이는 곧 시장을 움직이는 주체가 다름을 뜻하며, 알고리즘 트레이딩의 영향력과 인식에도 차이를 만든다. 미국에서는 기관 알고리즘 간 경쟁이 주류라면, 중국에서는 알고리즘 대 다수 개인 투자자 구도가 형성되기 쉽다. 이 때문에 중국 당국이 '공정성, 특히 개인이 지배적인 시장에서의 형평'을 강조하는 것이다.

- **거래 메커니즘과 속도**

미국은 오전 9시 30분부터 오후 4시까지 연속해서 거래하며, 호가 단위도 0.01달러로 매우 촘촘하다. 초단타들이 마이크로초(100만 분의 1초)를 다투며 광통신, 마이크로웨이브 통신망으로 지연시간을 줄이고, 일부는 거래소 서버와 동일한 건물에 서버를 두는 코로케이션으로 속도를 극한화했다. 거래 매칭 엔진의 처리속도도 점점 향상돼 주문 체결이 몇 마이크로초 이내에 이뤄진다. 반면에 중국은 9시 30분 개장 전 10여 분간 동시호가(프리마켓)를 거쳐 오전장과 오후장 사이에 90분간 점심 휴식이 있다. 체결은 가격우선-시간우선 원칙으로 미국과 같지만, 가격제한폭이 일반종목 ±10%로 설정되어 하루에 가격이 급변할 수 있는 범위가 제한된다. 이는 플래시 크래시 같은 극단적인 폭락을 방지하는 동시에 고빈도 트레이딩이 노리는 초단기 가격 변동성도 억제하는 효과를 낸다. 기술적으로도 상하이·선전 거래소는 2010년대 중후반에 전산 시스템을 대폭 업그레이드했으나, 아직 미국처럼 완전 동시 병렬 처리로 무제한 속도를 추구하기보다는 안정성과 점진적 확장에 무게를 두는 경향이 있다. 예컨대 앞서 소개한 상하이거래소의 신규 감독 시스템은 초당 최대 50만 건을 처리하는 성능으로 현 단계 수요에는 충분하지만, 미국 일부 거래소의 수백만 건 이상 처리 능력과 직접 비교하면 보수적인 편이다. 이는 중국 시장 특성상 현시점에 그 정도 속도가 필요하지 않으면서 위험관리 관점에서 너무 빠른 체결이 오히려 문제를 일으킬 수 있다는 판단도 작용한 것으로 보인다.

- **금융상품 및 전략 다양성**

미국 시장은 주식 외에도 옵션, 선물, ETF, 채권, 외환 등 연계 상품이 매우 발달해 있어 알고리즘 전략도 다양하다. 예를 들어 주식-선물 간 차익거래, 옵션 미스프라이싱mis-pricing(시장이 현재 가격을 잘못 평가하는 상황) 포착, ETF 괴리율 메이킹 등 한 종목에 국한되지 않는 멀티자산 전략이 활발하다. 중국도 최근 주가지수 옵션, 상품선물 ETF, 국채선물 등을 출시하며 상품 스펙트럼이 넓어지고 있지만, 파생상품 시장은 미국에 비해 유동성이나 규모 면에서 아직 제한적이다. 따라서 중국의 알고리즘 트레이더들은 주로 개별 주식 간 통계적 차익거래pair trading, 동일 종목의 이종 시장 간 가격 괴리 거래(예: A주와 홍콩 H주의 가격차) 또는 선물-현물 차익거래 등에 집중해왔다. 그 외에 중국 특유의 신주 균등배정, 기업공개 후 주가 급등락 패턴 등을 공략하는 이벤트 드리븐형 알고리즘도 나타났다. 반면에 공매도 제약으로 *마켓 뉴트럴Market Neutral 전략을 완벽히 구현하기 어렵다는 점은 큰 차이였다. 미국은 주식 대차시장과 공매도가 자유로워 롱숏 펀드가 흔하지만, 중국은 2023년까지도 개별 주식 공매도는 일부 종목에 한해 증권사를 통해서만 할 수 있었고 규모도 작았다. 이 때문에 중국 퀀트들은 지수선물을 공매도 대용으로 활용해 헤지를 하거나, 아예 롱온리long-only(오직 매수 포지션만 고수하는 투자) 전략에 AI 기술을 접목해 초과수익을 추구하는 형태가 많다. 다시 말해 미국은 공매도를 활용한 다양한 알고리

---

* **마켓 뉴트럴** 하나 혹은 그 이상의 시장에서 발생하는 가격 상승과 하락에서 이익은 챙기면서 특정 시장의 위험을 완전히 피하려고 시도하는 투자.

즘 전략의 무대라면, 중국은 제한된 여건 속에서 창의적인 대안 전략들이 발전해온 셈이다.

• 규제 환경과 문화

미국에서는 고빈도 트레이딩에 대해 찬반이 엇갈리지만 공식적으로 차별적 규제는 없다. 주식거래의 메이커-테이커 수수료 모델 등은 고빈도 트레이딩이 시장에 유동성을 공급하도록 유인하는 구조이고, 당국도 지나친 개입보다는 사후 제재와 업계의 자율 개선에 맡겨왔다. 한편 중국은 '개미 투자자 보호'를 정책 우선순위에 두고 있어, 고빈도 트레이딩이나 퀀트 펀드들이 개인 투자자에게 피해를 준다는 인식이 확산되면 강하게 개입한다. 실제로 2024년 초에 증권감독관리위원회 우칭 주석은 "개인 투자자가 지배적인 시장에서 우리는 공정성에 특히 유의해야 한다."라고 강조하며 단기 공매도, 과도한 레버리지, 고빈도 매매를 일종의 금기어로 만들었다. 그 결과 퀀트 펀드들은 공개 석상에서 "우리 펀드는 고빈도 매매를 하지 않는다."라거나 "국가 전략에 부응하는 가치투자를 지향한다."라는 식의 정책순응적 발언을 내놓고 있다. 이는 미국에서는 보기 힘든 풍경이다. 요컨대 미국의 알고리즘 트레이더가 규제당국과 보이지 않는 규칙을 가지고 춤춘다면, 중국의 알고리즘 트레이더는 규제당국과 직접 대화하며 줄을 맞추려 애쓴다고 비유할 수 있다.

이러한 차이에도 불구하고 두 시장 모두 점차 기관화되면서 격차가 줄어드는 측면도 있다. 중국도 연기금, 보험, 은행 등 기관 비율이 서서히 늘고 있고, 리테일 투자가 AI 어드바이저를 통해 간접기관화되는 추세를 보인다. 미국도 밈 주식 광풍 등에서 보았듯 개인이 집단행동을 하여 시장에 영향을 주기도 한다. 또 기술 면에서 중국 고빈도 트레이딩 플레이어들도 미국에서 쓰이는 프로그래머블 반도체FPGA, Field-Programmable Gate Array 기반 초저지연 트레이딩 장비나 마이크로파 통신망을 일부 도입하기 시작했다는 보고가 있다. 결국 장기적으로 중국과 미국의 알고리즘 트레이딩 환경은 수렴과 특화를 반복하며 진화할 것이다. 서로 다른 규제와 시장구조 속에서 각자 고유한 방식으로 발달하지만, 효율성과 안정성의 균형이라는 공통 목표 아래 최적점을 모색하는 모습은 크게 다르지 않다.

알고리즘 거래의 위험 요소와 시장 건전성에 대한 도전

첨단 기술이 결합된 알고리즘 트레이딩은 시장 효율성을 높이고 새로운 유동성을 공급하는 순기능이 있지만, 동시에 새로운 위험 요인도 초래한다. 가장 우선 거론되는 것은 시장 변동성의 확대이다. 알고리즘들이 유사한 신호에 반응해 한 방향으로 쏠린다면 평소보다 훨씬 짧은 시간에 가격이 급등락할 수 있다.

2024년 중국 증시의 '퀀트 지진' 때 많은 퀀트 펀드가 소형주에 집중 투자했다가 일제히 청산에 나서 시장을 붕괴시켰는데, 이는 군집 행동 crowding이 가져온 전형적 위험 사례였다. "배가 뒤집힐 때 모두 한쪽에 몰려 있었다."라는 퀀트 펀드 매니저의 말처럼, 서로 다른 모델처럼 보여도 사실은 비슷한 데이터를 학습한 알고리즘들이 동조화되어 있었던 것이다. 이러한 편향 동조risk-on herding는 기존의 인간 투자자 세계에서도 있었지만, 알고리즘은 훨씬 빠른 속도로 증폭시킨다는 점에서 파급력이 크다.

플래시 크래시와 유사한 기술적 사고도 위험 요소이다. 알고리즘이 예기치 못한 상황에 잘못 대응하거나 오류가 발생하면 순식간에 대량 주문이 쏟아져 시장을 교란할 수 있다. 2012년 미국 나이트 캐피털 사건(미국 증권 중개업체 나이트 캐피털 그룹의 전자거래 시스템 오작동으로 주가가 급락한 사건)처럼 소프트웨어 결함 하나로 수억 달러 손실과 시장혼란이 초래될 수 있다. 중국 역시 전산 오류로 주문지연이나 체결 문제를 겪은 적이 있어, 거래소들은 이러한 운영 리스크 관리에 노력을 기울이고 있다. 알고리즘 트레이딩 업체들은 자체적으로 리스크 파라미터 설정과 자동 킬 스위치 장치를 두어, 손실이나 주문이 일정 수준을 넘으면 기계가 스스로 거래를 중단하도록 설계한다. 그러나 2024년 퀀트 폭락 사태에서 드러났듯, 개별 알고리즘의 손실 중단이 시장 전체 매도물량으로 이어지는 악순환이 벌어지기도 한다. 이는 기술적 장치만으로는 해결하기 어렵고 스트레스 테스트, 시나리오 분석 등 거시적으로 리스크에 대응해야 한다.

또 다른 문제는 시장 조작과 공정성 이슈이다. 초단타 알고리즘은 인간의 눈으로 포착하기 힘든 방식으로 시세를 왜곡할 수 있다. 예를 들어 스푸핑은 대량 매수 주문을 냈다가 가격이 움직이면 재빨리 취소하는 수법인데, 순식간에 호가창을 교란한다. 중국 선물시장에서도 스푸핑이 문제되어 여러 계좌가 제재받았고, 이번 선물 규정에서도 최우선적인 시장 이상행위에 꼽혔다. 지정가 끼워넣기 pumping and dumping(주식 가격을 인위적으로 띄운 뒤 대량 매도해 가격을 폭락시키는 불공정 거래 수법)도 우려된다. 알고리즘들이 짧은 시간에 인위적으로 가격을 밀어올린 뒤 차익을 실현하는 경우, 뒤늦게 추격 매수한 일반 투자자만 피해를 볼 수 있다. 더욱이 AI 알고리즘은 스스로 진화하기 때문에 사람이 일일이 규정하지 않은 새로운 형태로 시세조종 전략을 만들어낼 가능성도 있다. 이는 규제당국이 규제기술RegTech, Regulation + Technology(금융회사의 내부 통제 및 법규 준수를 용이하게 하는 정보 기술)을 활용해 알고리즘을 감시하는 고양이와 쥐의 게임을 지속해야 함을 의미한다.

시장 신뢰와 건전성 측면에서도 도전이 있다. 시장은 '보이지 않는 공정함'에 대한 신뢰로 지탱된다. 만약 일반 투자자들이 '알고리즘한테 당했다'고 인식하게 되면 시장 참여를 꺼리거나 극단적으로는 자본시장에서 이탈할 수 있다. 중국에서는 최근 몇 년간 개인 투자자 사이에서 자신들이 퀀트 펀드의 유동성 공급자LP, Liquidity Provider로 전락했다는 불만이 커지자 당국은 이를 심각하게 받아들였다. '소형 투자자를 희생시키는 초단타는 허용하지 않겠다'는 시그널을 보내려고 링쿼 사례 같은 공개 제재를 한 것이고, 28개 선두 퀀트사를 불러 '준법 교육 및 경고'를 실시한 것도 같은 맥락이다. 워런 버핏이 '주식시장은 신뢰로 지탱되는 조약돌 탑'이라고 비유했듯, 알고리즘 트레이딩이 신뢰를 훼손하지 않도록 하는 것은 시장운영의 최우선 과제가 되고 있다.

그렇다고 알고리즘 트레이딩의 순기능을 간과해서는 안 된다. 잘 설계된 알고리즘은 거래비용 감소, 스프레드 축소, 유동성 공급으로 전체 투자자에게 이익을 줄 수 있다. 또 인간의 감정적 결정 대신 규칙에 따른 투명한 매매를 집행함으로써 오히려 가격 효율성을 높인다는 연구도 많다. 실제로 중국 당국도 알고리즘 거래의 합법성은 인정하면서도 '고품질 발전'을 위한 규율을 강조하고 있다. 이는 알고리즘 거래 자체를 배척하기보다는 질서를 세워 건전한 생태계로 발전시키겠다는 의도로 해석된다. 이를 위해 시장 측면에서는 앞서 살펴본 기술적 감시체계 도입과 이상행위 엄

알고리즘 트레이딩 위험 요소와 대응 전략

단을 병행하고, 업계에서는 내부 통제와 윤리 준칙을 확립해야 할 것이다.

최근 중국 주요 퀀트 펀드들은 모델 리스크 관리를 강화하고 과도한 레버리지를 자제하는 등 자율 개선 노력을 기울이고 있다. 한 펀드 대표는 "유동성, 변동성, 선물·현물 스프레드를 면밀히 모니터링해 위험 신호를 조기에 포착하면 당황하지 않을 것"이라고 위기대응 능력을 강조했다. 이는 2024년 초의 학습효과인데, 이른바 '퀀트 리스크 관리 2.0' 시대가 시작됐다고 볼 수 있다.

중국식 알고리즘 자본주의 모델의 부상

결론적으로 중국의 알고리즘 트레이딩은 단순한 금융기술 혁신을 넘어 국가 차원의 전략 산업으로 부상하고 있다. 이는 미국식 자유방임 자본시장과는 다른 양상이다. 중국 당국은 자국의 알고리즘 트레이딩 생태계를 보호하고 육성하려고 일종의 보호 장벽을 세워왔다. 해외 퀀트 트레이더들이 함부로 중국 시장에 진입하지 못하도록 규제하는 한편, 국내 알고리즘 거래에는 상당 기간 관대하게 성장 기회를 부여했다. 실제로 글로벌 고빈도 트레이딩 자금이 편법으로 중국 선물시장에 유입되기도 했으나, 최근 당국은 수수료 우대 폐지와 대량 주문취소 페널티 도입 등으로 이들의 이점을 제거했다. 그런 반면에 중국 내 고빈도 트레이딩들은 그동안 비교적 자유롭게 시장 선점 효과를 누릴 수 있었다.

이제 중국의 금융시장 풍경은 기술 산업의 면모를 강하게 띠고 있다. 반도체부터 AI 클라우드까지 첨단 기술 인프라가 거래 메커니즘에 깊숙이 통합되고 있다. 예를 들어 싱가포르계 핀테크 회사인 두 그룹은 알리바바 클라우드와 손잡고 초저지연 거래 플랫폼을 개발하고 있다. 강력한 클라우드 서버를 바탕으로 밀리초 단위의 빠른 주문 체결을 구현하는 한편, AI가 결합된 실시간 리스크 관리 시스템으로 정교한 위험 통제를 제공하려는 것이다. 이러한 기술 협력으로 거래 지연을 최소화하고 주문 실행 효율을 극대화하는 동시에 지능형 위험 경보와 맞춤형 자산 운용 조언까지 가능해질 전망이다.

이러한 배경에서 일종의 '중국식 알고리즘 자본주의' 모델이 부상하고 있다. 이는 기술 우위를 국가 경쟁력의 기반으로 삼으면서도 제도적 통제력과 플랫폼 장악력으로 시장 질서를 주도적으로 설계한다는 접근이다. 앞서 살펴보았듯, 중국 규제당국은 개인 투자자 보호를 명분으로 퀀트 펀드나 고빈도 트레이딩 행위를 적극적으로 통제하고 있으며, 퀀트 업계도 정책 기조에 보조를 맞추고 있다. 또 자본시장을 전면 개방하지는 않되 교차거래 창구를 통해 글로벌 자금을 선별적으로 유치하고 있다. 다시 말해 중국은 자국 플랫폼과 규칙이 지배하는 금융 생태계를 키운 뒤에 이를 부분적으로 개방함으로써 자본시장의 주도권을 놓지 않으려는 것이다. 이러한 전략적 설계는 단순히 시장 효율성만 추구하는 것이 아니라 서구 금융자본에 대한 경쟁 우위를 확보하려는 장기 포석에 가깝다.

2026년을 전후한 글로벌 자본시장 무대에서는 알고리즘 트레이딩이 단순한 기술 혁신을 넘어 하나의 '경쟁 무기'로 자리매김할 가능성이 제기된다. 마치 냉전 시대에 군비 경쟁이 벌어졌듯, 이제는 밀리초를 다투는 거래 속도와 AI 알고리즘의 성능이 국가 간 금융패권 경쟁의 일선에 설 수 있다. 실제로 중국은 자국산 프로그래머블 반도체 기반 초저지연 장비와 마이크로파 통신망 등 미국식 최첨단 기술을 도입하며 이러한 경쟁에 대비하고 있다. 이처럼 중국의 경험은 디지털 금융 시대에 규율과 혁신이 어떻게 조화를 이룰 수 있는지를 시험하는 거대한 실험 무대가 되고 있다. 향후 각국의 알고리즘 거래 관리 정책에 중국 모델이 중요한 참고 기준이 될 수 있는 이유이다. 중국이 만들어가는 알고리즘 금융 생태계가 글로벌 자본시장 판도에 어떤 변화를 가져올지 전 세계가 주목하고 있다.

3장

사모펀드의 겨울과 리스타트: 중국 사모펀드 3.0

중국 사모펀드 시장은 지난 20년간 폭발적인 성장을 거듭하며 '돈을 줍는' 시대에서 '돈 쟁탈전' 시대로 진화해왔다. 그러나 2022년부터 시작된 전례 없는 혹한기는 이러한 성장 신화에 종언을 고했다. 예측 불가능한 규제 쇼크, 거시경제의 역풍, 글로벌 금융 긴축이라는 퍼펙트 스톰은 시장의 판을 송두리째 뒤흔들었다. 이는 단순한 경기 순환을 넘어 시장의 작동 원리가 근본적으로 바뀌는 구조적 대전환의 서막이었다. 과거의 성공 방정식이 더는 통하지 않는 새로운 PE(사모펀드)/VC(벤처캐피털) 3.0 시대가 막을 올린 것이다.

중국 PE/VC 시장 구조 변화

2000년대 초반 중국에서 벤처투자의 개념은 아직 생소했다. 이 시기에는 골드만삭스Goldman Sachs, 콜버그크래비스로버츠KKR와 같은 외국계 투자은행 및 사모펀드가 시장을 개척하고 지배했다. 당시 대다수 투자기관은 홍콩이나 실리콘밸리에 기반을 두고 있었으며, 이들의 투자 전략은 비교적 단순했다. 두 자릿수 경제성장률을 구가하던 중국 경제의 등에 올라타 고속 성장하는 기업의 소수 지분에 투자하는 전형적인 성장 투자 Growth Investing가 주를 이뤘다. 좋은 기업을 골라 투자하기만 하면 수년 내 막대한 수익을 거둘 수 있었던, 말 그대로 '돈을 줍는' 시대였다.

대표적인 성공 사례로 멍뉴유업蒙牛乳業과 위룬雨润그룹이 있다. 이들 기업은 투자 유치 후 3~5년 만에 몇 배 성과를 안겨주며 초기 중국 시장의 잠재력을 증명했다. 그러나 이 시기 중국 토종 벤처캐피털은 태동기에 불과했고, CDH인베스트먼트나 홍이투자弘毅投資처럼 명목상 중국계로 분류되던 사모펀드들조차 대부분 해외에서 달러 자금을 조달해 운용하는 준準외국계 성격이 강했다. 즉 초기 중국 사모펀드의 본질은 해외 자본과 중국의 고성장이 결합된 단순한 성장 투자 모델이었다.

2008년 글로벌 금융위기 이후 중국 사모펀드 시장은 중요한 변곡점을 맞는다. 2009년에 중국판 나스닥이라 불리는 차이넥스트ChiNext가 선전 증권거래소에 개설되면서 자본 회수exit의 새로운 길이 열렸다. 이는 프리 IPOPre-IPO(상장 전 지분 투자) 붐을 일으키는 결정적 계기가 되었다. PE/VC 2.0 시대의 핵심 전략은 상장 직전 단계 기업에 투자하여 단기간에 막대한 상장 차익을 얻는 것이었다. 이 시기에 수많은 중국 민영기업이 상장을 추진하면서 사모펀드들은 '상장 투자' 모델로 전환했다. 투자자들은 투자 후 2~3년 내에 상장함으로써 2~3배 기업가치 상승을 기대할 수 있었다. 이러한 황금기는 너도나도 사모펀드에 뛰어드는 광풍을 낳았고, 중국 내 VC/PE 운용사 수는 폭발적으로 증가하며 마치 '전 국민이 사모펀드全民PE'인 듯한 과열 양상마저 보였다. 이 시기는 초기의 성장 투자 모델에 기업공개 차익이라는 강력한 수익원이 더해진 '돈 쟁탈전抢钱' 시대로 요약된다.

2010년대 후반, 중국 경제가 고성장 시대를 마감하고 뉴노멀 국면에 접어들면서 사모펀드 시장은 또 한 번 전환기를 맞았다. 단순 고성장 기업을 찾기 어려워졌고, 기업공개 승인이 일시 중단되는 등 출구 환경도 악화되었다. 이에 선도적인 운용사들은 새로운 가치 창출 방식을 모색했는데, 이것이 바로 '산업자본화' 전략이다. 이는 사모펀드가 단순한 재무적 투자자를 넘어 인수합병M&A으로 산업을 재편하고 기업을 직접 키워 가치를 창출하는 적극적인 운용 기법을 의미한다.

대표 사례로 중견 사모펀드인 JD캐피털九鼎投资의 중신관광众信旅游 투자 건을 들 수 있다. JD캐피털은 2011년 3억 위안 가치였던 중신관광에 투자한 후 동종 기업의 연쇄 인수를 주도하며 산업 통합을 이끌었다. 그 결과 5년 만에 중신관광의 기업가치는 100배에 가까운 200억 위안으로 성장했고, JD캐피털은 10배 이상 투자 수익을 올렸다. 이 사례는 사모펀드가 단순 투자자에서 산업 조정자Industrial Coordinator 역할로 진화했음을 상징적으로 보여준다. 이 단계에서는 한 건당 투자 규모가 커지고, 깊이 있는 산업 전문성을 갖춘 소수정예 운용사 간의 경쟁으로 시장이 재편된다.

이처럼 중국 사모펀드 시장은 외부 요인에 의존하던 초기 단계를 지나 점차 운용사의 내부 역량이 중요해지는 방향으로 성숙해왔다. 이 과정은 시장이 단순히 성장한 것이 아니라 생존과 수익 창출을 위해 필연적으로 고도화되었음을 보여준다.

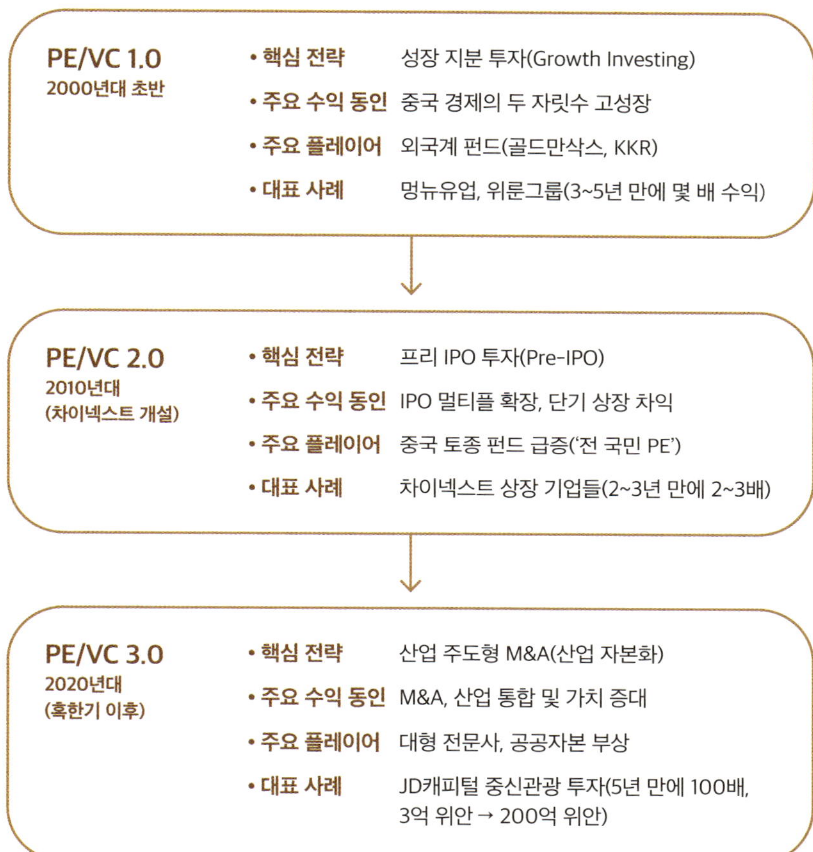

중국 사모펀드 구조 변천

사모펀드 혹한기: 퍼펙트 스톰이 몰고 온 시장의 냉각

2022년부터 시작된 중국 사모펀드 시장의 겨울은 단일 요인이 아니라 세 가지 강력한 충격이 동시에 발생하며 만들어낸 퍼펙트 스톰의 결과였다. 예측 불가능한 규제 쇼크, 거시경제의 역풍, 글로벌 금융 긴축이라는 삼중고는 시장의 펀더멘털을 흔들어놓았다. 혹한기의 서막을 연 것은 정부의 예측 불가능한 규제였다. 2020년 말, 세계 최대 규모의 기업공개로 예상됐던 앤트그룹의 상장을 당국이 돌연 무산시킨 사건은 시장에 거대한 충격파를 던졌다. 이는 시작에 불과했다. 2021년에는 차량 공유 플랫폼 디디추싱의 미국 증시 상장 제재와 사교육 산업 영리 활동 금지 조치가 뒤따랐다.

'공동부유共同富裕'라는 기치 아래 진행된 일련의 플랫폼 기업 규제는 투자자들에게 '정책 리스크'라는 변수를 시장의 가장 중요한 위협 요인으로 각인되었다. 이러한 조치들은 정부가 민간 기업의 성장을 언제든 억제할 수 있다는 불확실성을 증폭시켰고, 투자 심리의 급격한 냉각과 서구 자본의 대규모 이탈을 촉발하는 직접적인 원인이 되었다. 설상가상으로 거시경제 여건도 최악으로 치달았다. 2022년 중국 경제는 코로나19 확산을 억제하려는 고강도 봉쇄 정책, 이른바 제로코로나의 직격탄을 맞았다. 도시 봉쇄와 소비 위축은 투자 대상 기업들의 실적 전망을 어둡게 했고, 부동산 경기 침체까지 겹치며 전반적인 경기 둔화 국면이 장기화되었다. 이는 투자자들로 하여금 신규 투자를 극도로 꺼리게 만드는 환경을 조성했다.

내부적 어려움에 더해 외부 환경도 비우호적으로 변했다. 미국 연방준비제도Fed가 인플레이션에 대응하려고 공격적인 금리 인상에 나서면서 글로벌 유동성이 빠르게 축소되었다. 이는 전 세계적으로 위험자산에 대한 투자 매력을 감소시켰을 뿐만 아니라, 특히 중국에서 해외 자금 이탈을 가속했다. 달러화 강세와 중국 시장의 불확실성이 맞물리면서, 과거 중국 시장의 성장을 견인했던 달러 펀드의 자금 조달은 급격히 위축되었다.

퍼펙트 스톰 해부

2022~2024년 중국 PE/VC 시장을 얼어붙게 만든 삼중 충격

규제 쇼크
Regulatory Shock

주요 사건

- 앤트그룹 IPO 돌연 무산(2020년 말)
- 디디추싱 미국 상장 제재(2021년)
- 사교육 산업 영리활동 금지
- 공동부유(公同富裕) 정책 추진

시장 영향

[정책 리스크 증폭] [투자 심리 급냉각]

플랫폼 기업 가치 급락 및 서구 자본의 대규모 이탈 촉발

▶ **2021년 이후**

글로벌 PE들의 중국 전략 전면 재검토 가속화

거시경제 역풍
Macroeconomic Headwinds

주요 요인

- 제로코로나 정책의 고강도 봉쇄
- 부동산 경기 침체 장기화
- 소비 위축 및 경기 둔화
- 투자 대상 기업 실적 전망 악화

시장 영향

[신규 투자 급감] [방어적 투자 전환]

투자자들의 극도로 보수적인 자세로 시장 활력 저하

▶ **2022년**

이례적으로 취약한 투자 환경 조성, 대규모 메가딜 사라짐

글로벌 금융 긴축
Global Financial Tightening

주요 요인

- 미국 연준(Fed)의 공격적 금리 인상
- 글로벌 유동성 공급 축소
- 달러화 강세 지속
- 위험자산 투자 매력 감소

시장 영향

[해외 자금 이탈] [달러 펀드 급감]

과거 중국 성장을 견인했던 달러 펀드 자금 조달 급격히 위축

▶ **2022년 이후**

달러 펀드 조성 급감, 중국 시장으로 자본 유입 둔화

퍼펙트 스톰의 결과는 데이터로 명확히 확인된다. 2022년 한 해 동안 중국의 전년 대비 PE/VC 투자 금액은 36%, 투자 건수는 14% 급감했다. 투자 건수보다 금액 감소 폭이 훨씬 컸다는 점은 메가딜mega deal이 사라지고 소규모 방어 투자로만 명맥을 유지했음을 시사한다. 2023년 총 투자액은 688억 달러로 5년 만에 최저치를 기록했다. 출구 시장 역시 얼어붙어, PE/VC 지원 기업의 기업공개IPO 건수는 2022년 352건으로, 전년(544건) 대비 35% 급감했다.(Zero2IPO 기준) 이로인해 자금 회수와 재투자의 선순환 구조가 마비되었다. 이러한 혹한기는 단순한 시장 침체를 넘어 시장의 체질 자체를 바꾸는 계기가 되었다. 특히 정부가 장려하는 특정 분야, 즉 온실 속에 있던 섹터에는 자금이 꾸준히 유입되는 쏠림 현상이 나타났다. 이는 공공자본의 부상과 맞물리면서 중국 사모펀드 시장이 새로운 패러다임으로 진입하고 있음을 예고하는 신호탄이었다.

공공자본의 부상: 시장의 판도를 바꾸는 '보이는 손'과 하이브리드 시장의 탄생

혹한기가 몰고 온 자본의 공백을 메우며 시장의 새로운 주도자로 떠오른 것은 다름 아닌 국가였다. 중앙정부, 지방정부, 국유기업 등 공공 부문의 자금이 사모펀드 시장의 핵심 플레이어로 전면에 나서면서 시장의 작동 원리가 근본적으로 재편되고 있다. 이는 보이지 않는 손만큼이나 보이는 손의 역할이 중요해진 새로운 시대, 즉 하이브리드 시장의 탄생을 의미한다.

중국 공공자본의 핵심 주체는 '정부 유도기금政府引导基金, Government Guidance Fund'이다. 이는 공공과 민간이 공동으로 출자하고 시장 전문성을 갖춘 민간 GP에게 운용을 맡기되 투자 방향은 정부의 전략적 목표에 따라 유도하는 거대한 모母펀드이다. 이는 시장 원리를 활용한 새로운 형태의 산업 정책 수단이라 할 수 있다. 그 규모는 가히 압도적이다. 2020년 1분기 기준으로 중국 전역에 설립된 정부 유도기금은 1,741개에 달했으며, 명목상 목표 조성 금액의 합계는 약 11조 위안(약 1조 5,500억 달러)에 달했다. 당시 실제 조성된 금액은 목표치의 절반에 못 미치는 약 4조 7,600억 위안(약 6,720억 달러)으로 집계되었으나, 이 역시 단일 국가의 정책성 펀드 규모로는 전례 없는 수준이다.

이후로도 이러한 공공자본 펀드는 계속 증가하여 2022년에는 2,107개, 목표 규모 1조 8,600억 달러로 더욱 확대되었다. 이러한 흐름의 정점에는 국가 차원의 전략 산업 육성 펀드가 있다. 대표적인 것이 반도체 산업을 육성하기 위한 '국가집적회로산업투자기금', 일명 '대기금大基金'이다. 2014년 1기(1,387억 위안), 2019년 2기(2,000억 위안)에 이어 2024년에는 미·중 기술 경쟁에 대응하고자 역대 최대 규모인 3,440억 위안(약 475억 달러) 규모로 3기 펀드가 조성되었다. 이는 반도체 자립에 대한 중국의 국가적 의지를 명확히 보여주는 상징적 조치이다.

공공자본의 부상에는 두 가지 목적이 있다. 첫째, AI와 반도체처럼 장기간 대규모 투자가 필요한 분야에 '인내 자본patient capital'을 공급하여 첨단산업의 기초를 닦는 것이다. 둘째, 당장 상업성은 낮지만 국가적으로 반드시 육성해야 할 전략 분야의 투자 공백을 메우는 것이다. 이러한 공공자본의 영향력이 커지면서 중국 사모펀드 시장의 생태계는 질적으로 변화했다. 정부가 시장의 '큰손 유동성 공급자LP'가 되면서, 민간 위탁운용사GP들의 자금 조달 방식이 바뀌었다. 이제 위탁운용사의 성공은 단순히 과거 투자 실적에만 좌우되지 않는다. 정부의 정책 방향과 얼마나 부합하는지를 증명하고, 정부 유도기금을 앵커 투자자로 유치하는 능력이 핵심 경쟁력이 되었다. 앵커 투자자란 피투자회사의 경영, 자금조달, 투자정책 등에서 핵심 역할을 수행하는 주요 투자자를 말하며, 이는 위탁운용사들이 생존을 위해 정부의 정책 우선순위에 맞는 분야, 즉 정책 친화적인 섹터로 포트폴리오를 재편하도록 유도하는 강력한 인센티브로 작용한다.

물론 공공자본의 증가는 그림자도 드리운다. 많은 유도기금이 원대한 계획과 달리 실제 자금 모집에 실패하거나, 모집된 자금조차 제대로 투자되지 못하고 방치되는 비효율 문제가 지속적으로 지적된다. 또 리스크를 회피하려는 경향 때문에 당초 목적인 초기 스타트업 투자보다는 상대적으로 안전한 후기 단계 기업에 자금이 몰리는 현상도 나타났다. 이는 민간 자본을 밀어내는 '구축 효과crowding-out effect'를 유발하고, 시장의 자율적인 혁신 생태계를 위축시킬 수 있다는 우려를 낳는다. 이러한 공공자본의 전면적인 등장은 중국 사모펀드 시장을 독특한 하이브리드 시장으로 변모시켰다.

하이브리드 시장의 핵심 특징은 다음과 같다. 첫째, 자본 배분의 기준이 정책적 고려에 따라 결정된다. 국가는 가장 큰 유동성 공급자로서 투자 시장의 어젠다를 설정한다. 둘째, 위탁운용사의 성공 방정식이 재정의된다. 과거의 투자수익률IRR만큼이나 정부 정책과의 정합성과 GGFGovernment Guidance Fund 자금을 유치하는 능력이 위탁운용사의 핵심 경쟁력이 되었다. 셋째, 국가와 민간의 새로운 공생 관계가 형성된다. 민간 기업과 위탁운용사는 안정적인 자금과 정책적 지원을 확보하는 대신, 국가는 민간의 전문성과 시장 메커니즘을 바탕으로 산업 정책을 효율적으로 구현한다.

투자 흐름의 지형 변화: 새로운 투자 아틀라스

혹한기와 공공자본의 부상은 중국 사모펀드 시장의 자금 흐름을 근본적으로 바꾸어놓았다. 이는 산업, 투자 단계, 투자자 구성, 핵심 테마라는 네 가지 측면에서 뚜렷한 지형 변화를 만들어내고 있다.

투자 흐름의 지형 변화
중국 PE/VC 3.0 시대의 새로운 투자 아틀라스

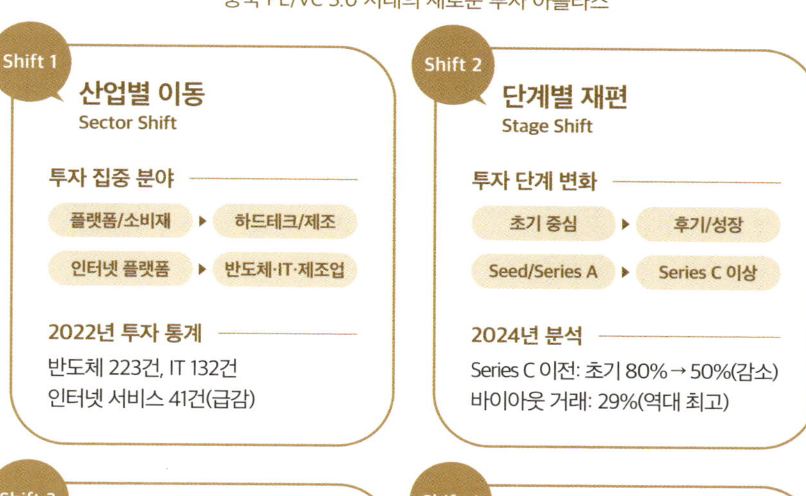

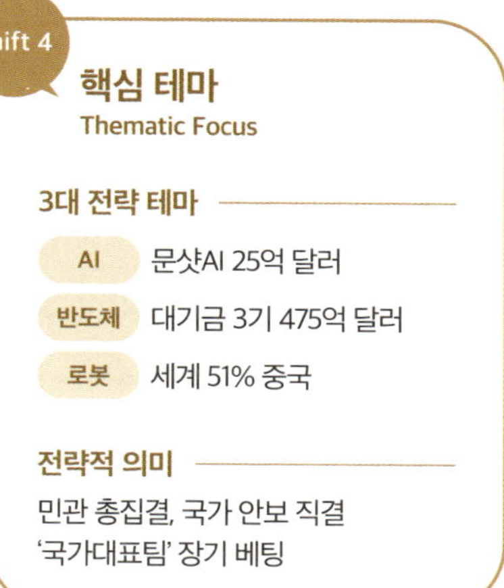

첫 번째 변화는 투자 집중 분야가 플랫폼 경제에서 하드 테크hard-tech로 이동하고 있다는 점이다. 불과 몇 년 전까지만 해도 중국의 벤처 자금은 이커머스, 핀테크 등 인터넷 기반 플랫폼 비즈니스에 집중되었다. 그러나 최근 투자 지형은 제조업과 실물 기술, 이른바 '잉커지硬科技, hard-tech'로 급격히 이동하고 있다. 이는 정부의 실물경제 강화와 기술 자립 기조, 플랫폼 기업 규제가 맞물린 결과이다. 2024년 정부 업무보고에서 '신질 생산력' 배양이 최우선 과제로 언급된 것은 이러한 변화를 상징한다. 투자 데이터는 이러한 흐름을 명확히 보여준다. 2022년 PE/VC 투자 통계에 따르면, 반도체·전자부품 분야의 딜 수가 223건으로 가장 많았고 IT(132건), 바이오·헬스케어(127건)가 뒤를 이었다. 반면에 인터넷 서비스 분야 딜은 41건에 불과했다. 투자 금액 기준으로도 반도체, IT, 청정에너지 등이 인터넷 분야를 압도했다.

이러한 변화는 거대 기술기업들의 투자 전략에서도 확인된다. 과거 전자상거래와 콘텐츠 스타트업에 집중했던 알리바바와 텐센트는 이제 반도체 칩 설계, 로봇 기업 등 하드테크 분야로 투자 포트폴리오를 조정하고 있다. 2023년 알리바바 산하 클라우드 부문이 휴머노이드 로봇 스타트업 X 스퀘어 로보틱스X Square Robotics에 10억 위안 이상을 투자한 것은 빅테크 자본이 제조 기술 분야로 유입되는 상징적인 사례이다. 과거 중국 벤처투자의 심장이었던 베이징 중관춘의 카페에서는 이제 O2O 앱 창업자가 아니라 반도체 설계자와 로봇 공학자들이 투자 미팅을 하는 풍경이 펼쳐지고 있다.

두 번째 변화는 투자 단계가 초기 중심에서 후기 중심으로 재편되고 있다는 점이다. 2010년대 중반 '*대중창업, 만중창신大众创业, 万众创新'이라는 슬로건 아래 중국에서는 초기 단계 스타트업 투자 붐이 일었다. 그러나 2020년대 들어 투자자들의 관심은 초기(Seed/Series A)에서 후기(Series C 이상) 단계로 뚜렷하게 이동하고 있다. 그 배경에는 공공자본의 영향이 크다. 정부 유도기금들은 리스크 회피 성향 때문에 이미 성장이 검증된 후기 기업에 자금을 집중하는 경향을 보였다. 민간 벤처캐피털들 역시 혹한기를 거치며 투자 회수 기간이 길어지자 기업공개나 M&A가 가시권에 있는 후기 단계 기업 투자를 선호하게 되었다. 베인앤드컴퍼니^{Bain & Company}의 보고서에 따르면, 2024년 중국 벤처캐피털 거래의 절반 이상이 후기 단계에서 이뤄졌는데, 이는 과거 초기 단계 비율이 80% 이상이었던 것과 비교하면 현저히 감소한 수치이다.

또 미·중 기술 디커플링 때문에 중국 초기 스타트업 생태계의 중요한 자금줄이었던 미국계 벤처캐피털의 활동이 위축된 것도 한 요인이다. 2024년 중국 관련 달러 벤처캐피털 펀드 모금액은 14억 달러에 불과해 전년 대비 절반 이상 급감했다. 이 빈자리를 위안화 펀드들이 채우고 있지만, 이들은 주로 중국 증시 상장을 앞둔 후기 단계 기업에 투자하는 경향이 강하다. 이러한 변화는 사모펀드들이 성장^{Growth} 투자에서 **바이아웃^{Buyout} 및 M&A 투자로 전략을 전환하는 흐름과도 일치한다. 베인앤드컴퍼니는 2024년 중국 사모펀드 시장에서 바이아웃 딜이 전체 거래액의 29%를 차지하며 역대 최고치를 기록했다고 분석했다. 이는 신규 창업 기업을 발굴하기보다 기존 기업을 인수하여 가치를 높이는, 즉 후기 단계

---

* **대중창업** 모든 사람이 창업에 도전할 수 있는 기회와 환경을 조성하는 것.
만중창신 창의력과 혁신을 바탕으로 다양한 아이디어와 상품이 개발되도록 지원하는 정책.
** **바이아웃** 기업의 경영진이 직접 투자자를 모집하여 기업을 인수하는 방식.

중심 투자 전략이 시장의 대세가 되었음을 의미한다.

세 번째 변화는 해외 투자자 구성의 변화, 즉 서구 자본의 이탈과 중동 자금의 부상이다. 최근 몇 년간 중국 사모펀드 시장의 해외 투자자 구성에서 서구 자본, 특히 미국 자본의 비율이 급감하고 그 빈자리를 중동 국부펀드SWF, Sovereign Wealth Fund 등 새로운 자금이 빠르게 채우고 있다. 미·중 경쟁이 격화되면서 미국 정부는 자국 자본의 중국 첨단기술 투자를 안보 문제로 간주하기 시작했다. 이는 서구 유동성 공급자들의 중국 펀드 출자를 위축시키는 결정적 계기가 되었다. 2023년에 세계적인 벤처캐피털 세콰이어캐피털Sequoia Capital이 중국 사업부를 '홍산紅杉, HongShan'이라는 독립 브랜드로 분사시킨 것은 이러한 디커플링 흐름을 상징하는 대표적인 사건이다. 그 결과, 2024년 중국 관련 달러 펀드 모집액은 2023년 129억 달러에서 폭락해 27억 달러에 그쳤다. 흥미로운 점은 서구 자본이 빠져나간 자리를 중동 자본이 채우고 있다는 것이다.

2022년 시진핑 주석이 사우디아라비아를 방문한 이후 중국과 걸프 국가 간 협력이 강화되면서 중동 국부펀드들의 대중국 투자가 급증했다. 2023년 중동 국부펀드들이 중국에 투자한 금액은 총 23억 달러를 넘어섰고, 2022년 1억 달러 수준보다 20배 이상 폭증했다. 사우디의 공공투자펀드PIF는 알리바바와 협력 펀드를 강화했고, 아부다비의 무바달라Mubadala는 베이징에 사무소를 개설하는 등 중국 시장 공략을 본격화하고 있다. 이에 발맞춰 중국 벤처캐피털들 또한 중동으로 '원정 자금조달'에 나서며 새로운 자금줄을 확보하고 있다. 이러한 투자자 구성 다극화는 중국에게 자금 조달원의 안정성을 높이는 긍정적 효과가 있지만, 서구의 선진 투자 기법과 글로벌 네트워크가 일부 빠져나간 공백을 메워야 하는 과제도 안고 있다.

마지막으로, 최근 중국 사모펀드 시장에서 두드러진 투자 트렌드의 흐름을 짚어보면 AI, 반도체, 로봇 등이 대표적 사례이다. 이들 분야는 중국 정부가 전략적으로 육성하려는 미래 핵심 산업일 뿐 아니라 민간 투자자들에게도 차세대 성장동력으로 인식되어 대규모 투자가 이루어지고 있다. 한마디로 '전략적 테마에 대한 집중 투자'가 사모펀드 3.0 시대의 중요한 특징으로 떠올랐다.

첫 번째 특징은 AI 열풍이다. 2022년 말 미국발 ChatGPT 열풍이 불면서 전 세계적으로 생성형 AI에 관심이 폭발하자 중국에서도 AI 스타트업 수백 개가 쏟아져 나왔다. 2023년은 중국 벤처캐피털 업계에서 'AI 원년'으로 불릴 만큼 관련 스타트업에 대규모 투자 러시가 있었다. 특히 거대언어모델LLM 분야 스타트업이 단기간에 엄청난 자금을 빨아들였다. 예를 들어 2024년 초 창업 1년 남짓 된 스타트업 문샷AI는 시리즈 B 라운드에서 알리바바와 홍산(옛 세쿼이어캐피털 차이나)의 주도로 10억 달러 이상 투자를 유치하여 기업가치 25억 달러를 인정받았다. 이는 중국 AI 스타트업의 단일 투자 라운드로는 사상 최대 규모이며, 그만큼 투자 열기가 뜨겁다는 방증이다. 또 다른 예로 2023년 미니맥스, 즈푸AI 등 다수의 생성형 AI 기업이 연달아 수억 달러 투자유치에 성공했다. 이들 딜에는 텐센트, 바이두 같은 빅테크는 물론, 창업자의 전前 직장(예컨대 바이두 출신이 창업한 경우 바이두가 다시 투자)과 지방정부 펀드까지 총동원되어 AI 분야에 올인하는 양상을 보였다. 'AI 굴기'를 위해 민관 자본이 총집결한 모습이라 하겠다.

AI 투자 테마 내에서도 특히 반도체 칩과 컴퓨팅 인프라에 대한 전략적 베팅이 많았다. 미국이 대중국 반도체 수출 통제를 단행하자 중국은 자체 칩 개발에 사활을 걸었고, 정부 펀드와 민간 벤처캐피털 모두 관련 스타트업에 파이프라인 투자를 대폭 늘렸다. 2023년 중국의 대표 AI 칩 스타트업 중 하나인 한둥쉰페이瀚懂迅飞가 거액의 프리IPO 투자를 유치했고, 비런테크놀로지Biren Technology, 壁仞科技 등 GPU 설계 스타트업들도 차세대 제품 개발 자금을 조달했다. 또 AI 모델 학습에 필요한 대규모 데이터센터 인프라를 구축하려고 정부와 통신사, 클라우드 기업들이 합작펀드를 조성하는 등 AI 시대 산업 밸류체인 전체에 투자가 이루어지는 모습이다. 2025년 기준 중국의 AI 관련 누적 투자액은 미국에는 못 미치지만 그래도 세계 2위권을 유지하며, 최근 1년간 약 200억 달러에 육박하는 벤처캐피털 투자가 집행된 것으로 집계된다. 이는 혹한기 속에서도 AI 부문만큼은 한파에 움츠러들지 않은 핫존hot zone이었음을 보여준다.

두 번째 특징은 반도체 자체가 독립된 투자 테마로 굳어진 것이다. 메모리부터 로직 칩, 소재, 장비까지 포괄하는 반도체 전체 생태계에 걸쳐 중국 자본의 베팅이 거세다. 앞서 언급한 국가 대형 반도체 펀드(대기금) 3기의 추진은 이런 흐름의 정점이라 할 수 있다. 미국의 제재로 최첨단 장비와 EDA 소프트웨어 수입이 막히자 중국은 이를 국산화할 기업들을 찾아 전폭적으로 지원하고 있다. 2022~2023년에 상하이, 선전, 우한 등 여러 지역에 반도체 스타트업 전용 펀드가 다수 만들어졌다. 민간 벤처캐피털들도 정책 신호에 맞춰 유망 팀에 자금을 공급하고 있다.

특히 반도체 장비, 공정용 소재같이 난이도 높은 틈새 분야 스타트업에도 적지 않은 투자가 이뤄졌다. 다만 반도체 산업은 막대한 자본과 시간이 소요되기에, 단발성 벤처캐피털 투자보다는 장기 펀드를 통한 지속적인 지원이 중요하다. 이에 중국 당국은 반도체 펀드를 15년 이상 장기 운용하도록 허용하고, 관련 세제 혜택을 주는 등 초장기 전략을 펼치고 있다. 이러한 노력 덕분에 2023년 하반기에는 중국 통신기업 화웨이가 미국 제재를 뚫고 7나노미터 공정 자급화 스마트폰 칩을 선보이는 성과도 냈다. 이는 수년에 걸친 반도체 분야 전략 투자가 가시적 결실을 맺기 시작했음을 알리는 사례이다.

세 번째 특징은 로봇 산업이 차세대 테마로 급부상한 것이다. 중국 정부는 2021년 말 '로봇산업 발전 14·5 규획'을 발표하며 2025년까지 세계 로봇 강국으로 도약하겠다고 선언했다. 이에 발맞춰 정부와 민간 모두 로봇 분야 투자를 대폭 늘렸다. 전통적인 산업용 로봇은 물론, 최근에는 휴머노이드(인간형 로봇) 개발이 화두이다. 2023년 한 해 휴머노이드 스타트업 섹터에만 자금이 200억 달러 이상 배정되었다는 보도까지 나왔는데, 이는 로봇을 제조업 노동력을 대체하고 미래 신산업의 핵심이라 여기는 전략적 판단에 따른 것이다.

시진핑 주석이 2023년 5월 상하이의 휴머노이드 개발업체 애지봇을 방문해 직접 로봇 시연을 지켜보고 격려한 일화도 유명하다. 같은 행사에 유니트리 같은 로봇개발 업체도 초청받았는데, 최고 지도부가 나서 민간 로봇 기업들을 독려하고 있음을 보여주는 대목이다. 투자자들도 이에 화답하여 2023~2024년에 로봇 스타트업 다수가 잇따라 펀딩에 성공했다. 앞서 언급한 X 스퀘어 로보틱스의 휴머노이드 프로젝트는 알리바바 등에서 거액 투자를 유치했고, 푸리에인텔리전스Fourier Intelligence 같은 재활 로봇 업체도 수천만 달러 규모 라운드를 마무리했다. 산업용 로봇 분야의 징다오지経导機, 물류 로봇 기업 긱플러스Geek+, 서비스 로봇 업체 클라우드마인즈CloudMinds 등도 모두 최근 몇 년 사이 유니콘급으로 성장하며 대규모 투자를 끌어모았다. 이렇듯 중국에 로봇 스타트업 유니콘 군단이 형성되고 있다는 평가까지 나온다.

국제로봇연맹에 따르면 2023년 중국에 설치된 산업용 로봇은 27만 6,000대로 전 세계의 51%에 달하며, 불과 10년 전만 해도 20%에 불과하던 세계 점유율이 크게 높아졌다. 이는 중국 내수 제조업의 로봇 수요 급증과 함께, 정부 보조금 정책 등의 효과로 로봇 보급에 대한 대규모 투자가 결실을 맺고 있음을 보여준다. 국제로봇연맹은 "중국은 지난 10년간 제조업 업그레이드에 로봇을 활용해왔고, 이제는 휴머노이드 같은 첨단 영역에서도 대규모 장기 펀드를 조성해 산업 경쟁력을 키우려 한다."라고 평가했다.

AI·반도체·로봇 외에 신에너지(태양광, 2차전지, 수소), 바이오테크 등 분야도 중요한 테마로 꼽히지만, 투자 규모와 전략적 중요성 면에서는 앞의 세 축이 가장 두드러진다. 이들 분야는 모두 국가 안보와 직결되거나 미·중 경제 패권 경쟁의 열쇠로 지목되는 영역이라는 공통점이 있다. 중국에게 AI는 미래 기술 패권, 반도체는 공급망 자립, 로봇은 제조강국 유지와 인구구조 대응이라는 전략적 의미가 있다. 따라서 정부의 지원사격을 등에 업은 민간 자본도 앞다투어 선제적으로 움직이고 있는 것이다.

사실 이러한 전략 테마 집중 투자가 과거에 없었던 것은 아니다. 2010년대 중반 중국에서는 공유경제, P2P 인터넷금융, O2O 배달 등이 한때 붐을 이루며 벤처캐피털 자금이 몰렸다. 그러나 그때의 테마는 시장 트렌드의 영향이어서 정책 리스크에 따라 급변하기도 했다. 반면에 2020년대의 AI·반도체·로봇 투자는 정책 드라이브와 시장 잠재력이 결합된 테마이므로 비교적 장기간 일관되게 추진될 가능성이 크다. 투자자들 역시 단기 차익보다는 장기적인 승부수로 인식하여 접근하고 있다. 한 중국 벤처캐피털 대표는 "AI나 칩 분야 투자는 10년 뒤 중국 경제의 주도권이 걸린 승부이기에 마치 국가대표팀에 투자하는 심정으로 임하고 있다."라고 말했다. 이는 사모펀드 3.0 시대의 중국 투자자들이 얼마나 전략적 관점으로 무장하고 있는지를 보여준다.

요컨대 전략 테마 중심의 베팅은 중국 사모펀드 시장의 또 다른 면모이다. 정부가 선택한 전략 방향에 따라 민간 자본이 움직이는 모습은 중국식 '거시조정macro steering' 투자 버전이라 할 수 있다. 2025년 기준으로 중국의 민간 자본은 이제 단순히 수익률만 좇지 않는다. 어느 분야에 투자해야 지속가능한 성장과 국가적 성취에 기여할지를 고려하며 움직이는 양상을 보인다. 이러한 변화는 단순히 국가주의적 현상이라기보다는 거대한 자본이 향후 시장 지배력이 높아질 영역을 선점하려는 합리적 선택이기도 하다. 결국 AI, 반도체, 로봇이라는 세 축을 중심으로 한 전략 테마 투자는 중국 사모펀드 3.0 시대의 색채를 한층 짙게 하고 있다.

이상의 변화상은 멍뉴유업, 중신관광, 앤트그룹, 문샷AI 등 구체적인 투자 사례에서도 확인된다. 각 사례는 해당 시대의 성공과 전환점을 상징하며, 앞서 살펴본 변화의 흐름을 선명하게 보여준다.

혹한기를 통과하며 PE/VC 3.0 시대로 진입한 중국 사모펀드 시장은 2026년 기준으로 몇 가지 뚜렷한 구조적 특징을 보일 전망이다.

가장 큰 특징은 자본의 내부 순환 구조가 심화된다는 점이다. 중국 펀드 자금의 80~90%를 내국인 출자자LP가 차지하는 기조가 굳어지고, 해외자본 유치는 중동, 아시아 등 일부 지역에 한해 선별적으로 허용될 가

기업명 (영문/중문)	주요 산업/ 섹터	핵심 사업 분야	사례 구분	시장 서사 내 중요성 및 역할	투자자/ 이해관계자
멍뉴유업 (Mengniu Dairy /蒙牛乳業)	유제품	유제품 생산 및 판매	사모펀드 1.0 시대 성장 투자 성공 사례	거시경제 성장에 편승한 초기 외국계 자본 투자의 대표적 성공 모델	골드만삭스, KKR 등 외국계 펀드
위룬그룹 (Yurun/雨润)	식품 가공	(구체적 명시 없음)	사모펀드 1.0 시대 성장 투자 성공 사례	멍뉴유업과 함께 초기 중국 시장의 높은 성장 잠재력을 증명한 사례	CCB
중신관광 (U-Tour /众信旅游)	여행업	여행 서비스	사모펀드 3.0 시대 산업 주도형 M&A 투자 성공 사례	사모펀드가 산업 통합을 주도하여 가치를 창출하는 ‘산업 조정자’ 역할의 원형	JD캐피털
앤트그룹 (Ant Group)	핀테크	디지털 결제, 온라인 금융	규제 쇼크의 촉매제	국가가 민간 기업의 금융 시스템 장악을 억제하며 ‘금융 주권’을 재확립한 상징적 사건	GIC, 테마섹, 카자나내셔널 캐나다연기금
알리바바 (Alibaba)	인터넷/ 기술	전자상거래, 클라우드 등	앤트그룹의 모기업, AI 및 로봇 분야 투자 주체	규제 대상이던 플랫폼 거인에서 국가 전략 분야 (하드테크)의 핵심 투자자로 역할 전환	소프트뱅크, 야후, 골드만삭스, 발렌베리 가문
디디추싱 (DiDi Chuxing)	모빌리티	차량 공유 플랫폼	데이터 안보 관련 규제 강화 사례	자본 시장 규제가 지정학적 도구로 활용되기 시작했음을 보여주는 분기점	소프트뱅크, 우버, CIC, 힐하우스, 훙산
문샷AI (Moonshot AI /月面召唤)	AI	LLM 개발	AI 투자 테 마의 대표 주자	국가대표팀 방식의 벤처투자를 통해 단기간에 거대 자금을 유치한 사례	알리바바, 훙산
미니맥스 (MiniMax)	AI	생성형 AI 개발	AI 투자 열풍 사례	즈푸AI와 함께 중국 내 생성형 AI 분야에 대한 집중 투자를 보여주는 사례	텐센트, 바이두 등

중국 PE/VC 기업투자 사례

즈푸AI (Zhipu AI /智谱 AI)	AI	생성형 AI 개발	AI 투자 열풍 사례	미니맥스와 함께 중국 내 생성형 AI 분야에 대한 집중 투자를 보여주는 사례	텐센트, 바이두 등
한둥쉰페이 (Handong Xunfei /瀚懂迅飞)	반도체	AI 칩 설계	AI 칩 분야 전략적 투자 사례	미국의 제재에 대응하여 자체 AI 칩 개발에 나선 스타트업에 자금이 집중되는 현상 증명	푸싱그룹, 중신증권, 궁위, 티엔투 캐피털
비런테크놀로지 (Biren Technology /壁仞科技)	반도체	GPU 설계	AI 칩 분야 전략적 투자 사례	한둥쉰페이와 함께 중국의 자체 GPU 개발 노력을 상징하는 기업	
화웨이 (Huawei)	통신/ 기술	통신장비, 스마트폰, 반도체 설계	반도체 자립의 상징적 성공 사례	국가의 장기적·전략적 투자가 미국의 제재를 뚫고 기술적 돌파구를 마련할 수 있음을 입증	국가집적회로 산업투자기금 (대기금)
X 스퀘어 로보틱스 (X Square Robotics)	로봇	휴머노이드 로봇 개발	로봇 산업 투자 부상 사례	빅테크 자본이 미래 기술인 휴머노이드 로봇 분야로 유입되는 상징적 사례	알리바바, CAS, 홍산, 메이투안, 레전드
애지봇 (AgiBot/이지봇)	로봇	휴머노이드 로봇 개발	로봇 산업에 대한 국가적 관심의 상징	최고 지도자가 직접 방문하여 격려함으로써 로봇 산업 육성에 대한 국가적 의지를 표명	BYD, 워버그, CDH, 힐하우스, 텐센트
징다오지 (Jingdong Ji/経导機)	로봇	산업용 로봇	로봇 유니콘 기업 사례	중국 로봇 스타트업 생태계의 성장을 보여주는 대표적인 산업용 로봇 기업	파시니, 중칭로봇, 스피리트 AI 등에 투자
긱플러스 (Geek+)	로봇	물류 로봇	로봇 유니콘 기업 사례	급성장하는 스마트 물류 시장에서 두각을 나타내는 대표적인 로봇 유니콘	워버그, GGV, 인텔, 버텍스
클라우드 마인즈 (CloudMinds/ 达闼科技)	로봇	서비스 로봇 (클라우드 기반)	로봇 유니콘 기업 사례	서비스 로봇 분야에서 유니콘급으로 성장하며 대규모 투자를 유치한 사례	소프트뱅크, 상하이 국영 투자사 다수, 폭스콘

능성이 높다. 특히 미·중 관계를 고려하면 과거 시장을 주도했던 미국·유럽계 자본의 영향력 회복은 당분간 어려워 보인다. 투자금 회수exit 역시 홍콩이나 미국 증시 대신 상하이 STAR 마켓, 선전 창업판創業板 등 본토 증권거래소를 통한 기업공개가 핵심 통로로 자리 잡을 것이다. 이처럼 중국 벤처투자 생태계는 '중국 내부의 돈으로 돌고 도는' 폐쇄적 구조를 기본으로 외부와는 제한적으로만 연결되는 양상을 띨 전망이다.

그다음 특징은 정부가 주도하는 정책금융이 강화된다는 점이다. 장기화하는 미·중 기술 패권 경쟁 속에서 중국 당국은 민간 자본의 공백을 직접 메우는 정책을 더욱 확대할 것이다. 2025년 3기 반도체 빅펀드에 이어 2026년에는 AI, 우주항공, 차세대 배터리 등 첨단 기술 분야에 대규모 국가 펀드가 연이어 출범할 것으로 보인다. 이들 펀드는 민간 자본에 우선적인 수익을 보장하거나 세제 혜택을 제공하는 방식으로 민간 투자를 유도하는 '크라우딩 인crowding-in' 효과를 적극적으로 노릴 것이다.

마지막으로는 초기 투자와 메가딜의 양극화 현상도 지속될 전망이다. 중국 정부와 대형 펀드들이 하드테크 분야에 전폭적인 투자를 이어가면서, 유망 기술을 보유한 초기 기업에 과감하게 투자하는 동시에 반도체·AI·로봇 등 핵심 분야에서는 수십억 위안 규모의 후속 라운드로 유니콘 기업을 신속하게 육성하는 전략을 병행할 것이다.

한편 한국의 사모펀드 시장을 돌아보면, 최근 몇 년간 라임자산운용 펀드 환매 중단 사태와 MBK의 홈플러스, 롯데카드 사례 등 잇따른 사건으로 투자자 신뢰가 크게 흔들렸다. 이러한 사고들은 국내 사모펀드에 대한 불신을 키우며 규제 당국의 감시 강화와 시장 위축으로까지 이어졌다. 게다가 금융지주 계열사의 보수적 자산운용, 증권사의 벤처투자 소극성,

모태펀드에 대한 과도한 의존이 복합적으로 맞물려 민간 모험자본 시장의 역동성이 두드러지게 움츠러들었다.

이제 한국 사모펀드 시장도 중국의 상황을 반면교사로 삼아 혁신적으로 재설계해야 한다. 민간 운용사는 전문성과 책임 운용을 강화해 성과로 신뢰를 회복해야 하며, 국민연금 등 연기금과 은행·보험 같은 거대 자금 공급자도 더욱 과감히 모험자본 투자에 나서야 한다. 정부의 정책자금 역시 민간의 자율성과 혁신을 촉진하는 방향으로 운용해야 할 것이다. 중국의 사례가 보여주듯, 한국도 공공과 민간이 조화를 이루는 한국형 하이브리드 모델을 구축함으로써 미래 성장 산업을 견인할 투자 생태계를 과감하게 재설계해야 한다.

럭셔리

제5부

럭셔리 시장의 변화와 미래 럭셔리 리테일

중국 럭셔리 시장을 가장 잘 설명하는 비유는 거대한 기관차이다. 지난 10여 년간 중국은 글로벌 명품 산업을 이끄는 동력이었고, 이 기관차를 타고 세계의 명품 브랜드들은 고속으로 질주했다. 실제로 2016년부터 2021년까지 중국 본토의 퍼스널 럭셔리 시장 규모는 거의 다섯 배 성장했고, 연평균 성장률은 약 17%에 달했다. 이 기간에 중국 소비자는 전 세계 명품 매출의 약 3분의 1을 책임지며 '세계 럭셔리의 심장'으로 불렸다.

그러나 기관차도 때로는 속도를 조절한다. 2020년 코로나19 팬데믹이 닥치면서 국제 여행이 사실상 중단되자 중국인의 명품 소비는 갑자기 '해외에서 국내로' 이동했다. 2020년 중국 내 럭셔리 시장은 전년 대비 48% 급증하며 약 3,460억 위안에 이르렀고, 2021년에는 다시 36% 성장해 4,710억 위안에 달했다. 이른바 '리패트리에이션repatriation(국내재유입)' 효과가 중국 명품 소비를 폭발적으로 끌어올린 것이다. 그러나 2022년에는 제로코로나 정책의 여파로 5년 만에 처음으로 시장 규모가 10% 축소되었다. 상하이 봉쇄와 부동산 경기 둔화에 따른 불확실성이 소비 심리를 급격히 위축시킨 것이다.

이후 중국 정부는 2022년 12월에 방역 규제를 완화하며 경제 재가동을 시도했다. 2023년에는 소비심리 반등과 보조금 정책 등으로 시장이 부분적으로 회복되어 성장세를 재개했다고 평가된다. 그러나 2024년에는 글로벌 인플레이션과 긴축, 내수 침체, 해외여행 재개 등이 겹치며 중국 럭셔리 시장은 다시 -18% 또는 -20% 역성장 구간에 진입했다. 한편 세계 럭셔리 시장도 15년 만에 사실상 정체기에 들어섰다. 베인앤드컴퍼니에 따르면, 세계 개인 럭셔리 시장은 2024년 약 1% 축소된 반면, 경험 중심 지출(예: 명품 호텔·여행)은 5% 증가했다.

지금 중요한 질문은 '거품이 빠진 뒤 적정 속도는 무엇인가?'이다. 다수의 조사와 업계 리포트는 2025년을 조정기로, 2026년을 회복의 원년으로 전망한다. 베인앤드컴퍼니는 2024년 중국 명품 시장을 중저성장으로 예상했고, 2025년 전체 매출은 대체로 평년 수준일 것이라고 내다보았다. 특히 이런 환경에서는 브랜드와 제품군 간 양극화가 심화될 가능성이 높다. 일부 럭셔리 브랜드는 조용히 경영체질을 재편해 내성을 키워나가는 반면, 다른 브랜드는 지나치게 화려한 외피에 치중하다가 방향을 잃을 우려가 있다. 예를 들어 몇몇 명품 기업은 매장 수를 줄이는 대신 대형 플래그십 매장이나 이벤트에 집중하며 희소가치를 강조하고 있다.

이제 명품 소비를 단순히 판매량 그래프만으로 설명하기는 어렵다. 중국 명품 시장은 경제적 현상이자 문화적 현상이다. 과거엔 명품이 부의 상징, 즉 '눈에 띄는 광고판'과 같았다면, 이제는 개인의 취향과 가치를 말해주는 '취향의 언어'로 바뀌고 있다. 예를 들어, 과거 중국 부호들은 샤넬 Chanel 로고가 뚜렷한 재킷을 걸치고 다녔다. 그러나 최근 젊은 소비자는 화려한 로고보다 제품에 담긴 이야기와 제작 공정에 더 큰 의미를 부여한다. 소비자를 브랜드 서사의 주인공으로 끌어들인 기업들은 밀레니얼·Z세대 사이에서 좋은 반응을 얻고 있다. 이처럼 명품은 이제 정체성과 라이프스타일을 판매하는 서사 산업이 되었다고 할 수 있다.

설문조사 결과도 가치소비의 전환을 보여준다. 예를 들어 2024년 조사에서 중국 럭셔리 소비자의 57%는 웰빙·여행 등 경험 중심 지출을 늘릴 계획이라고 답했다. 국적에 대한 자긍심도 커져 56%는 국산 명품 브랜드 구매를 늘릴 예정이라고 했다. 동시에 지속가능성ESG이 핵심 가치로 자리 잡았다. 응답자의 85%가 친환경 가치를 중시하며, 42%는 지속가능한 제품이라면 기꺼이 추가 비용을 지불하겠다고 답했다. 21~25세 젊은 층의 59%는 명품 중고시장(리셀)을 활발히 이용하고 있었다. 기술과 개인 맞춤화 선호도도 높아서 90%는 혁신 첨단 제품에 프리미엄을 기꺼이 지불할 용의가 있었다.

이러한 트렌드 변화는 비유하자면 명품을 보는 사람들의 '거울'이 바뀐 셈이다. 과거에는 남의 시선을 신경 써서 명품을 소비했다면, 이제는 자기만의 취향을 담는 자기표현의 수단이 되었다. 마치 바닷속 암초를 비추는 망원경처럼, 중국 시장은 세계 경제구조 변화와 젊은 세대의 욕망, 기술 혁신, ESG(환경·사회책임·지배구조) 같은 새로운 윤리 기준을 동시에 비추고 있다.

- **라이프스타일·경험 중심**: 중국 명품 소비자 중 57%가 건강·여행·웰니스 등에 소비를 확대할 계획이다. 이는 단순한 쇼핑을 넘어 삶을 위한 소비로 방향을 틀고 있음을 보여준다.

- **국내 브랜드의 약진**: 56%는 향후 중국 브랜드 제품 구매를 늘리겠다고 답했다. 밀레니얼 세대는 글로벌 명품과 더불어 자국 브랜드도 함께 중시하며, 중국 럭셔리 산업을 세계로 이끌 새로운 기준을 만들어가고 있다.

- **지속가능성과 중고시장**: 소비자의 85%가 친환경을 중요시하고, 거의 절반(42%)은 지속가능한 명품을 위해 더 지불할 의향이 있다. 또 59%는 프리미엄 중고 제품을 구매해 자신의 개성을 표현했다.

- **기술화·개인화**: 중국 소비자의 90%가 AI나 디지털 기술을 활용한 혁신적 명품 경험에 추가 비용을 기꺼이 지불했다. 이는 AI·빅데이터 등으로 구현된 맞춤형 명품 서비스가 곧 표준이 될 것임을 시사한다.

브랜드들이 새로운 소비 트렌드에 대응하려고 내놓는 혁신적인 매장과 서비스를 보면 변화의 단면이 드러난다. 예를 들어 젠틀몬스터Gentle Monster는 중국 밀레니얼·Z세대를 공략하며 국내외에서 눈에 띄는 오프라인 매장을 운영해왔다. 베이징 차오양구에 있는 타이쿠리Taikoo Li 산리툰 지역을 중심으로 많은 글로벌 브랜드의 플래그십 스토어는 '미래인류Future Humanity'라는 테마로 꾸며져 우주와 인류의 상상을 결합한 SF에 영감을 받은 체험 공간을 제공한다. 방문객은 매장 안에 조성된 가상 웜홀wormhole과 유동적인 설치미술을 통해 브랜드의 미래 지향적 가치를 직접 느낄 수 있다. 이 외에도 젠틀몬스터는 상하이 매장 내 디저트 카페 누데이크NUDAKE를 열어 환상적인 디저트를 전시하는 등 한 브랜드가 패션, 식음료, 뷰티를 넘나들며 예술적 경험을 제공한다. 이러한 매장들은 모두 단순 판매점이 아닌 미술관 같은 체험 공간으로 불리며, 방문객이 사진을 찍고 SNS에 공유하는 명소가 됐다. 루이뷔통Louis Vuitton도 상하이에 거대한 '배船' 모양 플래그십 매장을 열어 큰 화제가 됐다. 높이 30미터에 이르는 거대 매장 '더 루이The Louis'는 전시 공간과 카페를 함께 운영하며, 방문객에게 일종의 브랜드 경험 투어를 제공한다. 이처럼 명품 브랜드들은 단순히 상품을 파는 것을 넘어 고객이 마치 자신의 삶의 일부로 경험할 수 있는 공간을 마련하고 있다.

결국 중국 럭셔리 시장을 하나의 거울로 본다는 말이 설득력을 얻는다. 이 거울 속에는 중국 경제의 구조 변화(부동산과 고령화), 기술 혁신의 방향(AI·메타버스), 소비 윤리 변화(ESG·공유경제) 등이 함께 비친다. 독자들은 이 거울을 통해 단순히 중국 시장의 행보를 읽는 데 그치지 않고, 미래의 글로벌 럭셔리 산업 경로까지 예측해볼 수 있다. 다시 말해 중국 소비자의 변화를 이해하면 앞으로 명품 산업이 어떤 방향으로 나아갈지 힌트를 얻을 수 있다. 앞으로 중국 시장이 기관차처럼 거침없이 달릴지, 아니면 속도를 조절하며 새로운 균형을 찾을지 면밀히 지켜봐야 한다.

1장
럭셔리 소비자의 변화

중국의 럭셔리 시장을 움직이는 새로운 키워드는 '조용함'이다. 한때는 누구나 알아볼 수 있는 로고와 화려한 패턴이 부의 언어였다면, 이제는 절제된 디자인과 품격 있는 질감이 진정한 부의 상징이 되었다. 이른바 '조용한 럭셔리Quiet Luxury'라 불리는 이 현상은 단순한 유행이 아니라 세대의 가치관이 바뀌고 있다는 신호이다. 중국의 젊은 세대는 부모 세대가 경험한 보여주는 부Visible Wealth에서 벗어나 느껴지는 품격Invisible Taste을 추구한다. 샤오홍슈(중국판 인스타그램)에서는 올드 머니 스타일(전통적인 상류 부유층 룩으로서 로고 플레이를 하지 않는 명품) 관련 게시물이 200만 건을 넘고, 조회 수는 10억 회 이상을 기록했다. 과거의 명품 소비 기준이 '얼마짜리인가'였다면, 이제는 '이 물건이 나의 삶과 얼마나 어울리는가'가 되었다.

MZ세대 럭셔리 소비자의 새로운 가치관

이 변화에는 사회적 배경이 있다. 경기 둔화와 정부의 사치 단속이 과시적 소비를 억제한 것도 이유이기는 하지만, 근본적으로는 MZ세대의 '자기 확신형 가치소비'가 확산된 결과이다. 이들은 로고보다 스토리, 장식보다 내면의 만족을 택한다. 과거의 명품이 사회적 지위를 드러내는 표식이었다면, 지금의 명품은 '나의 존재를 표현하는 언어'로 변하고 있다.

최근 상하이 거리에는 로고 없이도 한눈에 고급스러움이 느껴지는 가방과 의류가 늘었다. 이러한 변화는 단순한 미학의 변화가 아니라 '조용한 고급미'에 대한 새로운 정의이다. 더로우The Row, 보테가 베네타Bottega Veneta, 로에베LOEWE 같은 브랜드가 2024년 중국 럭셔리 인기 순위 상위를 차지한 것도 같은 맥락이다. 이들 브랜드는 '로고가 없어도 알아보는 사람만 알아보는' 품격을 판매한다. 즉 럭셔리의 언어가 '표시'에서 '감각'으로 이동한 것이다. 중국 Z세대는 단순한 브랜드 이름보다 '이 브랜드가 왜 존재하는가'를 묻는다.

WGSN 리서치에 따르면, 이들은 제품의 제작 과정과 장인의 서사를 '진정성의 지표'로 인식한다. 가방의 가죽이 어디서 왔는지, 스카프가 어떤 전통 기법으로 염색되었는지 등 과정이 곧 가치이다. 예컨대 더로우는 소재의 질감과 봉제의 정밀함, 즉 '보이지 않는 곳의 완성도'를 강조하며 고급스러움을 정의한다. 이런 스토리텔링은 기능을 넘어 감정의 영역으로 확장되고, 소비자는 그 이야기를 '소유'함으로써 만족을 얻는다. 명품의 본질이 물질에서 서사로, 제품에서 철학으로 이동하고 있는 셈이다.

지속가능성은 이제 선택이 아니라 생존 전략이다. 젊은 세대는 브랜드의 친환경성과 사회적 책임을 당연한 가치로 여긴다. 실제로 중국 소비자의 70% 이상이 '가격이 다소 높더라도 친환경 제품을 선택하겠다'고 응답했다. 이 흐름 속에서 클레클레Klee Klee나 에버레인Everlane 같은 신흥 브랜드는 친환경 철학으로 지지를 얻고 있다. 버버리^{Burberry}는 탄소중립 패션 쇼를, 구찌^{Gucci}는 순환경제 기반 컬렉션을 선보이며 '가치소비의 동반자'로 자리매김하고 있다. 명품의 가격이 아니라 '철학의 무게'가 브랜드의 가치를 결정하는 시대가 온 것이다.

중국 MZ세대는 "서구 브랜드의 로고를 소비하는 시대는 끝났다."라고 말한다. 그들은 자신들의 문화가 존중받는 럭셔리를 원한다. 이에 따라 글로벌 하우스들은 중국의 예술, 문양, 전통 소재를 제품과 마케팅에 녹여내며 현지 문화를 진지하게 탐구하고 있다. 그와 동시에 중국 로컬 브랜드들도 급성장하고 있다. 릴리^{LILY}나 아이시클^{ICICLE} 같은 브랜드는 전통 직조 기술과 현대적 디자인을 결합해 '중국다움'을 새롭게 정의한다. 이런 문화적 자존감이 곧 새로운 럭셔리로 작동하고 있다. 이러한 가치 변화에 대응해 글로벌 브랜드들은 전례 없는 속도로 중국 전략을 재편하고 있다. 로고를 줄이고, 경험을 늘리고, 스토리를 강화하는 다음과 같은 방향으로 변화하고 있다.

글로벌 럭셔리 브랜드의 전략적 대응

- **디자인의 다운톤화** - 루이뷔통과 구찌는 과시적 이미지를 덜어내고 절제된 디자인으로 회귀했다. 반대로 원래 '로고가 없는 브랜드'였던 보테가 베네타는 이 흐름의 최대 수혜자가 되었다.

- **경험 중심 리테일** - 상하이 난징시루^{南京西路} 중심가에 오픈한 '더 루이' 플래그십 매장 내부는 전시 공간, 카페 등이 포함되어 있어 쇼핑

공간을 넘어 브랜드 세계관을 경험할 수 있는 장소가 되었다.

- **스토리텔링 강화** - 브랜드들은 위챗·샤오홍슈에서 역사와 철학을 담은 콘텐츠를 발행하며 공감 스토리를 만든다. 단순 광고가 아니라 하나의 짧은 다큐멘터리처럼 제작해 소비자가 브랜드의 세계관 속으로 들어오게 한다.

- **디지털과 현지화의 조화** - 샤넬은 향수·코스메틱만 온라인 직영으로 판매하며 의류·가방의 '오프라인 신비감'을 유지한다. 루이뷔통과 디올Dior은 현지 아티스트와 협업해 중국적 감성을 재해석한다.

- **지속가능 경영의 체계화** - 버버리, 구찌, 샤넬 등 주요 하우스는 탄소 감축, 순환 소재, 리페어 프로그램을 강화하며 '지속가능한 럭셔리'의 철학을 명확히 하고 있다.

중국 럭셔리 시장은 지금 '로고에서 가치로'라는 거대한 패러다임 전환기를 맞고 있다. 과거의 명품이 성공을 상징했다면, 오늘의 명품은 내면의 균형을 드러내는 수단이다. 이 흐름에 가장 민감하게 반응하는 세대가 밀레니얼과 Z세대이며, 그들의 취향은 이제 전 세계 럭셔리 산업의 기준이 되고 있다. 조용한 럭셔리는 소음 없는 혁명이다. 보여주기보다 느끼게 하고, 소유하기보다 경험하게 하며, 돈보다 가치로 설득한다. 중국 시장의 이러한 변화는 단지 지역적 트렌드가 아니라 글로벌 럭셔리의 미래를 미리 보여주는 거울이라 할 수 있다.

2장
럭셔리 리테일의 혁신 성공 사례

중국 럭셔리 시장에서 소매점의 무게중심은 공간에서 경험으로 급격히 이동하고 있다. 과거처럼 단순히 매장을 늘려 매출을 올리기보다, 고객에게 문화와 여가를 제공하는 몰입형 서사(스토리텔링) 공간을 조성하는 것이 핵심 전략이 되었다. 즉 매장은 상품을 파는 판매지점Point of Sale을 넘어 브랜드 이야기를 체험하는 스토리 무대Point of Story가 되어야 한다. 실제로 로이터에 따르면, 최근 주요 명품 브랜드들은 중국 내 수요 둔화에도 불구하고 대형 플래그십 매장과 전시, 팝업 등 경험형 리테일에 오히려 투자를 늘리고 있다. 이는 단순한 쇼핑몰이 아니라 산책과 사진 촬영, 콘텐츠 감상 등을 할 수 있는 종합 문화 공간으로 리모델링하는 방향으로 나타난다.

젠틀몬스터: 예술-리테일의 경계 파괴

한국 아이웨어 브랜드 젠틀몬스터는 이러한 흐름을 선도하는 기업 중

젠틀몬스터 플래그십 HAUS NOWHERE Shanghai (자료: Retailoscope)

하나이다. 이 회사는 매장을 판매 공간이 아니라 거대한 예술·체험 공간으로 탈바꿈시켰다. 상하이와 선전에 문을 연 초대형 복합 플래그십 '하우스 노웨어HAUS NOWHERE'가 대표적이다. 이 매장은 안경점이 아니라 오히려 실험적인 테마파크에 가깝다. 매장 내부 곳곳에는 곤충을 모티브로 한 거대한 설치 미술(콘크리트 메뚜기 조형물 등)과 움직이는 기계장치, 미로 같은 동선이 배치되어 있다. 고객은 매장에 들어서는 순간 '곤충 왕국Insect Kingdom'이라는 판타지 세계에 빠져들게 된다. 매장 방문 자체가 자연스럽게 SNS 콘텐츠가 되면서 고객이 매장 구석구석을 찍어 공유하고, 그 콘텐츠가 다시 방문을 부르는 선순환이 생긴다. 젠틀몬스터는 이처럼 방문 경험을 강조함으로써 기존 리테일 공간의 틀을 재발명하고 충성 고객을 반복 방문으로 이끄는 충성도 엔진Loyalty Engine을 활용하고 있다.

루이뷔통: 체험형 몰입 플래그십의 시대

기존 전통 럭셔리 브랜드들도 비슷한 전략을 취하고 있다. 특히 루이뷔통은 2023년 말 상하이 난징시루에 높이 30미터로 배 모양 플래그십 '더 루이'를 개장했다. 이 3층 규모 매장은 도심 속 랜드마크로 설계되었다. 내부에는 판매 공간뿐 아니라 전시 갤러리와 카페도 함께 들어섰다. 실제로 현지 언론들은 이 매장을 "30미터 높이의 선박 형상 매장이며 쇼핑과 전시, 카페를 결합한 복합 문화 공간"이라고 소개했다. 루이뷔통은 이로써 '큰 매장'이 아니라 '큰 서사Broad Narrative'를 구축하고자 한다. 즉

상하이의 루이뷔통 팝업 스토어 The Louis (자료: Global Citizen Club)

고객이 매장 파사드부터 내부 동선, 디지털 인터랙션DI, Digital Interaction까지 하나의 연출된 이야기 전시를 따라 걷다 보면 자연스럽게 브랜드 세계의 주인공이 된다는 것이다. 이처럼 스토리텔링형 공간 디자인은 고객으로 하여금 매장에서 찍은 사진을 자발적으로 SNS에 공유하게 만들고, 이는 다시 브랜드 홍보로 이어지는 선순환을 만들어낸다.

최근에는 글로벌 럭셔리 브랜드들이 '경험형 플래그십' 전략을 적극 추진하고 있다. 젠틀몬스터와 루이뷔통 사례에서 알 수 있듯, 단순히 매장 수를 늘리기보다 체험 요소를 극대화한 거점 매장을 조성해 고객을 집중 유치하는 것이다. 로이터에 따르면, 세계적인 럭셔리 브랜드들은 오히려 매장을 닫더라도 주요 도시의 대형 콘셉트 스토어 투자에 베팅하고 있다. '매장을 닫는 브랜드가 많지만, 여력이 있는 브랜드는 대형 플래그십이나 대규모 전시·이벤트를 열어 가시성을 극대화한다'는 분석도 나왔다.

예를 들어 디올은 중국 청두에 카페 콘셉트 매장을 열었고, 루이뷔통은 798예술구, 베이징 드럼타워, 량마허 등 도심 각지에 '베이징 펀Beijing Fun' 팝업 키오스크를 설치해 지역 문화와 패션을 엮는 프로젝트를 펼쳤다. 프라다PRADA는 2025년 상하이에 복원 문화 유산 건물 룽자이荣宅를 개조해 왕자웨이王家卫 감독이 디자인한 미식 레스토랑 '미상迷上'을 열었고, 티파니Tiffany는 상하이 중심 매장을 축소하는 대신 청두에 3층 규모 플래그십을 신설하는 등 각 브랜드가 독자적인 방식으로 경험 중심 리테일로 진화하고 있다. 이들은 모두 구매 공간을 더욱 특별하게 변화시킴으로써 중국 MZ세대의 관여와 소비를 유도하고자 한다.

플래그십 내의 VIP·VIC 맞춤형 전략 – 샤넬의 살롱과 에르메스의 초대형 이벤트

VIP 고객을 위한 맞춤 서비스도 혁신의 한 축이다. 샤넬은 기존 고객을 '꼭 보호해야 할 최고의 고객층'으로 보고 프라이빗 살롱Chanel Les Salons Privés 개념을 도입했다. 상하이의 플라자66과 베이징의 SKP 백화점 등에 들어선 이 살롱은 예약된 초고가 고객만 입장할 수 있는 은밀한 부티크이며, 외부에는 샤넬 로고 대신 '31 Rue Cambon'이라는 본사 주소만 표시해 일반인의 접근을 배제했다. 내부에는 넓은 응접실과 프라이빗 피팅룸을 갖춰 맞춤 쇼핑을 할 수 있고, 소수의 VIP에게 조용한 럭셔리 공간을 제공한다.

에르메스Hermès는 별도의 살롱보다는 대규모 이벤트로 VIP층을 대접한다. 예컨대 2017년 상하이 롱뮤지엄에서는 아트 디렉터 발리 배럿Bali Barret이 기획한 '에르메스 클럽' 파티를 열고 중국 톱 VIP 1,000여 명을 초청했다. 이 이벤트는 거대한 새장 모티프 볼룸, 플라멩코 쇼가 열리는 뮤직홀, 12미터 길이 레이싱카 포토존 등 9개 테마 룸으로 구성된 체험형 파티였으며, 현지 VIP에게 패션쇼급 대우와 잊지 못할 경험을 제공했다. 이처럼 샤넬 살롱과 에르메스 이벤트는 각각 방식은 달라도 기존 고객을 완벽히 보호받는 특별한 존재로 대우함으로써 고객 충성도를 높이고 추가 구매를 유도하는 전략이다.

한편 럭셔리 브랜드들은 단기 팝업과 체험형 전시를 통해 소비자와의 접점을 다변화하고 있다. 상하이와 베이징은 이런 팝업 트렌드의 중심지이며, 매년 화제성 높은 팝업 행사가 이어진다. 상하이에서는 샤넬이 지난 몇 년간 웨스트번드 예술센터에서 '마드모아젤 프리베Mademoiselle Privé' 전시를 개최하고, MZ세대 대상 게임센터형 팝업 '코코 게임 센터'로 화제를 모았다. 베이징에서는 루이뷔통이 2024년 7월 도심 4곳에 빨간색 키오스크 팝업을 설치해 지역 문화와 패션을 결합한 프로그램을 운영했다. 이외에도 SKP·K11·타이쿠리 등 상업시설들은 층별 테마형 전시나 야외 브랜드 퍼레이드로 도시 전체를 무대로 삼고 있다.

에르메스는 2021년 청두에서 'HermèsFit' 팝업 체육관을 열어 실크 스카프로 요가를 하거나 벨트를 스트레칭 도구로 활용하는 이색 피트니스 클래스를 선보였다. 이 팝업은 내부 전체를 에르메스 오렌지색으로 꾸미고 헬스 장비와 사진 부스를 갖춰 큰 관심을 끌었으며, 많은 고객이 체험 사진을 공유하며 "운동도 하고 에르메스도 즐기는 새로운 라이프스타일"이라며 SNS에 소개했다. 또 펜디Fendi의 유명 아티스트 협업 팝업, 샤넬의 밸런타인데이 팝업 카페 등 다양한 팝업이 등장했으며, 고객들은 여전히

에르메스의 HermèsFit 팝업 체육관 (자료: Prestige Hong Kong)

인기 팝업에 열광하고 있다. 결국 이러한 팝업들은 단순히 상품 판매를 넘어 현지 문화, 예술, 라이프스타일을 녹여낸 작은 테마파크로 진화하고 있다.

결론적으로 중국 럭셔리 리테일 혁신의 키워드는 경험 극대화이다. 젠틀몬스터처럼 매장 자체를 예술과 판타지의 무대로 만들고, 루이뷔통처럼 브랜드 서사를 매장 곳곳에 스토리텔링함으로써 소비자의 오감을 자극한다. VIP 고객에게는 샤넬과 에르메스가 보여주듯 차별화된 프라이빗 서비스와 잊지 못할 이벤트를 제공한다. 또 팝업과 플래그십을 마련해 도심 곳곳에 브랜드 경험을 확산하며 밀레니얼·Z세대의 기대를 충족한다. 이러한 전략은 코로나19 팬데믹 이후 위축된 소비 심리를 자극하고, MZ세대의 '조용한 럭셔리' 성향까지 고려한 것이다.

제품 판매에서 나아가 더 풍요로운 라이프스타일을 제안하는 동반자로 거듭날 때 포화된 시장에서도 성장 모멘텀을 이어갈 수 있다. 오늘날 상하이와 베이징의 럭셔리 매장들은 바로 이러한 미래형 리테일 실험실로서 전 세계 명품 브랜드들이 '경험형 리테일' 경쟁을 펼치는 쇼케이스 역할을 하고 있다.

3장
미래 럭셔리 리테일 인사이트

럭셔리 리테일의 미래 포맷

럭셔리 오프라인 매장은 단순 판매 공간을 넘어 멀티센서리multi-sensory 체험장으로 탈바꿈하고 있다. 마치 테마파크처럼 매장을 꾸며 고객의 오감을 자극하는 것이다. 예컨대 인터랙티브 거울, 홀로그램, 가상현실VR·증강현실AR 피팅룸 같은 기술을 도입해 고객이 직접 참여하게 만든다. 특히 중국 럭셔리 시장에서는 온라인과 오프라인을 융합한 피지털 phygital, physical + digital 리테일 모델이 두드러진다.

영국 브랜드 버버리는 중국 선전에 텐센트와 협업한 소셜 리테일 매장을 열어 온라인 상호작용과 오프라인 매장 경험을 혁신적으로 결합했다. 약 539제곱미터 규모인 이 매장에는 신체 동작에 반응하는 인터랙티브 쇼윈도와 몰입형 피팅룸(QR코드를 스캔하면 디지털 스크린으로 상품 관련 스토리, 화보 및 브랜드 스토리텔링 제공) 3개 등이 마련되어 있으며, 전용 위챗 앱으로 독점 콘텐츠, 오디오 가이드, 예약 및 이벤트까지 제공한다. 고객은 원하는 상품을 미리 온라인으로 골라두거나 피팅룸을 예약할 수 있어 매장 방문 전부터 개인화된 쇼핑 경험을 시작할 수 있다. 또 고객이 매장에서 QR코드를 스캔할 때마다 디지털 캐릭터가 성장하는 게임화 요소를 도입하고 AR/VR 기기를 활용하는 등 AI 기반의 색다른 체험을 선보여 포스트코로나 시대의 하이브리드 쇼핑 모델을 구현했다.

버버리가 IBM과 함께 도입한 블록체인 시스템을 예로 들면, 매장의 트렌치코트 QR코드를 스캔하면 면화가 자란 농장부터 제조 공장까지 전 과정을 보여주는 디지털 스토리가 제공된다. 고객은 트렌치코트를 사면서 친환경 생산 과정에 동참하는 경험을 한다. 이처럼 제품에 담긴 진정성 있는 스토리텔링으로 고객에게 지속가능성과 고급스러움을 동시에 느끼게 한다. 이처럼 온오프라인 경험의 경계를 없애는 옴니채널 전략은 이제 필수가 됐다. 예를 들어 매장 내부의 인터랙티브 쇼윈도는 관람객의 움직임에 반응해 생동감 있는 화면을 보여준다. 매장 내부에서는 음성인식 디스플레이나 센서가 고객 맞춤 정보를 제공하고, RFID 태그가 부착된 제품을 집어 들면 연동된 앱에서 스타일링 팁이 자동으로 안내되기도 한다. 이런 스마트 매장 기술은 상품과 고객이 대화하는 듯한 경험을 만들어주어 고객과 브랜드 간의 정서적 유대감을 강화한다.

기술 진화에 따른 개인화 및 고객 맞춤형 서비스

한편 AI와 빅데이터를 활용한 개인화 서비스도 중요해지고 있다. 고객의 구매 이력과 선호도 데이터를 분석해 최적의 상품을 추천해주거나, 1:1 챗봇 컨시어지 서비스로 문의에 실시간 대응하는 식이다. 이러한 AI 기술은 마치 개인 비서처럼 고객을 도와주어 서비스 품질을 높이고 운영

효율도 개선해준다. 예컨대 머신러닝 기반 추천 시스템으로 VIP 고객에게 가상 옷걸이 형태의 맞춤 상품 목록을 사전 제공하고, 고객이 선택한 상품을 매장 피팅룸에 미리 준비해두는 식으로 초개인화 서비스를 구현할 수 있다. 이 모든 변화는 온라인 쇼핑이 대세인 시대에도 오프라인 매장 방문을 특별한 경험으로 만들어주는 리테일테인먼트^{Retailtainment} 전략이라고 할 수 있다.

예를 들어 SKP-S 베이징 매장은 지문·얼굴 인식 같은 기술을 도입해 방문객 맞춤 조명·음향을 연출하고, 각층마다 우주여행을 테마로 몰입형 설치미술을 배치했다. 이렇게 매장은 단순 쇼핑 공간이 아니라 고객이 탐험하는 이야기의 무대가 된다.

새로운 라이프스타일 체험으로서 문화 공간 역할

럭셔리 매장은 라이프스타일 플랫폼으로 확장되고 있다. 최근에는 매장 내에 레스토랑, 카페, 서점, 갤러리 등을 추가해 소비자의 일상과 만나는 복합공간을 선보인다. 예를 들어 루이뷔통은 중국 청두의 타이쿠리에 브랜드 첫 레스토랑 '더 홀^{The Hall}'을 같은 건물에 열어 쇼핑과 미식을 결합했다. 이와 유사하게 디올은 상하이 '장위안^{张园}' 팝업 스토어를 계절마다 테마를 바꿔 운영하고, 프랑스 화장품 브랜드 시슬리^{SISLEY}는 상하이에 카페와 뷰티 살롱을 겸한 매종을 오픈했다. 이들은 모두 고객의 문화와 취향에 맞춘 공간으로서 방문할 때마다 새로운 경험을 제공하여 브랜드 충성도를 높인다.

매장 디자인에도 지역 문화 요소가 반영된다. 예컨대 베이징 SKP-S 에는 중국 전통 건축물에서 영감을 받은 곡선형 외관과 함께 한중 요소가 결합된 내부 인테리어를 도입해 현지인의 미적 감각을 반영했다. 홍콩의 K11 아트몰은 쇼핑몰 곳곳에 미술 작품을 전시하고 전시회·행사 프로그램을 상시 운영하여 예술과 커머스를 융합했다. 실제로 K11 뮤지아의 문화 콘텐츠는 단순 쇼핑을 넘어 관객 유입과 소비 증대로 이어지고 있다. 예를 들어 '100% 도라에몽&프렌즈' 전시는 개장 첫날 하루 방문객을 40% 늘리는 기록을 세웠고, 여름 행사 캠페인으로 회원 수와 매출이 각각 30% 가까이 늘었다. 이처럼 예술·문화 요소를 결합하면 제품 이상의 가치를 전달하면서 MZ세대의 공감을 얻을 수 있다.

고객 세분화 전략과 차별화 포인트

고객 세분화 전략도 필수적이다. 중국 럭셔리 시장의 매출은 대부분 소수의 초고액 고객층에서 나온다. 따라서 최상위 VIP(종종 VIC라고 부름)에게는 한정판 컬렉션 제공, 생일·명절 맞춤 선물, 디자이너 초청 행사, 프라이빗 라운지 이용 같은 독점 경험을 제공한다. 이러한 VIP 전용 혜택은 오직 나만을 위한 특별함을 느끼게 해주어 고객의 충성심을 강화한다. 럭셔리는 소수 고객에게 희소한 상품과 서비스를 제공한다. 이 과정에서 상품의 스토리와 장인정신이 강조된다. 예를 들어 구찌나 루이뷔통 같은 하우스는 단순히 로고가 찍힌 물건을 파는 것이 아니라 브랜드의 역사와 전통, 장인의 기술이 녹아든 한정판 컬렉션으로 고객을 사로잡는다.

실제로 구찌의 한 VIP 고객은 자신의 이니셜이 새겨진 맞춤 재킷을 중국에서 가장 먼저 제공받았는데, 이는 '내 이야기'가 반영된 경험으로서 강한 감동을 줬다고 알려져 있다. 또 럭셔리 쇼핑 경험은 서비스의 개인화 수준이 다르다. 백화점과 플래그십 스토어는 방문 예약, 퍼스널 쇼퍼,

맞춤 상담 같은 프리미엄 서비스를 제공하여 고객 참여도를 높인다. 대중 브랜드 매장에서는 볼 수 없는 세심한 케어인 셈이다.

럭셔리 브랜드에서는 ESG도 중요한 차별점으로 활용한다. 샤넬은 '미션1.5'라는 이름으로 2030년까지 온실가스를 50% 감축하고 전력을 100% 재생에너지로 전환하겠다고 선언했다. 버버리도 2040년까지 기후 긍정Climate Positive 기업이 되겠다고 밝혔으며, 이미 자사 전력의 93%를 재생에너지로 사용 중이다. 소비자에게는 투명한 공급망과 친환경 생산 과정을 접목한 브랜드를 선택하는 것이 하나의 차별화 포인트가 된다. 이처럼 럭셔리 리테일은 제품 자체만 파는 것이 아니라 경험과 가치를 제안한다. 매장과 서비스 하나하나가 브랜드와 고객을 이어주는 다리가 된다. 결국 치열한 시장 경쟁 속에서도 지속해서 성장하려면 고객의 풍요로운 삶과 정서를 함께 디자인하는 동반자로 거듭나야 한다.

결론적으로 미래 럭셔리 리테일 전략은 단순한 물건 판매에서 한걸음 나아가 고객 참여와 경험을 중심으로 한다.

- **미래 매장 포맷**: AR 거울, 음성인식 디스플레이, 스마트 피팅룸 등으로 다감각 체험을 제공해 고객과의 정서적 유대감을 강화한다. 예를 들어 버버리는 선전 매장에 텐센트 협업 소셜 리테일 공간을 열고 고객의 동작에 반응하는 인터랙티브 쇼윈도와 QR코드 스캔 몰입형 피팅룸을 선보였다. 온오프라인 경험을 매끄럽게 연결하는 피지털 모델로서 매장 방문 전후에도 브랜드 스토리가 이어지도록 한다.

- **AI·디지털 혁신**: 머신러닝 기반 추천 엔진으로 고객 취향에 맞는 상품을 선제적으로 제안하고, 1:1 챗봇 컨시어지로 실시간 응대한다. RFID 태그를 활용해 상품을 집어 드는 순간 연관 정보나 스타일링 팁을 앱으로 보여주는 스마트 매장 경험이 이에 해당한다. 또 빅데이터 분석으로 날씨·트렌드·SNS 영향을 고려해 재고를 최적화함으로써 운영 효율성을 높인다.

- **VIP 세분화 전략**: 중국 럭셔리 소비의 대부분은 극소수 고액 자산가층이 주도하므로, 멤버십과 혜택을 층별로 세분화해 최상위층에 한정판, 생일 선물, 디자이너 단독 이벤트 등을 제공한다. 예를 들어 버버리의 비공개 상품 배포처럼 프라이빗 컬렉션이나 전용 라운지를 운영해 VIP로서 특별한 대접을 받는다는 인식을 심어준다. 이러한 맞춤 케어는 고객에게 '나만의 이야기'를 느끼게 하여 충성도를 높인다.

- **문화·ESG 체험 스토리텔링**: 중국의 젊은 소비자는 문화적 뿌리를 중시하므로 매장에 현지 예술·문화를 접목한다. 베이징 SKP-S처럼 예술 설치물로 가득한 공간이나, 상하이 이솝 서점 등 브랜드 철학을 담은 문화 공간이 대표 사례이다. 버버리의 IBM 블록체인 추적 서비스, 샤넬의 탄소 절감 목표 선언처럼 친환경 스토리를 매장 경험에 녹여 소비자가 지속가능한 소비에 참여할 수 있게 한다.

중국을 넘어 글로벌 럭셔리 리테일 성장을 위한 미래 핵심 전략

중국 럭셔리 시장이 보여준 폭발적 성장과 급격한 변화는 단순히 한 국가의 소비 현상이 아니라 글로벌 명품 산업의 미래를 예고하는 살아 있는 교과서이다. 지난 10년간 중국에서 일어난 일들(초고속 성장, 리패트리에이션, 소비자 가치관의 근본적 전환, 디지털과 오프라인의 융합)은 이제 전 세계로 확산하고 있다. 그렇다면 중국 시장에서 얻은 교훈을 바탕으로 글로벌 럭셔리 리테일은 어떤 전략으로 미래를 준비해야 할까?

중국 시장이 가장 먼저 보여준 변화는 '소유에서 경험으로' 전환이었다. 매장 자체가 고객이 참여하고 공감할 수 있는 스토리텔링의 장이 되면서, 브랜드는 단순 판매처를 넘어 고객의 일상을 함께하는 동반자로 거듭난다. 이러한 변화야말로 포화된 시장에서도 지속적으로 성장할 수 있는 핵심 전략이다. 구체적 실행 전략은 다음과 같다.

- **스토리텔링 동선 설계**: 입구부터 피팅룸, 결제 공간까지 브랜드 서사가 시간순으로 펼쳐지는 워크스루(Walk-through) 전시 형태인 매장 구조

- **퍼포먼스형 이벤트**: 고객이 단순 관람자가 아니라 패션쇼의 런웨이를 직접 걷거나 장인과 함께 제품 제작 과정에 참여하는 참여형 럭셔리 프로그램

- **뉴로디자인**Neuro-design **매장**: 방문객의 심박수, 시선 추적, 감정 상태를 실시간 분석해 조명 색온도, 배경음악 템포, 향기 강도를 자동

조절하는 AI 기반 공간 설계

기술 측면에서 살펴보면, 오늘날 리테일 유니콘들은 주로 AI와 머신러닝을 활용한 개인화와 자동화에 무게를 두고 있다. 많은 유니콘이 AI 기반 추천, 수요예측, 다이내믹 프라이싱 등을 도입하여 경쟁 우위를 확보했다. 심지어 패션업계 경영진의 90%가 'AI 기반 개인화 없이는 브랜드 경쟁력이 약화된다'고 여기는 설문 결과도 보고된 바 있다. 그러나 현재 대다수 유니콘은 아마존식 맞춤형 쇼핑에 머물러 있으며, 고급 럭셔리만의 섬세한 경험으로까지 확장하지 못하고 있다. 예를 들어 백화점의 명품 매장 같은 화이트 글러브 서비스 경험은 아직 디지털로 완벽히 구현되지 못했다.

실제로 명품 브랜드들은 구찌의 가상 착용Virtual Try-On이나 와츠앱WhatsApp을 활용한 디지털 컨시어지 사례처럼 하이퍼 개인화의 기회를 모색하고 있지만, 대다수는 여전히 기존 CRMCustomer Relationship Management 시스템과 정적인 콘텐츠에 머무르고 있다. 현실적으로 XR(증강·가상 현실), IoT 센서, AI 비서 등을 매장과 결합해 인간의 감성과 오감을 자극하는 경험을 제공하는 솔루션은 아직 유니콘급으로 두각을 나타내지 못한 상태이다. 소비자 타깃 면에서는 지금까지 디지털 친화적인 젊은 세대가 시장을 주도해왔으나, 미래 럭셔리 시장은 더 폭넓은 계층과 지역으로 확장될 전망이다. 럭소노미Luxonomy에 따르면, 밀레니얼·Z세대는 2030년까지 글로벌 럭셔리 구매의 80% 이상을 차지할 것으로 예측된다. 이들은 VR/AR 기반 몰입형 경험, NFT 같은 디지털 수집품, 극단적 개인화Extreme Personalization를 강력히 요구하는 특징이 있다.

럭셔리 소비자가 요구한 것은 단순한 맞춤형 추천이 아니라 '나를 이해하는 브랜드'였다. 중국 럭셔리 소비자의 90%가 혁신 기술에 프리미엄을 지불할 의향이 있다는 조사 결과는, 기술 자체가 아니라 기술이 가능케 하는 인간적 연결에 가치를 둔다는 의미이다. 미래 럭셔리 리테일은 예측적 개인화Predictive Personalization를 넘어 공감적 개인화Empathetic Personalization로 진화해야 한다. AI는 고객의 구매 이력뿐 아니라 생활 패턴, 감정 상태, 인생의 중요한 이벤트(결혼, 승진, 이사 등)를 파악하고 적절한 타이밍에 감동을 주는 제안을 할 수 있어야 한다. 이는 단순한 CRM을 넘어 CLMCustomer Life Management, 즉 고객의 인생 여정을 함께하는 동반자로서 브랜드 포지셔닝을 의미한다. 구체적 실행 전략은 다음과 같다.

- **라이프스타일 컨시어지 AI**: 날씨, 일정, 소셜 이벤트, 건강 데이터를 통합 분석해 "오늘 중요한 미팅이 있으시네요. 이 재킷과 함께 자신감 있는 하루를 시작하세요."와 같은 맥락적 제안

- **감정 인식 인터랙션**: 매장 내 센서가 고객의 표정과 제스처를 분석해 스트레스가 높은 고객에게는 조용한 프라이빗 공간을, 흥분 상태인 고객에게는 더 역동적인 제품 라인을 추천

- **메모리 뱅킹Memory Banking**: 고객의 중요한 순간(결혼기념일, 자녀 졸업)을 기억하고, 그 순간에 맞는 특별한 제품이나 서비스를 제안하는 장기 관계 관리 시스템

이러한 분석 결과를 바탕으로 향후 글로벌 럭셔리 리테일 산업은 인

간 중심성human-centricity과 초개인화hyper-personalization를 핵심축으로 급속히 재편될 것이다. 이미 소비자들은 오감이 자극되는 몰입형 경험을 원하며, 생활의 본질과 가치에 부합하는 브랜드를 찾는다. 유러모니터 Euromonitor에 따르면 명품 소비자 중 과반은 물건보다 경험에 지출하는 것을 선호하며, 브랜드는 제품을 넘어서 정신적·정서적 연결을 제공해야 한다고 여긴다. AI와 데이터는 이를 뒷받침하는 도구가 될 것이다. 실제로 럭셔리 브랜드들은 AI를 활용해 24시간 개인화 제안을 보내거나(예: 생성 AI 기반 디자인, 개인형 추천) 자동 번역 챗봇과 가상 비서를 통해 고급 상담 서비스를 구현하고 있다. 구찌·프라다 같은 브랜드는 이미 가상 착용이나 메신저 기반 컨시어지로 고객 경험을 확장하고 있다.

이러한 기술적 도구들이 앞으로 더욱 인간적인 방식으로 진화할 전망이다. 예를 들어, AI 스타일리스트가 실시간 상황(날씨, 일정, 감정)과 개인의 유전·건강 데이터를 종합해 옷차림과 관련 웰빙 서비스를 맞춤 제안하는 시대가 올 수 있다. 매장에서는 뉴로디자인과 센서 기술을 활용해 방문객의 심리 상태에 맞춰 조명·향·음악을 조절하는 공간이 등장할 것이다. 메타버스나 VR 환경에서 열리는 럭셔리 부티크에서는 소비자가 자신의 아바타로 고급 가구를 배치해보고, 전 세계 예술가·장인이 만든 컬렉션을 체험할 수 있다. 그와 동시에 극단적 개인화 사례로서 3D 프린팅을 통한 주문 제작 패션, 소비자 취향에 맞춘 개인 NFT 지갑(예: 디지털 패션 아이템의 소유권), 실시간 탄소 배출량을 반영한 친환경 옵션 등이 등장할 수 있다. 아울러 고령 부유층을 위한 '럭셔리 웰니스 커뮤니티'처럼 명품 호텔·헬스케어·주거가 결합된 복합공간이 생겨나 삶 자체가 개인화된 럭셔리 경험의 일부가 될 것이다. 이 모든 변화는 기술로 가능해지겠지만, 궁극적인 목표는 고객 한 사람 한 사람의 삶과 감성을 깊이 이해하고 그에 호응하는 것이다.

결국 미래의 럭셔리 리테일은 단순한 소비가 아닌 의미 있는 연결을 제공하는 방향으로 진화할 것이다. 기존 '경험 중심, ESG 의무화, 조용한 럭셔리' 등 트렌드와 연계하여 초개인화된 휴먼 터치가 가미된 새로운 형태의 럭셔리를 제시해야 한다. 예컨대 명품 브랜드가 소규모 고객 커뮤니티를 조직해 디자인 과정에 초대하거나, AI 기반 개인금고·라이프스타일 컨시어지 서비스를 제공함으로써 고객이 진정한 의미와 유대감을 느끼게 해줄 수 있다. 이러한 변화 속에서 럭셔리의 본질은 단순한 소유가 아니라 개개인의 가치관과 삶의 질을 풍부하게 만드는 경험이 될 것이다. 인간 중심성과 초개인화라는 두 축 위에서 럭셔리 리테일은 앞으로 더 높은 차원의 개인 맞춤형 경험 경제로 도약할 것이다.

Contents

애니메이션 산업의 진화

1장
애니메이션의 변화 흐름
(과거~현재)

영유아 타깃 및 외주 중심 제작부터 국만부흥까지

2010년대 중반까지 중국 애니메이션은 주로 영유아 대상 작품을 제작하는 데 집중되었다. 아이들을 위한 교육용 시리즈나 해외 애니메이션의 콘셉트를 따라 한 작품이 많았고, 정부도 자국 애니메이션 발전을 위한 방영 시간을 확보해주거나 보조금을 지원해 품질보다는 많은 작품을 양산하는 형태였다. 이렇게 양적으로 성장하면서 한때 중국은 연간 애니메이션 제작 편수와 분량에서 전 세계적으로 매우 높은 수치를 기록하기도 했다. 그러나 작품 스토리 구성과 연출 창의성은 상대적으로 수준이 낮았기에 국제적인 경쟁력이 부족했고, 산업 전체적으로도 작품을 통한 비즈니스 모델이 명확하지 않았다. 이 시기 대표작인 〈시양양과 후이타이랑〉 같은 아동용 작품은 일부 인기가 있었으나, 일본이나 미국 애니메이션에 대한 관심도가 여전히 높았다. 당시 중국에서는 애니메이션을 아이들이 보는 만화 콘텐츠 정도로 여기는 경향이 강했고, 산업 전체적으로도 시스템적으로 제작되는 환경이나 내용의 창의적인 개발보다는 외주 제작에 치우쳐 있었다.

2015년에 영유아 중심이던 기존 애니메이션 업계를 반전시킬 계기가 있었는데, 자국 애니메이션 〈대성귀래 서유기大聖歸來 西遊記: 손오공의 귀환〉(이하, 대성귀래)이 개봉하여 약 9억 5,600만 위안에 이르는 흥행 수입을 올렸다. 이는 이전까지 저조했던 애니메이션의 성과를 훌쩍 뛰어넘는 결과로서 자체 제작한 애니메이션 작품도 성공할 수 있음을 보여주었다. 〈대성귀래〉의 성공을 계기로 국만부흥国漫复兴, 즉 자국 오리지널 애니메이션의 부활과 경쟁력 강화를 뜻하는 변화가 시작되었다. 민간 투자자들이 애니메이션을 성장 산업으로 주목했고, 기존에 아동용에 국한되던 소재도 다양한 연령층을 겨냥해 SF·어드벤처 등의 장르로 확장되기 시작했다.

정부 차원에서도 2015년부터 외국 애니메이션의 온라인 유통을 제한하고 사전 심의를 의무화하는 등 규제를 강화하면서, 자국의 제작사들이 활발히 시장에 진입할 수 있는 환경을 조성했다. 이에 따라 중국 내 애니메이션 제작 편수와 투자가 꾸준한 증가세를 보였다. 물론 〈대성귀래〉이후 극장가에 자국 애니메이션 장편이 지속적으로 나왔지만, 여전히 단일 히트작에 산업 성패가 좌우되는 구조였기에 질적인 성장까지 빠르게 연결되기보다는 국만부흥의 본격적인 시발점 정도였다. 하지만 이를 계기로 자국 애니메이션 발전의 방향성은 마련한 셈이다.

웹툰/웹소설 IP 활용과 OTT 플랫폼의 성장

중국 애니메이션 산업의 또 다른 변화는 웹툰·웹소설 IP의 애니메이션화와 OTT 플랫폼의 부상이었다. 2010년대 후반부터 텐센트, 아이치이

iQIYI, 빌리빌리Bilibili 같은 대형 온라인 동영상 플랫폼이 성장하면서, 이들은 자체 경쟁력을 확보하고자 인기 온라인 소설이나 웹툰을 원작으로 한 애니메이션 제작 투자를 확대했다. 예를 들어 텐센트는 자사 온라인 문학 플랫폼의 인기 소설을 애니메이션 시리즈로 만들어 연달아 선보였는데, 〈투라대륙斗罗大陆〉, 〈투파창궁斗破苍穹〉 등 무협·판타지 소설을 원작으로 하는 작품이 대표적이다. 이러한 웹툰/웹소설 기반 애니메이션은 많은 구독자를 보유한 플랫폼 덕에 빠르게 팬층을 확대해나갔고 흥행 콘텐츠로 자리 잡았다. 따라서 중국 OTT 기업들은 기존 방식이던 해외 애니메이션 수입 방영에서 벗어나 자국 콘텐츠를 활용해 콘텐츠를 다양하게 확장할 수 있었다.

단적인 사례로 2025년 1분기 기준 아이치이, 텐센트비디오Tencent Video, 유쿠Youku, 빌리빌리 등 주요 온라인 플랫폼의 신규 방영 애니메이션 중 중국 애니메이션이 절반 이상을 차지했다. 이는 불과 몇 년 전보다 자국 콘텐츠 비율이 매우 높아진 것이며, OTT가 중국 애니메이션 성장의 중요 요인으로 부상했음을 보여준다. 특히 빌리빌리는 기존 일본 애니메이션 커뮤니티로 성장했는데도 최근 자국 애니메이션 비율을 꾸준히 확대해 자사 플랫폼에 다양한 애니메이션 작품을 선보이고 있다.

부가적으로 중국 애니메이션 산업의 발전에는 정부의 지원도 큰 몫을 차지한다. 중앙과 지방 정부는 세제 혜택, 보조금, 인력 양성 등으로 애니메이션 제작을 장려했고 현재까지 지속되고 있다. 예를 들어 항저우는 최근 2억 위안 규모로 애니메이션 기금을 마련하는 등 적극적인 지원 방안을 펼치고 있다. 이는 외주 중심이던 애니메이션 제작사가 자체 작품으로 비즈니스 모델을 변화하려면 가장 힘든 난관인 재정 부문에서 정부가 도움을 주는 것이므로 산업에서 매우 큰 경쟁력이라 할 수 있다.

한편 중국 정부는 콘텐츠를 지원하는 동시에 심의에서 제작 방향을 통제하기도 했다. 바로 폭력성이나 정치적 민감 이슈 기준을 설정하여 제작 범위를 제한하는 부작용을 낳기도 했다. 2019년 이후 국가광전총국의 온라인 영상물 판호(배급허가)를 받도록 규제가 강화되어 모든 웹 애니메이션이 정식 유통 전에 심의를 거치게 되었다. 물론 심의 단계에서 해외 애니메이션 수입을 제한함으로써 자국 기업과 내수 시장을 보호하는 효과도 있었지만, 일부 창작자에게는 IP 개발과 연출효과에 제약으로 작용했기에 부정적 효과도 분명히 존재했다. 특히 웹툰/웹소설을 기반으로 새로운 콘텐츠가 생산되는 현시점에서는 장르의 다양성을 정부 차원에서 막는 것이므로 해외 협업이나 콘텐츠 자체의 수출 가능성을 가로막는 부작용도 무시할 수 없다.

이처럼 정부 정책은 중국 애니메이션 산업에서 양날을 가진 검이다. 지원 측면에서는 재정적인 도움으로 산업의 규모를 키우면서 자체 콘텐츠를 육성하는 기반을 마련했지만, 규제 측면에서는 창작자의 표현 자유에 제약을 가했다. 결과적으로 2020년대 중반에 이른 지금 중국 애니메이션 산업은 양적 성장과 질적 도약의 기로에 서 있다. 산업 규모는 지속적으로 성장하고 있으며, AI 등 신기술 도입으로 제작 효율과 품질도 향상되고 있다. 다만 한편으로는 정책의 영향으로 애국주의나 전통문화를 중심으로 하는 특정 소재 쏠림 현상이 나타나고, 자유로운 창작 환경에는 한계가 있다는 평가도 존재한다.

2장
주요 변곡점과
대표 사례

주요 변곡점이 되는 작품: 〈대성귀래〉, 〈나타지마동강세〉, 〈강자아〉

2015년 여름에 개봉한 〈대성귀래〉는 중국 애니메이션 산업의 흐름을 바꿔놓은 작품으로 꼽힌다. 잘 알려진 손오공 이야기를 3D 애니메이션으로 재해석한 이 영화는 9억 5,000만 위안이 넘는 흥행 수입을 올리며 당시 자국 애니메이션의 최고 기록을 갈아치웠다. 불과 몇 해 전까지만 해도 자국 애니메이션 영화의 매출이 수천만 위안 수준이었던 점과 비교하면 이 성과는 산업의 체급 자체가 달라졌음을 보여준다. 그리고 2009년 〈시양양과 후이타이랑〉 극장판 이후 활기를 찾지 못하고 있던 애니메이션 산업을 다시 되살렸다는 점에서도 상징적인 의미가 크다.

물론 흥행의 배경에는 이유가 있었다. 자국민에게 친숙한 고전 중 하나인 서유기를 소재로 삼았기에 거부감 없이 받아들였고, 현대적인 시각효과를 더해서 새로움을 불어넣었다. 이런 조합은 중국 애니메이션도 충분히 상업적으로 성공을 거둘 수 있다는 가능성을 증명했고, 이후 애니메

대성귀래 서유기(손오공의 귀환)

이션 업계로 새로운 창작 인력과 민간 투자까지 흘러들어오는 계기가 되었다. 그리고 〈대성귀래〉의 성공은 일회성에 그치지 않았다. 이후 2010년대 후반까지 여러 제작사에서 신화와 고전소설을 바탕으로 대작 애니메이션 기획에 나섰고, 정부 역시 '애니메이션 산업발전 3개년 계획' 같은 지원책을 제시하면서 산업 육성에 속도를 높였다. 결국 이 작품은 하나의 흥행작을 넘어 중국 애니메이션이 어떤 길을 가야 하는지를 결정하는 전환점이었다고 할 수 있다.

2019년 여름에 개봉한 〈나타지마동강세哪吒之魔童降世〉는 중국 애니메이션의 위상을 한 단계 끌어올린 대표작으로 평가된다. 이 작품은 중국 박스오피스에서 무려 50억 3,000만 위안을 돌파하며 자국 애니메이션 영화 가운데 역대 최고 성적을 달성했다. 더 나아가 전체 영화 흥행 순위에서도 2위에 오르며 애니메이션 장르가 본격적인 주류 산업으로 자리매김할 수 있음을 보여주었다. 〈나타지마동강세〉의 성공은 중국 애니메이션 시장에 두 가지 중요한 변화를 가져왔다.

첫째, 대기업의 애니메이션 투자 활성화이다. 이전까지는 대형 제작사들이 애니메이션에 비교적 소극적이었으나, 애니메이션이어도 작품이 흥행하면 주요 사업모델 중 하나로 만들 수 있다는 인식전환의 계기가 되었다. 둘째, IPIntellectual Property, 지식재산 확장 전략이다. 〈나타지마동강세〉는 향후 중국 신화에 기반한 애니메틱 유니버스 구상의 출발점이 되었다는 평가를 받는다. 이는 마블 시네마틱 유니버스처럼 중국형 애니메이션 프랜차이즈의 가능성을 보여준 사례라고 할 수 있다. 더불어 자국의 신화 기반 IP를 활용했기에 생소하지 않아 상대적으로 리스크가 적고 다양한 연령층에게 친근하게 다가갈 수 있다는 효과도 보여주었다.

〈나타지마동강세〉의 폭발적 흥행 이후 중국 애니메이션에 대한 자국 내 투자와 대중의 관심은 매우 높아졌다. 이전까지는 흥행 측면에서 안전판으로 여겨지던 해외 애니메이션 수입 위주 전략에서 이제는 자국 애니메이션도 성공할 수 있으며 사업적으로 좋은 수익모델이 될 수 있다는 분위기로 바뀌었다. 또 이 영화는 해외에서도 관심을 받아 북미 등지에서 상영되면서 중국 애니메이션의 글로벌 인지도를 높이기도 했다. 애니메이션 관련 굿즈도 유행하면서 〈나타지마동강세〉 캐릭터 상품의 매출이 급증하는 등 관련 라이선싱 수익도 크게 상승했다. 〈나타지마동강세〉는 중국 애니메이션 르네상스의 정점을 찍은 작품으로 기록되고 있다.

2019년 〈나타지마동강세〉의 신화적 성공에 힘입어 이듬해인 2020년 국경절 연휴에는 〈강자아姜子牙〉가 개봉했다. 이 작품은 〈나타지마동강세〉 제작진이 기획한 신화 시리즈 두 번째 작품인데, 중국 고대 신화 속 인물인 강자아의 이야기를 그렸다. 코로나19 팬데믹이라는 매우 부정적인 환

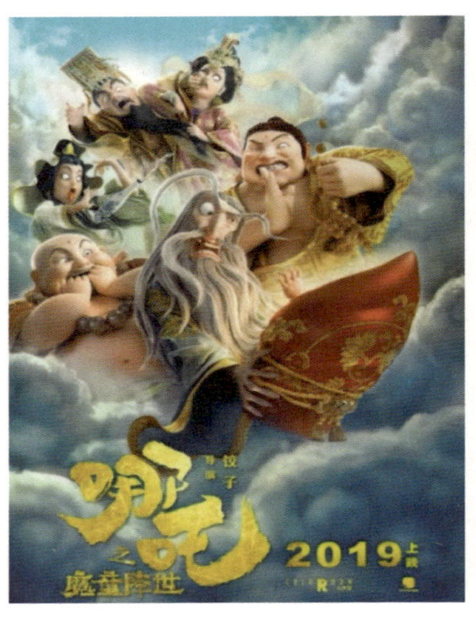

나타지마동강세

강자아

경 속에서도 〈강자아〉는 개봉 직후 박스오피스 1위를 차지하며 최종 16억 위안의 흥행 수입을 기록했다. 비록 〈나타지마동강세〉만큼의 성공까지는 아니었지만, 당시 침체된 극장가를 고려했을 때는 매우 선전한 작품이다. 이로써 중국 애니메이션이 일시적 유행이 아니라 지속가능한 콘텐츠인 동시에 프랜차이즈화할 수도 있음을 보여주었다.

〈강자아〉의 또 다른 의미는 단순한 흥행 이상으로 중국식 세계관 확장 전략이 본격화할 수 있게 되었다는 점이다. 〈나타지마동강세〉와 세계관을 공유하는 설정을 보여주며 관객에게 일종의 시리즈물에 대한 기대감을 심어주었다. 이후 제작사 측은 〈봉신연의封神演义〉, 〈침향여설沉香如屑〉, 〈신신방: 양전新神榜: 杨戬〉 등의 계획을 공개하면서 중국 신화를 기반으로 한 프로젝트를 연속적으로 발표했다. 이러한 시리즈 전략은 관객에게 자국 애니메이션을 하나의 브랜드로 인식하게 만드는 효과를 가져왔다.

물론 〈강자아〉가 모든 측면에서 성공적인 결과만 가져온 것은 아니었다. 이야기의 완성도와 관객 평가지수에서 부정적인 평가도 있었다. 〈나타지마동강세〉와 비교해서 상대적으로 스토리가 어렵고 무거웠기 때문에 영유아층 관객 동원력이 떨어졌다. 그리고 애니메이션 산업 전체로 확대해보면 대작 몇 편만 흥행하면서 블록버스터급 프로젝트 위주로 제작이 편중되는 현상도 나타났다. 또 〈강자아〉는 애국, 인연 중시 등의 메시지를 담으려 노력했는데, 이러한 부분에서 정책적 영향이 묻어나면서 이후 다수의 작품에서 공통적으로 적용되는 특징으로 자리 잡게 되었다. 하지만 두 작품의 연속적인 성공은 중국 애니메이션의 또 다른 큰 변곡점이 되었다.

인디/창작자형 성공 사례의 등장과 OTT 플랫폼의 IP 투자 확대

대형 제작사와 정부의 지원을 바탕으로 자국 신화 세계관을 모티브로 한 대규모 애니메이션뿐 아니라 독립 창작자나 소규모 스튜디오가 제작한 참신한 애니메이션이 성공을 거두는 사례도 2018년 전후로 모습을 나타냈다. 대표적으로 〈나소흑전기罗小黑战记〉, 〈자객 오육칠刺客伍六七〉, 〈시광대리인时光代理人〉 등이 있으며, 창작자 주도형 작품은 상업적인 대규모 작품과 방향성이 다르면서도 자체 팬덤을 형성하고 산업의 지형을 다변화시켰다는 점에서 의미가 있다.

세부적으로 살펴보면 〈나소흑전기〉는 원래 인터넷에 연재되던 짧은 플래시 애니메이션에서 출발했다. 주인공인 검은 고양이 요괴를 중심으로 그려낸 독특한 세계관과 귀여운 작화가 온라인에서 마니아층을 형성했고, 2019년에는 독립 영화로 제작되어 3억 위안이 넘는 수익을 거두었다. 이 작품은 프랑스 안시 국제애니메이션영화제 경쟁부문에 초청되며 작품성까지 인정받았고, 이후 속편 제작과 IP의 확장이 추진되고 있다.

〈자객 오육칠〉은 2018년부터 빌리빌리에서 공개된 코믹 액션 애니메이션이다. 미용사로 위장한 허당 암살자를 중심으로 유쾌하게 이야기를 풀어낸 이 작품은 중국 내에서 인기를 끌었을 뿐 아니라 2020년에는 넷플릭스Netflix가 전 세계 배급을 맡으면서 해외 시청자에게도 알려졌다. 이는 중국 오리지널 애니메이션이 글로벌 플랫폼과 협업한 대표 사례이며, 이후 유사한 비즈니스 모델이 확산할 수 있음을 보여주었다. 현재는 시즌4까지 제작이 이어지면서 해외 팬덤도 확보했다.

〈시광대리인〉은 2021년 공개된 SF 미스터리물이며, 의뢰인의 과거로 들어가 문제를 해결하는 두 주인공의 시간여행 이야기를 다룬다. 크런치롤Crunchyroll을 통해 전 세계에 방영되었고 일본에서는 실사 드라마로 제작되는 등 다양한 형태로 IP가 확장되고 있다.

이러한 작품들의 공통점은 기존 대형 기획물에서 보기 힘든 창의적인 설정, 매력적인 캐릭터, 창작자의 뚜렷한 개성이 살아 있다는 점이다. 대기업이나 정부 주도의 기획이 아닌 만큼 상대적으로 자유롭게 연출할 수 있었고, 특정 신화나 전통에 묶이지 않은 폭넓은 소재 선택이 돋보였다. 동시에 빌리빌리 같은 OTT 플랫폼의 성장도 이들의 성공을 뒷받침했다. 플랫폼이 초기 투자와 유통을 함께 지원하면서 소규모 제작사도 대형 플랫폼을 활용할 수 있게 된 덕분에 중국 애니메이션은 한층 다양한 장르와 스타일을 갖추게 되었다. 관객 역시 자국의 애니메이션을 하나의 장르로 한정하기보다는 더 폭넓은 선택지로 즐길 환경이 마련되었다.

중국 애니메이션 산업의 변곡점에서 빼놓을 수 없는 요소는 OTT 플랫폼의 오리지널 애니메이션 투자 확대이다. 2010년대 후반부터 빌리빌리, 텐센트비디오, 아이치이 등의 플랫폼은 자체 제작 애니메이션이나 독점 공개 작품에 투자하기 시작했다. 특히 빌리빌리는 국창国创이라 불리는 자사 오리지널 애니메이션 브랜드를 마련하여 젊은 창작자들을 지원하고, 매년 신규 애니메이션 프로젝트 수십 편을 발표하고 있다. 빌리빌리는 이러한 방식으로 자체 IP를 육성해 플랫폼 생태계를 강화하려는 전략에 따라 공격적인 투자를 지속하고 있다. 텐센트비디오 역시 광범위한 IP 생태계 구축 전략의 일환으로 애니메이션 제작을 강화하고 있다. 텐센트는 자사가 보유한 인기 IP를 애니메이션으로 제작하고, 나아가 그것을 실사 드라마, 게임, 굿즈로 확장하는 콘텐츠의 OSMUOne Source Multi Use를 구축하고 있다.

지금의 OTT 플랫폼들은 단순히 애니메이션을 전달하는 통로에 그치지 않는다. 이제는 직접 IP를 발굴하고 키워내는 제작자 역할도 하고 있다. 실제로 2025년 1분기 통계를 보면, 중국 주요 플랫폼이 새롭게 선보인 애니메이션 가운데 절반 이상이 자체 제작이거나 독점 계약으로 선보이는 작품들이다. 과거처럼 해외에서 판권을 들여와 편성하던 방식과는 확연히 달라졌다. 특히 플랫폼들이 오리지널 IP에 투자하면서 성공작을 연속적으로 만들어내고, 동시에 북미의 크런치롤이나 일본의 후지TV 같은 해외 파트너와 협업을 진행하는 사례도 늘고 있다. 이런 흐름은 중국 애니메이션이 더는 내수 시장에만 머무르지 않고 글로벌 무대에서도 입지를 넓힐 수 있다는 가능성을 보여준다.

3장
현재 중국 애니메이션의 특징

전통문화와 신화를 활용한 IP와 정책 주도 제작의 딜레마

중국 애니메이션 산업은 작품 수와 시장 규모 면에서 계속해서 성장하고 있지만, 그 안을 들여다보면 크게 두 가지 흐름으로 나뉜다. 하나는 정부 정책의 기조 아래 진행되는 애니메이션이고, 다른 하나는 창작자 주도형 애니메이션이다. 전자는 교육 목적이나 사회적 메시지를 담는 경우가 많아 영유아 대상 콘텐츠가 주를 이루며, 정부의 지원을 기반으로 제작되는 작품이 많다. 이와 반대로 후자는 웹툰·웹소설 기반 작품이거나 독립 창작자의 아이디어에서 출발한 작품이 많다. 이는 시장 수요와 개별 창작자의 역량에 따라 만들어지기에 더 자유로운 실험과 다양성을 보여 준다.

당연하겠지만 작품 수에서는 정책형이 우세하지만 매출 실적이나 팬덤의 지속성 측면에서는 창작자형이 주도하고 있다. 예를 들어 매년 제작·심의 허가를 받는 중국 애니메이션 편수 중 상당수가 아동용 및 교육용 콘텐츠이다. 2025년 1분기만 하더라도 정부에서 승인받은 자국 애니메이션 중에는 어린이 만화영화나 동화 소재 작품이 다수였다. 반면에 소비자의 니즈를 파악하고 제작된 창작자형 작품은 제작 수는 적지만 높은 조회 수와 라이선스 매출을 올려 수익이 높아 다양한 비즈니스 모델을 만들어내고 있다. 실제로 2025년 1분기 기준 온라인 플랫폼에서 중국 애니메이션 상위 20위 작품의 87%가 웹툰·웹소설을 원작으로 한 창작자형 작품이다. 이는 중국 내에서도 이제 소비자의 니즈를 아는 창작자형 작품만 성공적인 수익을 만들어낼 수 있음을 의미한다.

사실 이는 중국만의 현상이 아니지만, 업계에서 중요한 변곡점을 지나고 있는 중국 애니메이션이 앞으로 해결해야 할 중요한 과제이다. 반드시 창작자형 제작이 정답이라고 할 수도 없다. 정부 지원으로 제작되는 영유아 대상 작품은 다수의 제작사에 재정적인 기회를 제공해준다. 물론 비효율적 자원 배분이라는 부작용이 있지만, 중요 변곡점 이후로 블록버스터급 작품 위주로 쏠림 현상이 나타나는 상황에서 제작사들에게 쉼표를 제공해줄 수 있는 채널도 중요하기 때문이다. 반대로 가능성이 높은 IP를 활용한 작품은 소비자와 호흡을 맞출 수 있고 성공하면 큰 수익을 창출하지만 흥행 실패 시 리스크도 크다. 이는 결국 정부의 영향에서는 자유롭지만 자본력을 갖춘 대형 OTT 플랫폼에 종속되는 한계점을 노출할 가능성도 존재한다.

따라서 현재 중국 애니메이션 업계는 정책형 작품의 품질 개선과 창작자형 작품에 대한 지속 투자 사이에서 균형점을 찾고 있다. 애니메이션 소비층의 중심이 유아동에서 청년층 이상으로 이동하고 있다는 현재의 수요에 따라 향후 창작자형 콘텐츠가 시장을 주도할 것으로 전망되지만,

영유아층의 애니메이션 저변을 확대하고 제작사들에게 기회를 제공하는 부분도 간과할 수 없기 때문이다.

중국 애니메이션의 또 다른 특징은 중국 고유의 전통문화와 신화 세계관을 적극적으로 활용한다는 점이다. 실제로 국풍国风이라는 중국풍 미학을 중심으로 하는 작품이 다수 등장하여 인기를 끌고 있다. 예를 들어 〈붉은 신화: 나타〉, 〈강자아〉, 〈백사: 연기白蛇: 缘起〉 등 중국 신화나 고전 설화를 모티브로 한 애니메이션이 연이어 제작되었고 실제로 흥행 결과도 좋았다. 이러한 작품들은 중국 관객에게 기본적으로 매우 친숙하고 익숙함을 바탕으로 화려한 동양적 작화까지 결합되면서 시각적 만족감과 문화적 우월감까지 자극할 수 있다.

또 국풍 애니메이션은 정부의 문화 정책 기조와도 맥을 같이한다. 중국 정부는 문화강국 건설을 목표로 전통문화 계승을 강조해왔으며, 이러한 분위기에 맞춰서 애니메이션 분야에서도 중국적 가치관과 철학을 담은 콘텐츠를 적극적으로 장려하고 있다. 이에 따라 애국주의의 핵심 가치를 담은 애니메이션이 제작 지원에서 유리한 위치를 차지하기도 한다. 또 다수의 창작자형 애니메이션도 미묘하게 애국적인 메시지를 포함하거나 중국의 소프트파워를 드러내는 연출을 시도하고 있다.

물론 애국주의를 표방한 국풍 일변도의 소재 쏠림에 대한 우려도 존재한다. 대다수 작품이 비슷한 신화 중심의 판타지 표현을 반복하면서 획일화된 콘텐츠가 반복될 수 있다는 지적이다. 실제로 2024~2025년 사이 제작된 중국 애니메이션의 60% 이상이 도교적 메시지가 담긴 판타지 장르에 집중되었으며, 이러한 경향은 계속 증가하고 있다. 중국만의 고유 장르라고도 할 수 있기 때문에 자국 내 팬층을 확보하기에 유리하고, 해외에서도 독특한 매력으로 다가갈 수는 있지만 다양한 장르의 성장을 방해할 수 있다는 점은 분명하다.

　현재 중국 애니메이션의 특징은 정책형으로 제작된 작품뿐만 아니라 플랫폼 기업들이 주도하는 작품에서도 중국풍 소재를 활용하고 있다. 이는 문화적 정체성을 확립하는 정부의 목적에 부합하면서 내수 흥행이라는 두 마리 토끼를 잡을 수 있는 방법이기에 한동안 지속될 가능성이 있다. 하지만 장기적으로는 SF, 일상물, 코미디 등 다양한 장르에서 참신한 중국 애니메이션이 등장해야만 궁극적으로 콘텐츠 고유의 장점을 발휘할 수 있고 국풍주의 콘텐츠도 하나의 카테고리로 자리 잡으며 건강하게 유지될 수 있을 것이다.

OTT와 머천다이징의 결합 및 글로벌 시장 진출

　OTT 플랫폼의 성장은 애니메이션 시청 채널의 다변화에 그치지 않고, 머천다이징과 커머스 모델의 혁신으로 이어지고 있다. 중국의 주요 스트리밍 플랫폼들은 이제 인기 애니메이션 IP를 활용한 굿즈 판매, 전자상거래, 오프라인 이벤트 등을 적극적으로 결합하고 있다. 그 결과 애니메이션은 단순히 영상 콘텐츠 중 하나의 카테고리에만 머무르지 않고 소비재의 영역으로 확장되고 있다.

　우선 굿즈 시장의 성장이 주목받고 있다. 2025년 1분기 기준 중국 서브컬처 시장에서 IP 파생 콘텐츠의 매출 비율은 58%까지 올라왔으며, 이 중에서 피규어·완구·의류 등 굿즈 경제가 핵심이다. 특히 중국의 소비시장에는 얼츠위안二次元이라는 세부 카테고리가 있다. 얼츠위안은 문자 그대로 '2차원'을 의미하며 초기에는 애니메이션, 만화, 게임 등 2D 미디어

콘텐츠를 지칭했다. 하지만 최근에는 이 콘텐츠 소비를 뛰어넘어 성우, 팬픽, 코스프레 등 광범위한 하위 문화와 라이프스타일을 포함하는 개념으로 진화했다. 단적인 사례로 애니메이션은 아니지만 2025년 전 세계적으로 큰 흥행을 안겨준 '라부부' 캐릭터에서도 알 수 있듯이 캐릭터를 활용한 머천다이징 사업은 이미 수익성이 증명되었다. 따라서 인기 애니메이션이 제작되면 캐릭터 상품, 한정판 굿즈 등이 연속적으로 출시되어 팬들의 구매를 이끌어내는 공식이 현재의 중국에는 마련되어 있다.

OTT 플랫폼들은 이러한 굿즈 판매를 플랫폼 생태계와 긴밀하게 연결하고 있다. 예를 들어 아이치이는 자사 인기 애니메이션 캐릭터를 활용해 피규어를 자사 쇼핑몰에서 판매하고 테마 카페를 운영하는 한편, 테마파크 사업 계획까지 발표하며 IP 기반 전자상거래와 오프라인 소비 확대 전략을 추진해왔다. 텐센트 역시 자사 IP를 중심으로 오프라인 전시와 굿즈숍을 열고, 애니메이션을 포함한 콘텐츠 기반 상업 공간을 만들어가고 있다. 빌리빌리는 한발 더 나아가 플랫폼 내 크라우드펀딩으로 인기 크리에이터들이 애니메이션 굿즈를 직접 제작·판매하도록 지원한다. 팬들이 원하는 상품 아이디어를 제안하고 일정 수량 이상 예약이 모이면 실제 제작에 들어가는 방식이다. 이런 구조는 소비자가 단순한 구매자가 아니라 제작 과정에 참여하는 경험을 제공하여 결과적으로는 더 강한 충성도를 이끌어낸다.

이처럼 OTT 플랫폼과 전자상거래의 융합은 중국 애니메이션 산업의 수익구조를 다변화하고 있다. 이제 흥행 애니메이션을 통해 기본 스트리밍 구독 수익부터 광고, 라이선싱, 굿즈 판매, 테마 이벤트까지 복합적으로 매출이 확장한다. 이러한 머천다이징 결합 전략은 일본이 오랜 기간 애니메이션으로 구축해온 OSMU 모델을 중국이 빠른 속도로 따라잡고 있는 현상으로 보인다. 앞으로도 OTT 플랫폼의 커머스 결합은 더욱 가속도가 붙을 전망이다. 특히 실시간 전자상거래(라이브 커머스)와 애니메이션 IP를 연계해 방영 중 등장한 아이템을 즉시 구매할 수 있게 하는 등의 새로운 시도도 논의되고 있다. 중국은 애니메이션 산업에서 콘텐츠-커머스 융합 모델의 성공적인 사례를 지속적으로 보여줄 가능성이 높다.

최근 몇 년간 중국 애니메이션은 글로벌 시장에도 서서히 진출하여 영향력을 확대하고 있다. 과거에는 일부 작품이 해외 영화제에 초청되거나 관련 작품이 수출되는 정도였다면, 이제는 글로벌 스트리밍 플랫폼에서 중국 애니메이션을 찾아볼 수 있는 시대가 되었다. 앞서 소개한 〈자객 오육칠〉의 넷플릭스 진출이 그 신호탄이었다면, 이후 다양한 중국 애니메이션 작품이 넷플릭스, 크런치롤, 유튜브YouTube 등을 통해 전 세계에 공개되고 있다. 대표적으로 〈천관사복Heaven Official's Blessing〉과 〈시광대리인〉이 있다.

〈천관사복〉은 동명의 인기 웹소설을 원작으로 한 2D 판타지 애니메이션이며, 2020년 퍼니메이션Funimation(현재 크런치롤)에서 동시방영되었다. 〈시광대리인〉 역시 크런치롤이 2021년 단독 스트리밍하면서 영어 더빙까지 제작되었다. 이러한 사례는 중국 애니메이션의 글로벌 유통이 단발적 이벤트가 아니라 지속적인 확장 방향으로 자리 잡을 가능성을 보여준다. 또 중국 플랫폼 자체의 해외 진출을 통한 콘텐츠 확산도 활발하다. 빌리빌리는 2020년대 들어 일본, 동남아 등에 투자를 늘리며 자사 제작 애니메이션을 해외에 동시 공개하고 있다. 빌리빌리는 일본의 애니플렉스와 오리지널 작품인 〈To Be Hero X투비히어로 X〉를 공동제작했고, 싱가포르

미디어코프와 파트너십을 맺고 자사의 제작 작품을 동남아 플랫폼에도 공급하는 성과를 만들어냈다. 이러한 플랫폼 주도의 수출은 이전까지 개별 작품이 해외에 판매되는 방식을 뛰어넘어 중국 콘텐츠 플랫폼이 글로벌 시장으로 확산하는 방향으로 확장되고 있다.

물론 글로벌 시장에서 중국 애니메이션이 차지하는 비중은 아직 미미하다. 전 세계적으로 영향력이 높은 일본이나 미국의 애니메이션과 비교하면 갈 길이 멀지만, 그래도 중국에 경쟁력 있는 애니메이션이 있고 글로벌로 확장하고 있다는 인식은 확대되고 있다. 특히 중화권과 동남아 시장에서는 중국 애니메이션이 문화의 유사성을 바탕으로 빠르게 침투하고 있다. 영미권 시장에서도 독특한 소재와 작화를 무기 삼아 서서히 영역을 확대하는 전략을 진행하고 있다.

4장
산업·기술·글로벌 전략에 대한 전망

향후 전망은 크게 산업, 기술, 글로벌 전략으로 구분해 제시할 수 있다.

산업 전반적으로 중국 애니메이션의 작품 수는 계속 늘어나는 한편, 수익은 소수의 인기 IP에 집중되는 상반된 흐름을 보일 것으로 예상된다. 우선 양적 측면에서는 성장이 뚜렷하다. 정부의 지원과 OTT 플랫폼의 수요 확대가 맞물리면서 연간 제작 작품 수는 꾸준히 증가할 것이다. 실제로 2025년 1분기에만 자국 애니메이션 161편이 허가를 받았다. 기존 스타일의 애니메이션, 중단편 애니메이션, 웹툰을 원작으로 한 쇼트폼 시리즈까지 다양한 장르가 동반 성장하고 있다. 예컨대 더우인에서는 2025년 상반기 애니메이션 미니시리즈가 600% 이상 증가하는 등 폭발적인 성장세를 보였다. 이처럼 최소한 양적으로는 성장이 이어질 것으로 보인다.

반면에 매출 구조는 여전히 소수의 특정 흥행작이나 인기 IP에 더 집중될 가능성이 높다. 이미 산업 수익의 상당 부분이 소수의 대표작에 의존하고 있으며, 2025년 초 개봉한 〈나타2〉의 초대형 흥행은 이 집중 현상을 더욱 심화시킬 것으로 예상된다. 업계에서는 이 같은 구조가 당분간 이어질 것으로 보고 있다. 소규모 제작사나 인디 스튜디오가 독창적인 작품으로 주목받는 사례가 늘고 있지만, 여전히 투자는 대형 프랜차이즈 프로젝트에 쏠리고 있어서 양극화 현상이 쉽게 해소되기는 어려운 상황이다.

이런 환경에서 정부는 산업 전반의 체질을 개선하고자 제도적 장치를 마련할 가능성이 크다. 보조금 지급 방식을 완성도 검증 이후로 바꾸거나, 대형 플랫폼이 중소 제작사의 신작을 홍보할 때 선제적으로 지원하는 정책 등이 논의될 수 있다. 또 해외 시장 공략 역시 해결책이 될 수 있다. 중국에서 크게 주목받지 못한 작품이라도 해외 틈새시장을 노릴 수 있고, 최근의 넷플릭스나 크런치롤과 협업 사례처럼 제작 단계부터 해외를 겨냥한 작품에 개별적으로 맞춤형 지원을 할 가능성이 있다. 결국 애니메이션 산업은 양적 성장은 지속되지만, 매출 집중도를 완화하고 균형을 찾으려는 시도를 병행해야 하는 과제를 안고 있다.

기술적으로는 AI와 데이터 활용이 앞으로 중국 애니메이션 제작 방식에 큰 변화를 가져올 것이다. 특히 AI와 빅데이터의 적용은 2026년까지 산업 전반의 핵심 트렌드로 자리 잡을 것이다. 이미 중국 정부에서도 정책적인 지원 등 IP 수준 상승과 AI 인프라 강화의 필요성을 강조했고, 애니메이션 업계 역시 AI 도입을 서두르고 있다. 즉 AI는 추상적인 개념에 머무르지 않고 현실적인 제작 과정에 빠르게 적용되고 있다. 단순 반복이 많은 작화 보조, 모션 캡처, 인물 표정 합성, 자연현상의 배경 처리 같은 영역은 AI가 효율적으로 대체할 수 있다. 예를 들어 AI를 통해 자동 중간 프레임을 생성하거나, 배경 채색 등을 보조하는 방식이다.

데이터 기반 기획도 중요해지고 있다. 플랫폼이 보유한 방대한 시청

데이터와 패턴을 분석해 어떤 스토리와 캐릭터가 인기를 얻는지 파악한 뒤 작품 기획에 반영하는 방식이다. 실제로 빌리빌리와 텐센트는 댓글, 투표, 검색량 등의 지표를 분석해 어떤 웹툰을 애니메이션으로 제작할지 혹은 파생 작품을 제작할지 등을 결정한다. 이러한 데이터 분석을 기반으로 한 제작은 흥행 성공률을 높이는 데 기여할 수 있다. 나아가 AI가 시나리오 초안을 작성하고 인간 작가가 디테일한 연출을 수정하는 형태로 협업할 수도 있으며, 목소리 합성도 가능할 것으로 예상된다.

가까운 미래의 중국 애니메이션 제작 현장은 일부 공정을 AI가 주도하는 환경이 될 가능성이 높다. 물론 스토리라인과 연출 같은 창의적인 영역은 여전히 인간의 몫이다. 하지만 단순 반복이 요구되는 공정이나 위험한 폭발 장면, 카메라 회전 등의 특수효과를 포함하여 기타 비효율적 과정이 많은 제작 분야에서는 AI가 대체함으로써 효율성을 크게 높일 수 있다. 결국 기술로 할 수 있는 부분을 극대화하면서도 인간만이 줄 수 있는 감동과 서사를 결합하는 것이 중국 애니메이션의 중요한 과제가 될 것이다.

글로벌 확장 측면에서는 정치외교적 상황으로 북미 시장에서 변수가 존재하지만, 더욱 적극적이고 세부적인 전략을 펼칠 것으로 보인다. 이미 일부 작품은 공동제작을 포함하여 글로벌 플랫폼에 동시 공개하는 시도까지 하고 있다. 이런 움직임은 점차 하나의 비즈니스 모델로 자리 잡을 가능성이 크다. 중국의 주요 OTT가 해외에서 자체 서비스를 운영하거나 글로벌 플랫폼과 파트너십을 확장하고 있기 때문에 인기 신작 애니메이션이 본토와 동시에 동남아, 북미, 유럽에 스트리밍되는 풍경은 곧 일상이 될 것이다.

머천다이징 역시 해외로 확장될 여지가 크다. 최근 중국 애니메이션 관련 굿즈는 자국에서만 소비되지 않고 해외 팬을 대상으로 판매되고 있다. 예를 들어 일본에서 열린 애니메이션 행사나 북미 온라인 숍에도 중국 캐릭터 상품 전용 코너가 등장했다. 가까운 미래에는 인기 중국 애니메이션의 글로벌 공식 팬스토어나 해외 완구 기업과 협업한 중국 캐릭터 굿즈의 라인이 나올 수도 있다.

물론 해결해야 할 과제도 많다. 중국 애니메이션 특유의 세계관이나 유머코드가 서구권 관객에게는 낯설 수 있다. 이와 같은 문화 장벽을 극복하려면 좀 더 보편적인 정서를 담으면서도 중국 특유의 개성을 잃지 않는 콘텐츠가 필요하다. 심의와 규제도 걸림돌이다. 중국 심의를 통과한 작품이라도 해외에서는 정치 선전물로 보일 수 있고, 반대로 다양성을 담은 작품은 중국 내 심의를 통과하지 못할 위험이 있다. 글로벌 IP와 브랜드 경쟁력도 해결해야 한다. 일본 애니메이션은 오랜 시간 축적된 글로벌 팬덤과 브랜드 자산을 가지고 있지만 중국 애니메이션은 여전히 신화 IP와 전통 소재 중심 이미지에 묶여 있다. 따라서 다양한 세계관과 캐릭터를 개발해 이러한 고정관념을 넘어서야 한다.

이런 과제에도 불구하고 중국 애니메이션의 글로벌 확장은 피할 수 없는 흐름으로 보인다. 중국 내부에서도 해외시장 성장 니즈가 강하고 정책적인 뒷받침도 이어지고 있다. 특히 높은 심리적 장벽만 해결된다면 글로벌 전략은 빠르게 성공적인 결과를 획득할 수 있을 것이다.

제7부

중국 기업의 '치열함' 문화와 인재 전쟁

불과 몇 년 사이에 한국의 두뇌 유출 문제는 '잠재적 위험'에서 '현실적 위협'으로 빠르게 바뀌고 있다. 국제경영개발원IMD의 국가경쟁력 지표에 따르면, 한국의 두뇌 유출 순위는 2021년 64개국 중 24위에서 2024년 30위로 하락했다. 이는 단순한 순위 변동이 아니라 우수 인재가 국내에 머무르기보다 해외로 향하고 있다는 경고 신호이다. 실제로 매년 1,400명이 넘는 석박사급 고급 인력이 미국 연구 현장에서 일할 기회를 찾아 한국을 떠나고 있다. 이 규모는 중국의 11배, 인도의 7배에 달한다. 또 2020년대 초반부터 최근 5년간 적발된 산업기술 해외 유출 사례는 96건에 이르며, 그중 40%가 반도체 분야와 관련되었다. 인재 이동은 곧 기술 이동이며, 이는 한국이 핵심 산업 경쟁력을 어떻게 지켜낼 것인가를 심각하게 고민해야 한다는 의미이다.

반면에 중국 기업들은 전통적인 채용의 틀을 넘어 미래 산업의 주도권을 쥘 우수 인재 확보에 총력을 기울이고 있다. 중국은 이제 '세계의 공장'을 넘어 AI, 반도체, 바이오테크 등 첨단 분야에서 미국과 어깨를 나란히 하는 기술 선진국으로 부상했다. 이러한 도약 과정에서 중국 기업들은 빠른 실행력, 대규모 투자, 정부의 적극적 개입을 바탕으로 인재 관리를 추진하고 있으며, 특히 다음과 같은 부분에 초점을 맞추고 있다.

- **신규 엔지니어의 신속한 전력화**: 신입 엔지니어의 숙련도 향상은 생산성과 직결되기 때문에 교육 체계 구축과 인재 확보 전략이 제품 품질을 좌우한다.

- **높은 이직률에 대응**: 이직률이 높고 평균 근속연수가 짧은 중국의

노동시장 환경에서는 인재를 오래 붙잡아두는 능력이 기업 경쟁력
의 핵심이다.

- **국제 인재 관리와 기술 보안**: 미·중 기술 패권 경쟁이 심화하는 상
황에서 인사 부서는 글로벌 인재 이동을 조율하고, 핵심 기술 유출
을 방지하는 리스크 관리자 역할까지 수행한다.

이처럼 중국의 인사관리는 기업 경쟁력의 최전선에서 강력한 영향력
을 발휘하고 있다. 중국 기업들은 한국의 제조업 중심 '주 52시간 근무제'
나 연공서열 중심 인사 시스템과는 전혀 다른 메커니즘을 채택하고 있다.
중국 노동법상 주 44시간 근무제가 규정되어 있지만, 실제 제조업과 IT 업
계 현장에서는 장시간 근무가 관행처럼 이어지고 있다. 최근 '996 근무제
(오전 9시~오후 9시, 주 6일 근무)'가 사회적 쟁점으로 떠오르면서, 일과 삶
의 균형을 중시하는 젊은 세대의 요구에 따라 기업들도 과도한 야근 문화
를 줄이려는 변화를 시도하고 있다. 2023년에는 퇴근 후 업무 관련 메신
저 응답도 근로로 인정해야 한다는 법원 판결이 나오면서 근무 환경에 대
한 새로운 기준이 제시되었다.

이러한 변화 흐름에서 중국 시장에 진출하려는 기업과 현지 인사 실
무자들은 중국의 특수성을 깊이 이해하고 철저히 대비해야 한다. 제7부
에서는 중국 인사제도의 고유한 특징과 조직문화, AI 시대의 인재 확보 전
략, 여성 과학 인력 활용 방안, 인재 유지 전략을 폭넓게 살펴보고자 한다.
이로써 일반 직장인부터 경영자와 인사 담당자에 이르기까지 모두에게
의미 있는 통찰을 제공하려 한다.

1장
속도와 혁신이 바꾼 글로벌 판도

중국 인사제도의 특징

중국 노동법의 '근로시간 규정'은 1일 8시간, 주 40시간 근무를 명시하고 있다. 그러나 실제 제조업과 IT 업계 현장에서는 초과근무가 일상화되어 있다. 종합계산근로시간제 등을 통해 법정 근로시간을 탄력적으로 적용하고 있지만, 현장 근로자들은 여전히 과도한 야근에 시달리는 경우가 많다. 한 조사에 따르면 제조업 노동자의 60%가 매일 추가 잔업을 하며 장시간 근무를 이어가고 있었다. 그 결과, 계약서상 근로시간을 훨씬 초과해 일하면서도 정당한 초과근로수당을 받지 못하는 구조적 문제가 발생하고 있다.

한편 업무 환경이 급속히 디지털화되면서 일과 휴식의 경계가 모호해지고, '퇴근 후 업무 단절권(연결 끊김의 권리)' 문제가 새로운 노동 이슈로 부상하고 있다. 이러한 디지털 시대의 변화에 대응해 중국 사법부와 정부도 점차 달라진 태도를 보이기 시작했다.

2021년 8월, 최고인민법원은 인력자원사회보장부와 공동으로 초과근무 관련 분쟁 사례 10건을 공개하며 '996 근무제'가 노동법 위반 소지가 있음을 명확히 했다. 대표적으로 한 택배회사 직원이 996 근무 일정을 거부했다가 해고된 사건에서, 중재기관과 법원은 회사의 조치를 불법으로 판단하고 회사가 직원에게 배상해야 한다고 명령했다. 이는 정부 차원에서 장시간 근로 문화를 개선하려는 의지를 드러낸 사례로서 이후 베이징을 비롯한 지방정부에서는 기업의 근로시간 관리 실태를 점검하고 위법 사례에 대해 시정 명령과 제재를 가하기 시작했다.

2023년 5월에는 베이징 제3중급인민법원이 한 IT기업 직원을 상대로 의미 있는 판결을 내렸다. 해당 직원은 퇴근 후 업무용 메신저에 답하지 않았다는 이유로 불이익을 받자 소송을 제기했으며, 법원은 "근무시간 외 디지털 업무 연락도 실질적인 노동으로 간주해야 한다."라며 회사가 직원에게 연장근로수당 약 3만 위안을 지급해야 한다고 명령했다. 이 판결로 그동안 '보이지 않는 초과근무'로 여겨졌던 행위가 노동으로 공식 인정되었고, 근로자가 근무시간 외에는 업무 연락에 대응하지 않아도 된다는 권리가 법적으로 힘을 얻게 되었다.

이러한 판례를 계기로 중국의 인사 실무자들은 새롭게 제시된 기준을 면밀히 검토하며 합법적인 근무환경 구축과 생산성 확보 간의 균형을 모색해야 하는 과제에 직면했다. 특히 '탕핑躺平, 드러눕기'으로 불리는 젊은 세대의 워라밸 중시 경향이 확산되고, 정부의 노동 환경 개선 압박이 더해지면서 기업들은 과도한 야근 문화에 제동을 걸고 지속가능한 근무 체계를 마련하고자 고심하고 있다.

추월 본능으로 시장을 뒤집은 기업들

최근 몇 년 사이에 중국 기업들은 스마트폰·디스플레이·배터리 같은 전통 제조업 분야는 물론 AI, 핀테크, 엔터테인먼트 등 신산업 영역에서도 놀라운 속도로 성장하며 글로벌 경쟁자들을 위협하고 있다. 쇼트폼 콘텐츠 플랫폼 틱톡의 모기업 바이트댄스는 불과 10여 년 만에 전 세계 소셜미디어 시장의 판도를 뒤바꾸었다. 전기차 배터리 분야에서도 CATL과 BYD가 글로벌 시장의 선두를 달리면서 더는 중국 기업을 과거의 시선으로 볼 수 없음을 입증하고 있다.

중국 기업들의 초고속 성장은 흔히 거대한 내수 시장과 정부의 강력한 지원 덕분이라고 설명되곤 한다. 물론 이러한 요인도 중요하지만, 그 이면에는 속도와 실행력을 중시하는 중국 기업 특유의 조직문화가 자리하고 있다. 중국 기업들은 '빠른 결정-즉각 실행-성과 창출'의 선순환 구조를 만들어내는 데 능하다. 빠른 의사결정과 강한 추진력을 바탕으로 신속하게 실행에 옮기고, 이를 다시 성과로 전환해 다음 도전에 나서는 과정이 반복되면서 조직 전체가 속도 중심 학습 시스템으로 진화해왔다. 이러한 선순환 구조야말로 중국 기업 성장의 핵심 동력이다.

중국 기업 문화를 상징하는 대표적 키워드는 '늑대 정신'과 '전사 문화'이다. 중국 최대 통신장비업체 화웨이의 창업자 런정페이는 늑대가 무리를 지어 협력하면서도 사냥감을 물면 결코 놓지 않는 특성에 착안해 직원들의 행동 양식을 '늑대 정신'이라고 정의했다. 이는 시장 변화를 민첩하게 감지하고 대응하는 기민함, 공동 목표 달성을 위한 협력 팀워크, 목표를 이룰 때까지 결코 포기하지 않는 집요함으로 요약된다. 화웨이 직원들은 반드시 전투에서 승리해야 하는 '전사'로 비유되었으며, 끝까지 팀워크를 유지해야 한다는 신념을 공유했다. 이 문화가 지금의 화웨이를 만든 원동력이다. 그들에게는 개인보다 공동의 목표 달성이 더 중요했고, 오직 결과로 자신의 가치를 증명해야 했다.

이렇듯 중국 기업의 조직문화는 단기간에 강력한 실행력을 발휘한다는 장점을 지닌다. 그러나 치열한 내부 경쟁 속에서 극심한 스트레스를 유발하는 양면성을 갖고 있다. 그런데도 '중국 쇼크'라 불릴 만큼 급성장한 이면에는 바로 이러한 조직문화가 있다. 포기하지 않고 끝까지 버티는 집념과 치열함이 빠른 실행력과 결합되면서 중국 기업들이 다양한 산업에서 세계 시장을 뒤흔드는 원동력이 된 것이다.

데이터가 주도하는 실험 조직, AI 시대의 새로운 속도 경쟁

중국 기업들이 '성과'와 '성장'이라는 두 마리 토끼를 모두 잡을 수 있었던 이유는 크게 네 가지로 요약된다.

첫째, 데이터 기반 의사결정 문화이다.

중국 기업들은 데이터 중심 문화 덕분에 초고속 학습 환경을 구축했고, 그 결과 폭발적인 성장 속도를 낼 수 있었다. 대표적인 사례가 바로 바이트댄스의 A/B 테스트 문화이다. 틱톡은 개발 초기부터 거의 모든 기능을 동시에 실험하고, 사용자 데이터를 기반으로 의사결정을 내리는 일종의 '데이터 독재data dictatorship' 문화를 정착시켰다. 원래 A/B 테스트는 웹사이트 디자인이나 마케팅 문구 등 사용자 인터페이스UI의 효율성을 검증하는 기법이지만, 바이트댄스는 이를 단순한 UI 최적화 수준을 넘어 조직 전체의 의사결정 체계로 확장했다. 새로운 기능이나 알고리즘 아이디어가 제시되면 여러 팀이 동시에 시제품을 만들어 즉시 사용자 테스트에 돌입한다. 이 과정에서 수많은 실패가 발생하지만, 실패를 두려워하지 않는 문화가 함께 자란다. 열 번 실패해도 한두 번 성공하면 이것이 누적되어 결국 혁신으로 이어진다는 믿음이 조직 내에 자리 잡은 것이다.

또 최종 의사결정은 상사의 직감이나 경험이 아니라 데이터 결과에 따라 이루어진다. 데이터로 확인되면 즉시 전사적으로 확대 적용하는 실행력이 뒤따른다. 이처럼 데이터 중심의 신속한 실험과 확장 체계가 중국 기업 속도의 핵심 동력이다. 이러한 문화는 AI 분야로도 확장되고 있다. 2023년, AI 스타트업 딥시크는 설립 2년도 채 지나지 않아 거대언어모델 DeepSeek-V3, R1을 발표하며 글로벌 AI 업계의 주목을 받았다. 창업자 량원펑梁文峰은 '효율 중심의 혁신'을 핵심 가치로 내세웠으며, 실제로 GPU 비용을 최소화하면서도 경쟁력 있는 모델을 만들어냈다. CEO가 직접 코드 리뷰와 기술 토론에 참여하고, 소규모 팀이 자율적으로 실험을 반복하는 연구 중심 문화를 유지하고 있다. 과거 996 근무제로 시간을 투입해 경쟁하던 중국 기업들은 이제 AI 시대의 속도전에서 연산 효율과 알고리즘 속도를 극대화하며 한계에 도전하는 단계로 진화하고 있다.

둘째, 강력한 수직적 명령체계와 전시戰時 리더십이다.

중국 기업의 속도를 지탱하는 또 하나의 축은 강력한 명령체계와 '전시 리더십'이다. 이는 신사업 추진이나 시장 경쟁이 격화되는 상황에 전시에 임하듯 신속하게 움직이는 리더십을 의미한다. 이런 상황에서는 CEO에게 권한이 집중되고, 조직은 작전 지휘하듯 일사불란하게 움직인다. 최고경영진의 신속한 판단과 강력한 지휘가 실행력을 극대화하며 기업 전체가 하나의 전투 조직처럼 움직이게 된다. 군대식 조직 운영으로 유명한 화웨이뿐만 아니라 다수의 중국 기업이 이러한 방식을 채택하고 있다. 이는 '일단 실행하고, 필요하면 나중에 수정한다'는 실용주의 원칙에 기반한다. 평소에는 수평적 협의와 토론이 이루어지지만, 속도가 생명인 핵심 과제에서는 지체 없이 추진하고 사후에 개선하는 '실행 우선주의'가 뿌리내려 있다.

셋째, 내부 경쟁형 프로젝트 시스템이다.

중국 기업들이 조직의 치열함을 극대화하려고 즐겨 쓰는 방식이 바로 내부 경쟁형 프로젝트 시스템이다. 한 프로젝트에 두 개 이상 팀을 투입해 내부 경쟁을 붙이는 이 방식은 냉혹하지만 효과적이다. 흔히 '경마 메커니즘' 혹은 '병렬 경쟁 구조'로 불린다. 대표 사례는 텐센트의 모바일 메신저 위챗이다. 2010년, 텐센트 내부에서 스마트폰 메신저 시장을 선점하고자 기존 QQ 메신저 팀과 광저우의 젊은 엔지니어 장샤오룽张小龙 팀이 동시에 개발 경쟁에 돌입했다. 최종적으로 장샤오룽 팀이 승리하면서 위챗이 출시되었고, CEO 마화텅马化腾은 두 팀의 경쟁을 묵인하며 혁신을 유도했다.

이 시스템의 효과는 두 가지이다. 첫째, 혁신의 가속화이다. 옆에서 경쟁 팀이 함께 뛰고 있다는 사실만으로 조직에 강한 긴장감이 형성되어 창의성과 실행 속도가 극한까지 끌어올려진다. 둘째, 효율적 도태 메커니즘이다. 최고의 결과를 낸 팀은 보상받지만, 그렇지 못한 팀은 과감히 해체되거나 재배치된다. 이러한 경쟁 구조는 조직 전체의 역동성을 높이고, 시장에 최적화된 결과물을 남들보다 빠르게 내놓게 만든다. 텐센트뿐 아니라 바이트댄스와 핀둬둬Pinduoduo 등 중국의 신흥 IT기업들도 이 방식을 전략적으로 활용하고 있다. 다만 승자 독식 구조인 만큼 패배한 팀 구성원들은 심리적 압박과 좌절을 겪기도 한다.

넷째, 철저한 성과주의와 보상 시스템이다.

중국 전자상거래 기업 핀둬둬는 중국식 성과주의 문화를 상징한다. 이 회사는 높은 업무 강도 못지않게 파격적인 보상 체계로 유명하다. 핵심 인재나 개발자는 경쟁사 대비 1.5~2배 수준의 연봉과 스톡옵션을 받으며, 신입사원조차 업계 평균의 1.5배, 경력직은 2배 이상의 연봉을 제시받기도 한다. 일부는 평균의 3~5배에 달하는 보상이 주어지기도 한다. 성과를 내면 연 2회 급여 인상과 파격적인 인센티브가 뒤따른다. 말 그대로 '성과가 있는 곳에 보상이 있다'는 원칙이다. 반면에 퇴출은 냉혹하다. 직원의 생산성과 태도를 평가해 기준에 미달하면 조직을 떠나게 되는 경우도 적지 않다. '공정한 내부 경쟁'이라는 명분 아래 고성과자에게는 파격대우를 제공하고 저성과자는 빠르게 도태시킨다. 이러한 시스템은 긴장감과 위기감을 조직 전반에 퍼뜨리며, 결과적으로 지속적인 성과 압박 속에서 혁신을 자극한다. 다만 이 같은 성과주의는 피로 누적, 사기 저하, 높은 이직률이라는 부작용을 낳기도 한다.

다섯째, 주인의식과 성장 리더십이다.

중국 기업들은 유능한 젊은 인재에게 과감한 기회를 부여하며 주인의식과 조직 로열티를 높이고 있다. 2023년, 알리바바 그룹은 회사를 6개 독립 사업부로 분할하고 각 부문에 젊고 유능한 CEO를 임명했다. 당시 장융张勇 회장은 창업가 정신으로 돌아가자고 강조하며, 의사결정 단계를 줄이고 조직을 민첩하게 만들고자 이 같은 개편을 단행했다. 그는 젊은 CEO에게 사업 전체를 맡기면 월급쟁이가 아니라 경영자로 일하게 된다고 말하며 주인의식의 중요성을 역설했다. 샤오미의 CEO 레이쥔 역시 비슷한 철학을 갖고 있다. 그는 유능한 인재일수록 실패 확률이 높은 프로젝트에 투입해야 성장한다고 말하며 '고통스러운 성장'을 강조한다. 샤오미는 조직 차원의 개입을 최소화해 인재가 스스로 문제를 해결하도록 유도한다. 이렇게 혹독한 과정을 거친 인재야말로 어떤 위기에도 굴복하지 않는 '철군鐵軍'으로 거듭난다는 믿음이다.

2장
치열함의 명암과 인재 전략의 진화

996 번아웃 시대와 젊은 세대가 일깨운 변화의 시도

1990년대 중반, 화웨이는 글로벌 경쟁 속에서 살아남기 위해 모든 역량을 목표 달성에 집중하라는 원칙을 내세웠다. 당시 다국적 기업들이 거들떠보지 않던 아프리카와 중동의 열악한 시장에 직접 진출해 현지를 개척한 화웨이 팀의 사례는 늑대 정신이 만들어낸 상징적 성공담으로 회자된다. 이 경험을 계기로 팀의 성과를 개인의 성취보다 우선시하는 문화가 중국 기업 전반에 확산되었다. '996'이라 불리는 근무 형태는 이러한 가치관이 제도화된 결과물이다. 주 72시간에 해당하는 이 근무 체제는 중국 IT 업계를 중심으로 오랫동안 당연시되어왔다.

알리바바 창업자 마윈马云은 2019년에 한 내부 행사와 웨이보를 통해 "996은 젊은 시절의 축복"이라고 언급해 사회적 논란을 불러일으키기도 했다. 일부 기업은 996을 넘어서는 고강도 근무를 비공식적으로 요구하기도 했다. 경쟁사보다 더 오래 일할수록 앞서나갈 수 있다는 명분 아래 근무 시간을 극한까지 늘리고, 개발 일정을 단축하고자 직원들을 강하게 압박했다. 그와 동시에 '강한 자만 살아남는다'는 메시지를 지속적으로 주입하며 철저한 성과 중심 결과주의 문화를 강조했다.

그러나 2019년 전후로 중국의 Z세대가 이러한 996 문화에 공개적으로 반기를 들기 시작했다. 젊은 세대가 장시간 근무에 반발을 드러내면서 기존 방식의 지속가능성에 의문이 제기되었고, 이른바 '번아웃 경제'라 불릴 만큼 피로 누적 현상이 사회 전반으로 확산되었다. 2021년 등장한 탕핑은 그 상징적 현상이다. '무리하게 경쟁하느니 차라리 드러누워 살겠다'는 의미인데, 조직에 충성하는 것보다 자신의 삶을 우선시하겠다는 젊은 세대의 선언이었다. 이어 2021년 말부터 2022년 초까지는 '바이란^{擺爛, 썩도록 내버려두기}'이 등장했다. 이는 '성과를 내려고 애쓰기보다 최소한의 일만 하겠다'는 태도인데, 조직에 대한 소극적 저항을 드러낸 표현이었다.

한편 이와 비슷한 시기에 핀둬둬에서는 20대 여성 직원이 새벽까지 근무하다가 퇴근 중 사망하는 사건이 발생했다. 이 사건은 중국 사회 전반에 큰 충격을 주었고, 996 근무 문화를 비판하는 여론이 급속히 확산되는 계기가 되었다. 그 결과, 중국 기업들은 강공일변도의 조직문화를 계속 유지할 것인지, 아니면 젊은 세대의 변화된 가치관을 수용할 것인지를 두고 깊은 고민에 빠지게 되었다.

게다가 젊은 세대의 이러한 움직임은 기업들에 '인재 이탈'이라는 부메랑으로 돌아왔다. 특히 창의적 성과와 혁신을 이끌 핵심 인재들이 번아웃 끝에 회사를 떠나거나, 아예 업계를 등지는 사례가 늘어나고 있다. 이는 늑대 정신으로 상징되는 기업 문화가 단기적인 실적 향상에는 효과적일 수 있지만, 장기적으로는 우수 인재를 유지하고 확보하는 데 걸림

중국 조직문화의 변천과 시대별 전환점

돌이 될 수 있음을 보여준다. 결국 중국 기업들은 직원 지원 프로그램EAP, Employee Assistance Program을 도입하는 등 구성원의 심리적 안전과 회복력을 고려하고, 노동 강도와 근무 환경을 체계적으로 관리해야 하는 과제에 직면하게 되었다.

AI 패권 경쟁의 기로: 중국의 인재 역량과 노동시장 유연성 관리 전략

2025년에 등장한 중국 AI 기업 딥시크는 단순한 스타트업의 성공을 넘어, 중국 정부가 오랜 기간 추진해온 과학기술 인재 육성과 해외 인재 유치 정책의 결실을 보여주는 대표 사례이다. 2023년 네이처 인덱스Nature Index의 연구기관 순위에서 중국은 처음으로 미국을 제치고 종합 1위를 차지했으며, 2024년에도 그 위치를 유지했다. 2025년 하반기 전망에서도 중국이 여전히 최상위권을 차지할 것으로 예상된다. 이는 중국이 체계적인 인재 전략과 대규모 연구 투자로 과학기술 경쟁력을 꾸준히 강화해온 결과이다.

미국 실리콘밸리의 주요 AI 연구소를 둘러보면 곳곳에서 중국인 연구자를 쉽게 찾아볼 수 있다. 그만큼 중국 인재들의 존재감이 뚜렷하다. 한 보고서에 따르면, 미국 주요 AI 연구기관 종사자의 38%가 중국 출신이며, 미국 출신(37%)을 소폭 앞선다. 이는 해외로 진출했던 중국 인재들이 다시 귀국하거나 글로벌 네트워크를 통해 중국 기술 발전에 기여하고 있음을 시사한다. 중국은 이처럼 우수 인재를 다시 불러들이기 위해 다양한 정책을 지속적으로 추진해왔다.

그 대표 사례가 2008년에 출범한 천인계획千人计划, Thousand Talents Program이다. 초기에는 해외 화교 출신 과학자 2,000명을 목표로 했으나 이후 외국 국적 전문가까지 대상을 확대했다. 이 프로그램으로 우수 인재에게 정착금 100만 위안, 연구비 300만~500만 위안, 주거 지원, 가족 동반 귀국 항공권 등 파격적인 혜택을 제공했다. 미국 등의 견제로 명칭이 일시적으로 비공개 처리되기도 했으나, 실제로는 '계명성启明星 계획' 등 후속 프로그램으로 이어지고 있다. 그 결과 지난 10여 년 동안 7,000명 이상이 귀국해 중국의 대학, 연구소, 스타트업 생태계 전반에서 혁신을 주도하고 있다.

중국은 국내 인재 육성에도 집중하고 있다. 대학 학부와 대학원에 AI 전공을 신설하고, 초중등 교육과정에도 프로그래밍과 AI 기초 과목을 도입하는 등 장기적 관점에서 미래 인재를 양성하고 있다. 실제로 2024년 기준으로 중국 전역의 500여 개 대학에 AI 관련 전공이 개설되어 있으며, 학생 약 4만 명이 재학 중이다. 같은 시기 한국의 4년제 대학 중 AI 관련 전공을 보유한 대학은 약 76곳에 불과하다. 중국 AI 산업의 폭발적 성장세를 고려하면 여전히 인재 공급이 수요를 따라가지 못하지만, 국가 주도의 인재 육성 시스템이 든든한 기반을 형성하고 있다. 그 덕분에 중국은 첨단 기술 인재의 양적·질적 측면에서 미국과 대등한 수준에 근접했다. 2025년 기준 중국의 연간 대학 졸업생 수는 약 1,222만 명으로 사상 최대치를 기록했다. 이 거대한 인력 풀이야말로 중국 혁신의 저력이다.

반도체 인재 확보 전쟁과 글로벌 스카우트 경쟁

특히 반도체 분야에서 인재 확보 경쟁은 더욱 치열하다. 중국 내 반도체 전문인력은 급증하는 수요에 비해 턱없이 부족한 상황이어서, 정부와 기업 모두 전방위로 전략을 구사하고 있다. 정부 차원에서는 '치밍Qiming 계획' 등 대규모 지원 프로그램을 실시해 향후 5년간 15억 달러 규모로 반도체 인재 풀을 조성했다. 주요 도시들 역시 해외 전문가를 유치하고자 주거 보조금, 자녀 국제학교 학비, 소득세 감면 등 다양한 혜택을 제공하고 있다.

예를 들어 상하이시는 2023년 발표한 '집적회로 인재 유치 20개 조항'을 통해 해외 인재의 영주권 취득 기간을 90일로 단축하고, 취업비자만으로도 첨단 기술 스타트업을 설립할 수 있도록 규제를 완화했다. 이와 동시에 중국 주요 반도체 기업들은 글로벌 스카우트 경쟁에 나섰다. SMIC는 링크드인LinkedIn을 통해 핀펫FinFET 공정 전문가를 모집하며 한화 약 6억

원에 달하는 계약금을 제시했다. 장비 기업 나우라NAURA는 미국 어플라이드 머티어리얼즈Applied Materials 출신 엔지니어에게 연봉 2배를 약속했고, 화훙반도체는 핵심 인력을 위해 '기술 이민 익스프레스 프로그램'을 운영해 90일 내에 취업비자와 거류 허가를 받을 수 있도록 지원했다.

이처럼 파격 조건을 내세운 덕분에 중국행을 선택하는 글로벌 반도체 인재가 빠르게 늘고 있다. 미국 상무부 자료에 따르면, 2022년 한 해에만 미국인 반도체 전문가 2,347명이 중국으로 이주했다. 일부 첨단 설계 및 제조 직무의 경우 중국의 연봉 수준이 미국을 웃도는 사례도 속출하고 있다. 예를 들어, 한 조사에서는 광학 노광 장비 엔지니어의 평균 연봉이 독일에서는 약 9만 5,000유로(약 1억 6,100만 원)인 반면, 중국에서는 21만 달러(약 2억 8,000만 원)로 2배 이상 높았다. 유럽 인재들도 같은 흐름을 보이고 있다. 2023년 한 해 동안 독일의 반도체 전문가 891명이 중국 기업에 합류한 것으로 보고되었다.

중국의 이 같은 글로벌 인재 영입 경쟁은 주변국의 반발을 불러일으키기도 했다. 대표적으로 2022년 대만 법무부는 중국 반도체 기업 기가디바이스GigaDevice, 兆易创新가 홍콩에 세운 위장 법인을 적발해 타이베이 사무소를 압수수색하고, 불법 스카우트 혐의로 수사에 착수했다. 또 LED 칩 제조 기업 산안옵토일렉트로닉스Sanan Optoelectronics, 三安光电 역시 비슷한 이슈로 논란의 중심에 섰다. 대만 LED 업계 1위 에피스타Epistar는 2010년대 자사 직원 100여 명을 중국 기업에 빼앗겼으며, 특히 산안옵토일렉트로닉스는 핵심 인력 10명으로 구성된 팀에게 5억 신대만달러(약 220억 원) 규모의 계약을 제시한 것으로 알려졌다. 이처럼 중국 반도체 기업들의 인재 쟁탈전은 국경을 넘나드는 수준으로 확산되고 있으며, 기술 패권 경쟁의 새로운 전장으로 진화하고 있다.

여성 과학 인력: 잠재된 성장동력의 전략적 활용

STEM(과학·기술·공학·수학) 분야에서 여성 인력이 부족한 현상은 오래된 과제이다. 그러나 이 문제는 단순한 남녀 평등의 이슈를 넘어, 국가 경쟁력의 핵심 전략 과제로 재조명될 필요가 있다. 중국은 전체 과학기술 인력 중 여성 비율이 45% 이상이며, 세계 평균(약 29%)을 크게 웃돈다. 이는 중국이 구축 중인 최첨단 과학기술 인재 풀의 거의 절반을 여성이 차지하고 있음을 뜻한다. 결국 R&D 현장에서 여성 인재의 잠재력을 얼마나 활용하느냐가 국가 혁신력의 성패를 좌우하는 요인이 될 것이다.

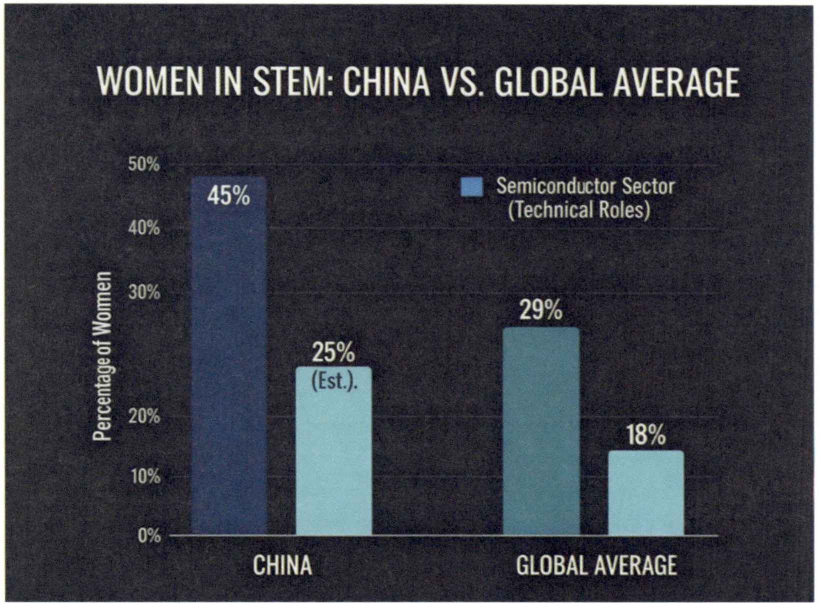

자료: UNESCO(2023~2024), Industry Reports

중국 정부도 이러한 점을 명확히 인식하고 있다. 여학생의 이공계 진학을 적극 장려하는 한편, 기혼 여성 연구자들이 육아 이후에도 연구를 지속하도록 다양한 지원 정책을 추진하고 있다. 일부 지역에서는 육아휴직 후 복귀한 여성 과학자에게 연구 보조 인력을 지원하거나, 대학 및 연구기관에 보육시설 설치를 장려하는 제도를 운영 중이다. 이러한 정책들은 여성 연구자가 연구에 전념할 수 있는 현실적 장벽을 제거하는 데 초점이 맞춰져 있다. 아울러 중국 과학기술계의 연구 문화도 과거와 달리 성과 중심의 기업식 운영 방식을 적극 도입해 빠른 결과 창출을 도모하고 있다. 치열한 경쟁 환경 속에서도 여성에게 동등한 기회를 부여하는 능력주의 문화가 형성되면서, 여성 연구자들은 이제 중국 과학기술 고속 성장의 숨은 원동력으로 부상하고 있다.

그러나 반도체를 비롯한 첨단 산업 분야에서 여성 인력 비율은 여전히 낮은 수준이다. 업계 보고에 따르면, 전 세계 반도체 산업의 여성 근로자 비율은 평균 18%에 불과하다. 여성 과학 인재의 총량은 많지만, 국가 전략 산업인 반도체 분야에서는 잠재력이 충분히 발휘되지 못하고 있는 것이다. 이에 따라 중국 정부와 업계는 여성 과학 인재의 역량을 극대화하고자 다양한 전략을 추진하고 있다. 주요 정책은 다음과 같다.

- **출산 후 복귀 지원**: 출산 후 복귀하는 여성 과학자에게 5만 위안 규모의 연구비 보조금을 지급한다.

- **여성 우대 인재 프로그램**: 국가 차원의 핵심 인재 영입·육성 사업에서 여성 할당제와 가산점 제도를 운영한다. 일정 비율 이상의 여성

참여를 보장하고, 대학 및 연구기관 내 여성 리더십 프로그램을 확대한다.

- **경력단절 방지 지원**: 연구기관에 탄력근무제와 기관 내 어린이집 설치, 육아수당 지원 등을 통해 일·가정 양립을 돕는다.

- **연구비 및 정책 우대**: 국가자연과학기금^{NSFC} 등 연구비 지원 사업에서 여성 연구자의 연령 제한을 완화하고, 연구 기간 연장 및 심사 우선권 부여 제도를 시행한다.

중국은 제도 유연화, 경제적 인센티브, 여성 우대 선발 정책 등을 결합해 여성 과학자의 연구 환경을 직접적으로 개선하고 있다. 이러한 접근 방식은 여성 인재들이 성과 창출에 집중할 수 있는 실질적 토대를 마련한다는 점에서 주목할 만하다.

중국 사례는 우리에게도 중요한 시사점을 남긴다. 인재 확보 경쟁에서 승리하려면 잠재력이 풍부한 여성 인력을 전략적으로 발굴하고 육성하는 것이 무엇보다 중요하다. 과학기술 분야에서 여성의 활발한 참여를 지원하는 일은 단순한 사회적 형평성을 넘어, 국가와 기업의 혁신 역량을 좌우할 중장기적 투자이자 지속가능한 성장 전략인 셈이다. 여성 인재에게 다양한 도전 기회를 제공하면 그 속에 잠재된 성장동력이 깨어나는 효과를 얻을 수 있다. 실제로 중국 반도체 산업에서도 지속적인 멘토링 프로그램과 성공적인 여성 롤모델의 등장에 힘입어 여성 인력의 역할과 영향력이 점차 확대되고 있다. 이러한 흐름은 만성적인 인력 부족 문제를 완화하고 향후 중국의 혁신 역량을 강화하는 핵심 열쇠로 작용할 가능성이 크다.

리텐션과 조직 몰입: 보상·성장·문화의 삼각구도

중국 기업들은 이직이 빈번한 환경에서도 핵심 인재를 붙잡기 위한 리텐션retention 전략을 지속적으로 발전시켜왔다. 그 중심에는 보상, 성장, 문화라는 세 가지 축이 자리한다. 단순히 급여를 올려서는 인재를 유지할 수 없다는 인식 아래 중국의 인사 실무자들은 이 세 요소를 균형 있게 강화하여 직원들이 자발적으로 회사에 머물도록 유도하고 있다.

먼저 보상 측면에서는 금전적 투명성과 경쟁력이 핵심이다. 기본급 외에도 성과에 따른 인센티브와 연말 보너스를 명확히 지급해 직원들의 동기를 높인다. 핵심 기술 인재에게는 시장 평균을 웃도는 연봉을 제시하며, 업계 최고 수준의 대우를 제공한다. 최근에는 스톡옵션이나 양도제한조건부 주식RSU, Restricted Stock Units 등 장기 인센티브 제도를 적극 활용하여 개인의 성과를 회사 성장과 긴밀히 연결하는 사례가 늘고 있다. 특히 스타트업에서는 창립 초기부터 지분 보상을 제시함으로써 구성원이 단순한 직원이 아니라 공동의 성과를 나누는 파트너로 인식되도록 한다. 이러한 구조는 구성원의 주인의식과 몰입도를 동시에 끌어올린다.

성장 측면에서는 AI 플랫폼을 활용한 맞춤형 온라인 교육, 해외 연수, 멘토링, 차세대 리더 육성 프로그램 등 다양한 학습 기회를 제공해 직원이 꾸준히 배우고 성장할 수 있는 환경을 조성한다. 명확한 커리어 경로를 제시하고, 고성과자에게는 빠른 승진이나 부서 간 순환 근무 기회를 부여해 도전의식을 자극한다.

문화 측면에서는 자율성과 성과 인정을 중시하는 조직문화를 구축하

는 데 초점을 맞춘다. 직원들이 자신의 의견이 경영진에게 전달되고 조직에서 존중받는다고 느낄 때 심리적 안전감이 높아지고, 그 결과로 조직 몰입도도 강화된다. 특히 워라밸을 중시하는 젊은 세대의 가치관과 이러한 문화가 맞물리며 높은 몰입도와 충성도를 이끌어내는 주요 요인으로 작용하고 있다.

실제로 중국 주요 기업들을 보면, 보상·성장·문화 이 세 축이 조화를 이룰수록 우수 인재의 이탈이 감소하고 조직 몰입도가 높아지는 경향이 뚜렷하다. 특히 반도체 산업처럼 인재 확보 경쟁이 극심한 분야에서는 리텐션 전략이 기업의 생존 전략으로 인식될 정도로 적극적으로 추진되고 있다. 중국 최대 파운드리 기업 SMIC는 2021년에 전체 직원의 23%에 해당하는 약 4,000명에게 양도제한조건부 주식을 부여했다. 이는 회사의 성장에 함께하자는 메시지를 상징적으로 전달한 조처였다. SMIC의 CEO 량 멍쑹梁孟松은 연봉 153만 달러 외에 2,250만 위안 상당의 아파트를 제공받은 것으로 알려져 있다. 이 사례는 중국 기업이 핵심 엔지니어를 붙잡기 위해 얼마나 과감한 보상과 신뢰 구축에 힘을 쏟는지를 보여준다.

다른 주요 기업들도 각자의 방식으로 인재 확보 경쟁에 뛰어들고 있다.

- 기가디바이스: 창업자 주이밍朱一明의 폭넓은 글로벌 네트워크를 바탕으로 전 세계 기술 인재를 유치하고 있으며, 업계 최고 수준의 연봉과 주식 보상 체계를 갖추고 있다.

- 툥푸마이크로Tongfu Microelectronics, 通富微电: 2016년 AMD의 쑤저우와 말레이시아 페낭 공장을 인수해 첨단 패키징 기술 역량을 강화했다. 이로써 직원들에게 해외 첨단 기술을 직접 습득할 기회를 제공함으로써 충성도를 높였다.

- 산안옵토일렉트로닉스: 정부 보조금을 기반으로 안정적인 연구 환경을 마련하고 성과에 따른 인센티브를 제공해 핵심 인력의 장기 근속을 유도하고 있다.

- 화훙반도체: 주택 지원, 자녀 교육비, 비자 발급 지원 등 실질적 생활 지원을 제공해 해외 기술 인력이 현지에 안정적으로 정착하도록 돕는다.

결국 중국 반도체 업계의 리텐션 전략은 단순히 금전적 혜택을 제공하는 수준에 머물지 않고, 함께 성장하는 조직이라는 메시지를 실질적 행동으로 증명하는 데 초점을 맞춘다. 외부에서 아무리 높은 보상이 제시되더라도 성취감, 성장 가능성, 자율성, 성과 인정 등이 보장되는 조직이라면 인재들은 쉽게 이탈하지 않는다. 이직이 일상화된 중국 노동시장에서도 인재를 붙잡는 진정한 힘은 결국 신뢰와 자부심이 형성된 조직문화에서 비롯된다.

속도를 넘어 균형의 시대로

2021년, 중국 정부가 빈부 격차 완화와 빅테크 규제를 목적으로 공동부유 정책을 추진하면서 중국 기업들의 근무 문화에도 변화의 바람이 불기 시작했다. 2020년 알리바바의 마윈 회장이 중국 금융 시스템을 공개적으로 비판한 이후 당국의 조사가 이어졌고, 텐센트, 디디추싱 등 주요 빅테크 기업에 반독점 규제와 거액의 과징금 부과가 잇따랐다. 그 결과 더는 중국 기업들이 무한 경쟁을 통한 이윤 극대화만을 목표로 삼을 수 없다는 사회적 인식이 확산되었다. 이러한 흐름 속에서 2021년 이후 알리바바, 텐센트 등 대형 플랫폼 기업들은 거액의 사회공헌 기금을 조성해 중소기업 지원과 직원 복지 향상 등 '공동부유' 기조에 부합하는 방향으로 조직의 가치를 재정립하기 시작했다. 그 연장선상에서 일부 기업들은 996 근무제 폐지를 선언하는 등 근무 문화의 변화를 모색했다.

한편 강화된 노동법 집행 의지도 기업 문화의 변화를 가속시켰다. 2021년 최고인민법원이 996 관행을 노동법 위반으로 판결하면서, 오랫동안 묵인되어온 장시간 근로 관행에 제동이 걸렸다. 이후 바이트댄스는 격

주 토요일 근무제를 폐지했고, 텐센트와 같은 주요 기업들도 주말 초과근
무를 없애거나 정시 퇴근제를 도입했다. 물론 이러한 제도적 변화가 모든
현장에서 완전히 지켜지는지는 여전히 알 수 없다. 그러나 적어도 과거처
럼 최고경영자가 공개적으로 "996은 젊은이의 축복"이라고 발언하는 일
은 이제 찾아보기 어렵게 됐다.

2025년 중국 정부의 '공동부유' 정책 기조는 초기의 강경한 기세에서
다소 완화되었다. 정부는 다시 경제 성장과 민간 혁신 활성화에 무게를
두고 규제를 완화하며 민간 기업의 투자와 창의성을 독려하는 방향으로
선회하고 있다.

젊은 세대의 가치 전환과 조직문화의 변곡점

젊은 세대의 인식 변화 역시 이러한 흐름에 맞물려 중국 기업 문화의
방향을 바꾸고 있다. 과거와 달리 오늘날의 젊은 세대는 높은 연봉과 복
지를 제시받더라도 자신의 삶을 희생하면서까지 일하려 들지 않는다. 워
라밸을 중시하는 경향이 뚜렷해졌으며, 앞서 언급한 탕핑과 바이란 현상
은 이제 일부의 일탈이 아니라 세대 전반의 인식 전환으로 자리 잡았다.
최근에는 중국 대학생 사이에서 소위 BAT^{바이두·알리바바·텐센트}로 대표되는
대형 IT기업보다, 경쟁이 덜 치열한 공기업이나 자유로운 분위기의 스타
트업을 선호하는 경향도 확산하고 있다.

결국 중국 기업들도 이제 돈만으로는 인재를 붙잡을 수 없다는 사실
을 체감하기 시작했다. 장시간 노동을 강조하는 치열한 일 문화와 워라밸
을 추구하는 젊은 세대의 가치관 변화 사이에서 어떻게 균형을 잡을 것인
가가 새로운 경영 과제로 떠올랐다. 이러한 변화에 대응해 텐센트는 '정시

성공 요인(Strength)	한계 요인(Limitation)
속도와 실행력 극대화 데이터 독재, 전시 리더십	**높은 인재 이탈 및 번아웃** 996 관행, 늑대 정신의 피로도
혁신 경쟁 가속화 경마 메커니즘, 제로섬 내부 경쟁	**정부 규제 및 정책 리스크** 공동 부유 정책에 따른 제약
압도적인 성과 창출 하이 리스크-하이 리턴 보상 시스템	**창의성 저하 우려** 극단적 수직 문화, 톱다운 명령체계
시장 선점 능력 A/B 테스트 문화, 초고속 학습 주기	**지속가능성의 문제** MZ세대 가치관 변화에 미흡한 대응

퇴근 데이'를 운영하고, 바이트댄스는 저녁 7시 이후 사내 메신저 자동 차단 시스템을 도입했다. 이렇듯 주요 기업들은 996 문화를 완화하며 구성원의 번아웃을 줄이려는 노력을 기울이고 있다.

치열함의 문화, 그리고 새로운 균형의 모색

중국 기업의 치열함의 문화는 그동안 빠른 성장을 이끈 강력한 원동력인 동시에 여러 부작용도 낳았다. 이제 그들은 속도의 시대를 지나 균형의 시대로 이동하고 있다.

중국 기업들의 초고속 성장은 996 근무 체제를 통해 제품 개발 일정을 단축하고, 전시戰時 리더십으로 의사결정의 속도를 극대화했으며, A/B 테스트와 내부 경쟁 시스템을 통해 혁신의 순환 주기를 단축시킨 결과였다. 그러나 그 이면에는 번아웃, 인재 유출, 세대 갈등이라는 부작용도 존재했다. 오늘날 중국 기업들은 이러한 양면성을 인식하고, '치열함'이라는 양날의 검을 균형감 있게 다루기 위한 새로운 실험을 이어가고 있다. 단순히 법을 지키지 않고 과로를 강요했던 문화를 비판적으로 바라보는 데 그치지 않고, 그들의 속도, 집중력, 의사결정력, 실행력 속에서 배울 점을 찾는 자세가 필요하다.

3장
한국 기업을 위한 시사점: 속도와 몰입의 재정의

중국 기업들의 성장 방식은 한국 기업에 여러 가지 함의를 던진다. 특히 '속도'와 '몰입'이라는 두 축을 어떻게 재정의하고 각 조직의 현실에 맞게 구현할 것인가가 관건이다.

데이터 기반 속도

무엇보다 데이터 중심의 의사결정 문화를 강화해야 한다. 바이트댄스의 A/B 테스트 문화처럼, 모든 비즈니스 가설을 작은 실험 단위로 신속히 검증하고 그 결과에 따라 즉시 의사결정을 내리는 구조를 만들어야 한다. 필요하면 빠르게 방향을 수정해 학습하는 조직으로 전환하는 것이 중요하다. 실험과 실패에서 발생하는 비용을 학습 비용으로 받아들이고, 의사결정의 중심에 데이터를 두면 조직 전체의 학습 속도가 빨라진다. 결과적으로 시장 변화에 민첩하게 대응할 수 있으며, 실패의 속도가 곧 학습의 속도가 되는 선순환이 만들어진다.

실행력과 집중

속도는 단순히 빠른 실행이 아니라 결단력 있는 의사결정 구조에서 나온다. 수평적 소통과 합의가 필요한 순간도 있지만, 수평성을 이유로 책임 소재가 불분명해지고 의사결정이 지연되는 상황은 피해야 한다. 중요한 과제일수록 리더 한 사람에게 권한과 책임을 집중시키고, 의사결정 단계를 최소화하는 스쿼드Squad 운영 방식을 도입할 만하다. 중국의 많은 기업이 시장을 선점해야 하는 사업일 때 소수정예 팀에 CEO 직속 권한을 부여해 단기간 내 목표를 달성하도록 하는 '전시 리더십'을 발휘한다. 이러한 방식은 프로젝트의 속도와 실행력을 단기간에 극대화할 수 있는 강력한 수단이다.

몰입의 질

중국 기업들이 치열함을 내세워 '노동시간의 양'에 초점을 맞췄다면, 한국 기업들은 '몰입의 질'에 초점을 맞출 필요가 있다.

- **시간이 아닌 몰입에 보상**

  오래 일한 시간 자체가 아니라, 짧은 시간에 탁월한 성과를 낸 인재에게 과감한 보상을 제공해야 한다. 중국의 내부 경쟁형 프로젝트 시스템에서 우리가 참고할 점은 경쟁 자체가 아니라 몰입으로 창출한 성과에 대한 보상이다. 특정 프로젝트에서 뛰어난 결과를 낸 인재에게는 기존 연봉 체계를 뛰어넘는 파격 인센티브나 발탁 승진 등으로 동기를 부여해야 한다. 이로써 건전한 몰입 문화와 선의의 경쟁 풍토를 조성할 수 있다.

- **선택적 치열함**

  모든 부서와 직원에게 일률적으로 '늑대 정신'을 요구하기보다는 핵심 과제나 신성장 분야에 한해 스타트업식 몰입 문화를 선택적으로 도입할 필요가 있다. 중요한 R&D 프로젝트 팀에는 일정 기간 높은 자율권과 반복 시도 기회를 부여해 몰입의 강도를 스스로 조절할 수 있게 한다. 물론 법과 건강의 한계 내에서 유연근무제를 병행해야 한다. 이렇게 조직 내 '치열함의 허용 구역'을 설정하면 전 직원이 번아웃되지 않으면서도 필요한 곳에 에너지를 집중 투입할 수 있다.

본질의 재해석

물론 앞서 살펴본 중국 빅테크와 반도체 기업의 사례가 모든 중국 기업을 대표하는 것은 아니다. 그러나 그들의 초고속 성장 경험은 한국 기업에 속도의 중요성과 함께 시스템 혁신의 필요성을 환기시킨다. 이제 한국 기업들은 중국식 치열함의 핵심 엔진인 속도와 몰입을 우리의 상황과 맥락에 맞게 재해석해야 한다. 속도 뒤에 숨은 구조적 실행력과 몰입 뒤에 담긴 조직 심리를 이해하고 우리식으로 설계해야 한다.

변화의 속도가 빠른 글로벌 시장에서 살아남는 기업은 결국 남보다 빨리 움직이는 조직이 아니라 배우고 적응하며 몰입의 질을 끌어올리는 조직이다. 중국의 치열함이 우리에게 던지는 메시지는 단순히 경쟁을 촉구하는 것이 아니다. 균형 잡힌 속도와 깊이 있는 몰입이 만들어내는 지속가능한 성장의 조건이다.

제8부

중국, 자본이 아닌 사람

한국은 인재 유출, 고령화, 경직된 인사 구조라는 삼중 압박에 직면해 있다. 해법은 단순한 제도 개편이 아니라 사람이 머무를 이유를 설계하는 생태계의 재구조화이다. 핵심은 명확하다. '한국은 어떻게 인재를 유치하고 머물게 할 것인가'이다. 중국은 인재를 단순한 인적자원이 아니라 국가 경쟁력의 핵심 자산으로 재정의하고, 유입-정착-잔류-재유입이 선순환하는 통합모델로 발전시켰다. 그들의 전략은 연봉이 아니라 예측 가능한 성장 경로와 의미 있는 경험의 설계력에 있다. 이제 인재 전략은 HR 부서의 기능을 넘어 국가·도시·기업이 함께 설계해야 할 생태계 과제이다. 진정한 경쟁력은 자본이 아니라 사람이 머무르게 하는 구조적 신뢰에서 비롯된다.

1장
중국은 왜 인재에 집착하는가

구조적 배경

중국은 여전히 해외에 체류 중인 유학생과 연구 인력의 유출 문제, 그리고 그들의 귀국을 장려하는 정책 사이에서 복잡한 균형을 맞추고 있다. 과학·공학 분야 박사 인력이 급증하면서 내부 경쟁이 심화하자, 일부 엘리트 인재는 더 나은 보상 조건과 연구 환경을 찾아 해외에 잔류하는 경향을 보인다. 실제로 일부 연구에서는 미국에서 박사 학위를 취득한 중국 국적자의 높은 현지 체류 비율이 관찰된다고 보고한다. 이러한 인재 유출에 대응하고자 중국은 역방향 두뇌 유출reverse brain drain 전략을 꾸준히 강화하고 있다.

정부는 파격적인 인센티브를 제공하며 해외 우수 인력을 유치하고, 귀국 인재에게는 연구비, 주택, 세제 혜택 등 포괄적인 지원을 제공한다. 그러나 이러한 정책이 전체 유학생 대비 귀국자 비율을 압도적으로 높이지는 못하고 있다. 귀국 인재는 고학력 연구자 중심으로 편중되어 있으며,

최상위급 인재는 여전히 해외 체류를 선호하는 경향이 뚜렷하다.

2025년을 분기점으로 중국의 인재 전략은 양적 팽창에서 질적 집중으로 전환되고 있다. 이는 단순한 정책 변화가 아니라 경제 구조와 국가 경쟁력의 패러다임이 근본적으로 바뀌고 있음을 보여주는 신호이다. 중국은 이제 더는 인재를 노동력의 일부로 보지 않는다. 인재를 혁신과 성장을 위한 전략적 자산으로 규정한다. 2021년 제14차 5개년 계획 이후 중국 중앙정부는 '과학기술 자립'과 '인재 강국 건설'을 국가 비전으로 설정하고 AI·바이오·항공우주 등 첨단 산업에 예산과 제도를 집중하고 있다. 이러한 움직임은 곧 중국이 양적 성장 시대를 넘어 인재 중심의 질적 성장 체계로 구조적 전환을 진행하고 있음을 시사한다.

고령화가 빠르게 진행되고 젊은 세대가 줄어드는 인구 구조 변화 속에서 인재 확보는 국가 생존의 핵심 과제가 되었다. 2023년 기준 중국의 노동연령인구(15~59세)는 8억 5,000만 명이며 10년 전보다 7,700만 명이나 감소했다. 이러한 인구 축소는 경제 성장의 잠재력을 약화시키며, 기존의 노동력 중심 성장 모델이 한계에 이르고 있음을 보여준다. 이에 따라 정부와 기업은 새로운 인재 전략을 모색하기 시작했다. 또 도시화되고 교육 수준이 향상되면서 청년층의 직업 선택 가치관을 근본적으로 바꾸고 있다. 청년들은 제조업이나 건설업 같은 전통 산업을 기피하고, 서비스업과 긱Gig 경제로 이동하는 경향을 보인다. 긱 경제란 디지털 플랫폼으로 주문형 작업·서비스를 제공하는 임시·프리랜서 중심의 노동 시스템을 의미하며, 이처럼 노동 구조가 빠르게 재편되면서 기술 기반 산업과 혁신 영역으로 인재가 집중되는 현상이 한층 뚜렷해지고 있다.

이에 대응해 중국은 중앙정부-지방정부-기업을 잇는 삼각 협력 모델을 정교하게 설계했다. 중앙정부는 국가 차원의 R&D와 해외 인재 유치 전략을 총괄한다. 지방정부는 도시별 포인트제, 세제 혜택, 주거·교육 패키지 등 생활 기반형 인재 유인책을 운영한다. 기업은 시장의 경쟁 논리에 따라 보상 체계, 연구 자율성, 경력 성장 경로를 결합한 '내재적 리텐션 Internal Retention' 전략을 추진하며 핵심 인재를 확보하고 있다. 중국의 접근은 단순한 인재 확보를 넘어 인재가 스스로 머무르고 성장할 수 있는 구조를 정교하게 설계하는 경쟁력으로 진화하고 있다. 이는 급격한 인구 변화와 노동시장 전환 속에서도 지속가능한 성장을 뒷받침하는 사람 중심의 전략적 해법이라 할 수 있다.

인재 프로그램의 진화

중국의 전략적 인재 집착은 지난 30여 년간 축적된 국가 주도형 인재 프로그램의 결과물이다. 1994년 중국과학원이 시작한 '백인계획'과 1998년 추진한 '장강학자 프로그램'은 해외에 머물던 자국 연구자를 본국으로 유인하려는 초기 시도였다. 이후 2008년 출범한 '천인계획'으로는 파격적인 연구비와 주택·세제 혜택을 앞세워 글로벌 과학자와 기업가를 적극적으로 유치했다. 이후 '청년 천인계획' 등 세분화된 형태로 발전해 각 대학과 연구기관이 필요한 인재를 맞춤형으로 영입할 수 있도록 설계되었다.

2010년대에 들어 미·중 기술 경쟁이 심화되면서 인재 프로그램의 무게중심은 정책 중심의 중앙집중 구조에서 도시 간 경쟁 구조로 이동했다. 중앙정부와 대학 중심이던 체계가 지방정부와 기업으로 확장되며, 인재 유치는 곧 지역 성장 엔진을 설계하는 경쟁으로 발전했다. 미국 CSET 분석에 따르면, 중앙정부가 직접 운영하는 인재 프로그램만 43개에 달하며,

지방정부와 대학이 시행하는 하위 프로그램까지 포함하면 전체 규모는 200개를 넘어선다. 운영 주체와 명칭은 달라도 핵심 목표는 동일하다. 즉 해외 경험과 첨단 기술을 지닌 인재를 중국으로 유입시켜 자립형 혁신 생태계Self-sustaining Innovation Ecosystem를 구축하는 것이다. 이 과정에서 부처 간, 지역 간 중복 투자라는 비효율이 지적되기도 하지만 중국은 연구비, 주택, 자녀 교육, 세금 감면 등 물질적 혜택에 애국심과 사회적 명예라는 감성적 인센티브를 결합해 인재 확보의 동력을 유지하고 있다.

이제 인재 유치 경쟁은 내국인을 넘어 외국인에게도 도시 단위로 확산되고 있다. 주요 도시들은 해외 인재를 끌어들이는 수단으로 포인트 기반 영주권 제도를 잇달아 도입하고 있다. 베이징은 그중 대표 사례인데, 혁신형·창업형 인재가 보다 쉽게 영구 거주권을 취득할 수 있도록 온라인 포인트제를 운영한다. 이 제도는 학력, 연봉, 성과, 납세 실적 등을 점수화하고 기업 추천서와 세무 기록이 디지털 시스템으로 투명하게 검증된다.

상하이와 베이징은 고연봉, 고액 납세자를 중심으로 선별적 유치를 강화하고 있다. 반면에 광저우와 선전은 세금 환급에 주거, 자녀 교육, 연구비를 결합한 통합형 인재 패키지로 차별화된 경쟁력을 확보하고 있다. 이러한 움직임은 단순히 인재 유입을 넘어 인재가 머무는 도시를 설계하는 경쟁으로 진화하고 있다. 중국은 인재를 '채용 대상'이 아니라 경험과 생활 전반을 함께 설계해야 할 '이용자Experience Consumer'로 인식하며, 인재가 머무르고 성장하며 가치를 창출할 수 있는 구조적 시스템 구축을 핵심 전략으로 삼고 있다.

2장
중국 빅테크의
HR 실험

AI 인재 수요의 지형

전 세계적으로 AI 인재 수요는 그 어느 때보다 가파르게 증가하고 있다. 하이어드차이나HiredChina에 따르면 베이징은 LLM, 상하이는 자율주행, 선전은 검색·금융 AI, 항저우는 디바이스·제조업 중심으로 수요가 집중된다. 도시별로 산업 특화 영역이 뚜렷이 구분되며, 각 도시는 자신만의 기술 클러스터를 형성하고 있다. 보상 수준 역시 기술 역량, 경력, 근무 지역에 따라 큰 차이를 보인다. 팀드업차이나TeamedUp China에 따르면 AI 엔지니어·연구자의 연봉은 30만 위안(약 4만 2,000달러)에서 시작하고 숙련된 핵심 기술 인력은 120만 위안(약 16만 8,000달러)을 웃돈다. 여기에 보너스와 스톡옵션을 포함하면 총 보상 규모는 훨씬 더 커진다.

WTW의 '2024~2025년 중국 급여 계획'에 따르면 산업 전반의 평균 임금 인상률은 약 5%이며 2023년과 유사한 수준을 유지하고 있다. 그러나 첨단 분야는 예외이다. 반도체(7%), 자율주행(5.8%) 등 핵심 기술 산업의 인상 폭이 뚜렷하게 높다. 이는 단순한 인건비 상승이 아니라 희소 인재를 확보하려는 전략적 투자 경쟁이 본격화하고 있음을 나타낸다.

인재의 몰입을 결정하는 요인은 금전적 보상만이 아니다. 특히 Z세대는 성장, 멘토링, *리스킬링, 유연근무를 보상의 새로운 기준으로 인식하고 있다. 이에 따라 기업들은 금전적 인센티브에 더해 정신건강 상담, 워라밸, 개인화 학습을 결합한 '경험 기반 리텐션Experience-based Retention' 체계를 구축하고 있다. 이는 단순히 복지를 확대한 것이 아니라 직원이 '성장하고 있다고 느끼는 경험'을 얻도록 전략적으로 설계하는 시도이다. 결국 보상의 본질은 금액이 아니라 조직과 개인이 함께 성장하는 경험의 구조를 설계하는 역량에 있다. 직원이 의미를 체감할 수 있는 경험의 설계력이 이직률을 낮추는 진짜 경쟁력이다. 지속적인 리텐션의 힘은 데이터 기반 의사결정과 인간 중심 HR의 조화, 그리고 그 위에서 조직과 개인이 함께 써내려가는 성장 스토리에 달려 있다.

도시별 정책 역시 이러한 변화의 흐름을 반영한다. 상하이는 세제 혜택을 강화해 인재의 정착을 유도하고, 대만구GBA, Greater Bay Area는 소득세 환급으로 장기 체류를 장려한다. 도시의 가치 제안이 명확해질수록 인재의 선택 기준은 연봉을 넘어 주거, 교육, 커뮤니티 등 삶의 질 전반으로 확장된다. 중앙정부 또한 제도적 기반을 뒷받침하고 있다. 미국의 H-1B보다 유연한 R비자 제도를 통해 STEM 인재의 입국과 취업을 쉽게 하고 주택, 연구보조금, 리크루팅 보너스 등으로 해외 엔지니어 유입을 강화하고 있다. 결국 임금, 제도, 생활환경을 아우른 '머무를 이유의 패키지'를 설계

* **리스킬링** 현재 직무에서 더 높은 성과를 내기 위해 새로운 기술을 추가로 배우는 것.

하는 것이 국가 간 인재 경쟁의 본질이 되고 있다.

인재가 머무는 생태계의 다섯 가지 조건

2025년부터 중국 IT 업계는 단순한 고용 시장이 아니라 인재 전쟁의 최전선이다. AI, 반도체, 클라우드, 디지털 콘텐츠를 중심으로 기술 경쟁이 가속화되면서 알리바바·텐센트·바이트댄스·화웨이 같은 빅테크는 물론 빠르게 성장하는 스타트업까지 모두 '일하고 싶은 조직'을 설계하는 데 집중하고 있다. 이제 보상보다는 경험, 구조보다는 의미, 제도보다는 문화가 핵심 경쟁력이다.

보상에서 경험으로

중국 빅테크의 가장 큰 변화는 인재 관리의 중심축이 '보상'에서 '경험 가치'로 이동하고 있다는 점이다. 알리바바는 2021년 '하트케어 프로그램 暖心计划'을 도입해 연봉·스톡옵션 중심이던 기존의 체계를 '생활형 복지'와 '성장형 복지'로 이원화했다. 직원의 생애주기에 따라 자녀 교육, 의료비, 주택 보조 등 생활 안정형 패키지를 제공하는 한편, 기술 학습비와 글로벌 프로젝트 참여 기회를 제공해 성장 중심 복지를 강화하고 있다. 이는 단순한 급여 인상보다 '삶과 성장의 통합 경험'을 중시하는 인사 철학으로 평가된다.

바이트댄스는 연차가 아닌 기여도와 성장 속도를 기준으로 평가하는 성과관리OKR, Objectives and Key Results 중심의 데이터 기반 평가 시스템을 운영한다. AI를 활용해 프로젝트 성과와 학습 데이터를 실시간 분석하고, 이를 보너스와 승진에 반영한다. 그 결과 구성원은 스스로 성장 동기를 찾고 성과가 즉시 인정되는 자기주도형 조직 경험을 갖게 된다.

자율성과 유연성: 시간의 주권을 돌려주는 조직

코로나19 이후 인재가 가장 중시하는 것은 '시간의 자유'이다. 과거 996 근무제가 헌신의 상징이었다면, 이제 '1075(아침 10시 출근, 저녁 7시 퇴근, 주 5일 근무)'와 같은 유연근무제가 새로운 표준으로 자리 잡고 있다. 텐센트는 유연근무Flexible Working Hour 제도를 시행해 팀 단위로 근무 방식을 자율적으로 설계하도록 지원한다. 이는 단순한 근무시간 단축이 아니라 개인의 에너지 리듬에 맞춘 일의 재설계이다. 결과적으로 유연성은 성과 중심 문화 강화와 이직률 감소라는 두 가지 효과를 동시에 가져온다.

심리적 안전과 수평적 소통

위계적 리더십의 효용이 약화되면서 조직은 심리적 안전을 새로운 표준으로 삼고 있다. 화웨이는 2024년 디지털 리더십 교육을 실시해 모든 관리자에게 경청 리더십Listening Leadership 교육을 의무화했다. 관리자 평가에 '피드백 응답 속도, 심리적 안전도, 팀 신뢰지수'가 반영된다. 리더십의 언어가 통제에서 지원으로 전환되고 있는 것이다. 바이트댄스는 사내 플랫폼 라크Lark, 즉 페이수Feishu를 통해 프로젝트 현황을 실시간 공개하고, 구성원이 자유롭게 의견을 제시할 수 있도록 한다. 이렇게 '내 의견이 반영되는 조직'은 구성원의 몰입과 소속감을 동시에 높이는 핵심 요인이다.

학습은 비용이 아니다: 인재 성장을 자산화하는 HR

중국 기업은 이제 학습을 비용으로 보지 않는다. 학습은 미래 경쟁력을 높이는 전략적 자산이다. 알리바바의 알리아카데미^{Ali Academy}는 사내 데이터를 활용해 직원별 맞춤형 학습 경로를 설계하고 기술·리더십·글로벌 역량을 종합적으로 강화한다. 교육은 일회성 프로그램이 아니라 조직과 개인의 지속성장 경로를 설계하는 핵심 인프라로 자리 잡고 있다. 나아가 이렇게 축적된 학습 데이터는 인재분석^{People Analytics}으로 전환되어 전략 수립과 경영 의사결정에 직접 활용된다. 결국 학습은 개인의 경력 개발을 넘어 기업의 성과와 경쟁우위를 견인하는 전략적 투자로 기능한다.

도시-기업 결합 생태계: 머무는 조직의 확장

중국의 인재 전략은 이제 기업의 울타리를 넘어 도시 차원으로 확장되고 있다. 도시는 기업을 단순한 고용 주체가 아니라 지역 경쟁력의 파트너로 인식하며, 기업은 도시를 인재 유지의 플랫폼으로 활용한다. 선전, 항저우, 베이징 등 주요 도시는 지방정부와 기업이 협력해 공동 인재 프로그램을 운영하고 있다. 지방정부는 세제 혜택, 거주권, 교육 기회를 제공해 인재의 장기 체류를 지원한다. 기업은 공동 연구센터와 창업 인큐베이팅 공간을 구축해 지역의 기술 혁신 생태계를 확장한다. 이러한 구조는 도시가 인재의 생활 기반을 제공하고, 기업이 성장 기반을 제공하는 상호 보완 관계를 형성한다. 결국 기업은 도시 생태계와 긴밀히 연결됨으로써 직원이 회사를 넘어 도시와 함께 머무는 경험을 누리는 새로운 리텐션 생태계를 만들어가고 있다.

3장

한국의 선택:
인재가 머무는 생태계로

한국의 인재 순환 구조, 무엇을 보완할 것인가

OECD AI 정책 관측소와 스탠퍼드대 인간중심 AI 연구소의 자료에 따르면, 한국의 인구 1만 명당 AI 인재 순유출입은 2020~2021년만 해도 유입국에 속했으나, 2022년 이후 순유출국으로 전환되었다. 2023년에는 인구 1만 명당 −0.3명 이상이 해외로 빠져나갔고, AI 분야에 국한해보면 OECD 38개국 중 무려 35위라는 초라한 성적표를 기록했다. 이는 단순한 통계가 아니라 한국이 당면한 구조적 리스크를 드러내는 경고 신호이다. 핵심 인력이 빠져나가는 이유는 단순한 보상 격차가 아니다. 한국상공회의소의 분석에 따르면, 연공서열식 임금 체계, 단기 성과 중심 평가, 부족한 연구개발비, 제한된 경력 개발 기회가 복합적으로 작용한다. 결국 인재가 떠나는 배경에는 '내가 이곳에서 성장할 수 있는가'라는 근본적인 의문이 자리한다.

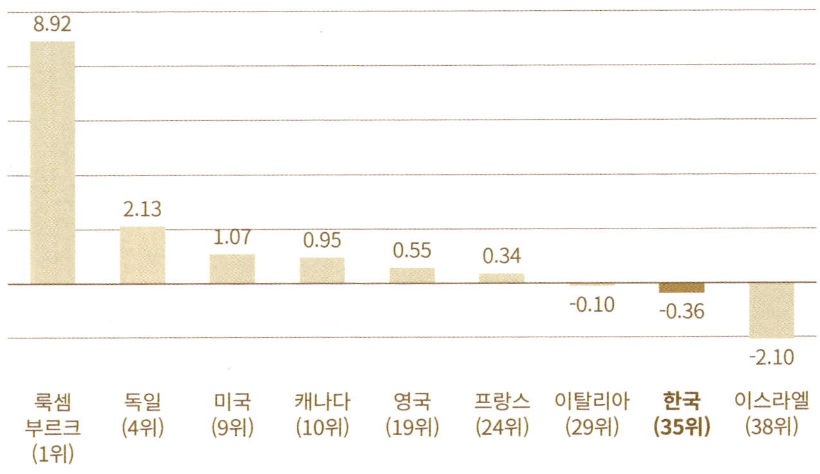

주 1) 괄호 안은 조사대상 38개국 중 순위
 2) Linkedin 회원 프로필의 위치 기능을 이용하여 계산
(자료: OECD AI Policy Observatory, 스텐포드대 인간중심 AI연구소)

주요국의 인구 1만 명당 AI 인재 순유출입

인재는 정책이 아니라 총체적 경험으로 머문다

그동안 인재 관리는 임금과 복지 같은 외형 조건에 치우쳐 있었다. 많은 기업에서 직원이 정말 원하는 것이 무엇인지 충분히 파악하지 못한 채 금전 보상에만 의존해온 것이 현실이다. 맥킨지 연구 결과에 따르면, 몰입도를 높이는 요인은 급여 인상보다는 긍정적인 조직문화, 성장 기회, 코칭과 피드백의 질에 가깝다.

보상은 말 그대로 '입장권'에 불과하다. 구성원이 머무는 이유는 좋은 경험과 명확한 성장 경로에서 비롯된다. 개인화된 커리어 로드맵, 체계적 멘토링과 코칭, 일과 생활의 균형은 이러한 경험을 구체화한다. 인재를 단순히 노동력으로만 바라보지 않고 고객처럼 이해하고, 입사-온보딩-내부 이동-리더 전환까지 전 여정을 설계하는 관점이 필요하다. *직원 경험 EX, Employee Experience은 곧 브랜드 경험이다. 구성원이 기업 안에서 체감하는 문화와 성장은 결국 고객 경험의 품질로 이어진다. 인재를 지키는 것이 시장에서 지속가능한 경쟁력을 유지하는 길이다.

정부의 역할: 규제자에서 설계자로

한국의 인재 정책은 오랫동안 규제와 관리 중심의 프레임으로 운영되어왔다. 그러나 인재가 국경을 자유롭게 넘나드는 시대에 정부가 더는 규제자의 역할에 머물 수 없다. 이제 필요한 것은 성장의 경로를 직접 설계하는 전략적 정부이다. 현재 인재 정책은 해외 취업 기회를 확대하는 데 초점을 두고 있지만, 이제는 우수 인재의 유출을 줄이고 글로벌 인재를 유입하는 양방향 순환 구조로 발전해야 한다. K-Move, K-Star Visa, K-Tech Pass 등 제도적 기반을 마련했으나, 참여율과 실제 효과(취업·정착률)는 여전히 낮다. 제도가 '존재'하는 것과 '작동'하는 것은 다르다. 정책의 목적은 해외 경험이 단순한 유출로 끝나지 않도록 귀환과 환류를 설계하는 데 있다.

해외에서 역량을 쌓은 인재가 돌아와 공공과 민간을 오가며 순환 근무를 수행한다면, 이는 '떠난 인재를 붙잡는 정책'이 아니라 국가 역량에 대한 장기적 투자가 된다. 이와 동시에 해외 인재가 한국을 선택할 이유도 명확히 제시해야 한다. 싱가포르의 GRT Global Ready Talent 프로그램은 정부가 인재 이동의 경로를 직접 설계하고 지원하는 대표 사례이다. 한

* **직원 경험** 직원이 입사부터 퇴사까지 기업과 상호작용하는 모든 접점과 경험을 총체적으로 관리하는 것.

국 역시 경력 개발 기회, 연구 환경, 삶의 질을 결합한 국가형 EVP^{Employee} ^{Value Proposition} 패키지를 제시해야 한다. 즉 한국 인재에게는 '해외에서 성장해 돌아오는 길'을, 해외 인재에게는 '한국에서 도전할 수 있는 길'을 동시에 열어줘야 한다.

이러한 인재 순환 생태계를 뒷받침하려면 데이터 기반 인재 인프라가 필수이다. 교육기관과 기업과 연구소의 데이터를 통합 관리해 인재의 이동과 성과를 추적하고, 정책의 효과를 계량적으로 검증해야 한다. 또 구성원이 단기 성과에 매몰되지 않고 장기적·혁신적 연구에 몰입할 수 있도록 평가체계를 재설계해야 한다. 정책의 무게중심은 통제에서 순환으로 이동해야 한다. 인재는 붙잡아두는 대상이 아니라 열린 경로를 따라 성장하고 돌아올 수 있도록 설계해야 하는 국가의 자산이다. 진정한 머무름의 힘은 통제가 아니라 개방성에서 비롯된다.

기업의 역할: 평가하는 조직에서 성장시키는 조직으로

기업은 이제 HR을 단순히 인력을 관리하는 기능적 부서로만 볼 수 없다. HR은 행정 기능을 넘어 직원 성장을 지원하는 전략적 플랫폼으로 진화하고 있다. AI 기반 HR 분석 도구는 채용 효율을 높이고, 편견을 줄이며, 적합한 인재를 정밀하게 발굴하는 데 기여한다. 그러나 기술보다 더 중요한 것은 전통적 성과평가의 한계를 직시하는 일이다. 단기 지표에 집착하는 문화에서는 유능한 인재일수록 빠르게 소진되고, 조직은 학습과 성장의 탄력성을 잃는다.

이를 해결하는 방법은 '목표-성장-보상'을 하나의 체계로 연결하는 것이다. 구성원이 최소 연 2회 스스로 경력 개발을 점검하고, 실패를 학습의 일부로 받아들이는 성장 마인드셋Growth Mindset 문화를 정착시켜야 한다. 성과 대화는 과거를 평가하는 자리가 아니라 다음 단계의 역량과 기회를 설계하는 시간이어야 한다. 이러한 성장 중심 체계가 작동하려면 내부 이동과 프로젝트 매칭, 개인화 학습 경로, 스킬 그래프 기반의 역할 전환이 유기적으로 연결되어야 한다. 조직은 평가에서 학습으로, 통제에서 자율로 전환하며 '학습-성장-성과'의 선순환 구조를 완성해야 한다.

관리자의 역할도 바뀌고 있다. 관리자는 이제 감독자Supervisor가 아니라 멘토, 코치, 문화 촉진자Culture Enabler로서 팀의 에너지와 심리적 안전을 관리해야 한다. 즉시성 높은 피드백과 공정한 보상, 그리고 구성원이 스스로 성장의 방향을 설계할 수 있는 환경을 제공하는 것이 핵심이다. 고성과자가 회사를 떠나며 가장 많이 남기는 말은 "배울 게 없다."이다. 이 한마디는 방향을 명확히 제시한다. 성장은 최고의 인재 유치 전략이며, 평가 중심에서 성장 중심으로 전환하는 순간 인재의 몰입도와 기업의 경쟁력은 함께 강화된다.

4장

당신은 인재 전쟁에서 승리할 준비가 되어 있는가

중국의 인재 전략은 네 가지로 요약된다. 속도, 도시 간 경쟁, 데이터 기반 운영, 차등 보상이다. 이 네 축은 국가 차원의 통합 관리 구조와 자유로운 경력 이동을 가능하게 하는 인재 생태계를 만들어냈다. 여기에서 한국이 배워야 할 점은 속도 자체가 아니라 속도를 가능하게 하는 시스템적 설계력이다. 다가올 인재 전쟁에서 승리하려면 한국은 신뢰를 기반으로 한 HR 원칙, 성과와 연동된 유연한 보상 체계, 생태계 차원의 인재 유치 전략을 동시에 추진해야 한다. 데이터와 AI를 활용하는 속도는 중국을 따라잡되 윤리와 투명성 면에서는 차별화된 경쟁력을 구축해야 한다.

원격근무가 확산하다 보니 인재는 국경을 가볍게 넘어서 이동한다. 이제 인재 경쟁의 전장은 국가 간의 싸움이 아니라 생태계와 네트워크 간의 전쟁으로 진화했다. 결국 인재 전쟁의 승패를 가르는 것은 자본이나 기술이 아니라 신뢰·의미·사람을 존중하는 시스템이다.

이제 질문은 명확하다. 한국의 기업과 사회는 과연 이 새로운 인재 전쟁에 뛰어들 준비가 되어 있는가?

미래 HR의 혁신: AI, 데이터, 경험이 만드는 새로운 질서

미래 HR의 혁신을 위해서는 인재 유출 방지, 귀환 촉진, 글로벌 경쟁력 확보라는 세 가지 과제를 동시에 해결해야 한다. 이는 단순한 제도 개선이 아니라 AI·데이터·경험을 중심에 둔 통합적 인재 전략으로 전환하는 것을 의미한다.

첫째, AI 주도AI-Driven HR이다. 예측과 자동화로 의사결정을 혁신하는 것이다. AI 기반 HR은 반복적인 행정 업무를 자동화하고, 인재 데이터를 활용한 예측 분석을 바탕으로 의사결정을 혁신한다. 연구자의 성과 데이터를 실시간으로 분석해 성과 연동형 보상 체계를 설계하거나, 귀환 인재의 경력과 성과를 기반으로 최적의 직무 매칭을 제시할 수 있다. 이는 곧 '성과 중심 보상 체계 전환'과 '연구 행정 부담 완화'를 동시에 실현하는 핵심 동력이다.

둘째, 데이터 관리Data-Governed HR이다. 신뢰할 수 있는 데이터가 지속가능성을 만든다. 지속가능한 HR 혁신은 신뢰할 수 있는 통합 데이터 인프라 위에서만 가능하다. 해외 전문인력 DB 구축, 연구 지원 시스템 고도화, 디지털 행정 간소화는 모두 데이터 거버넌스가 뒷받침될 때 지속성을 확보할 수 있다. AI가 인재를 선별하고 유지하려면 데이터 품질과 보안, 윤리적 활용이 정교하게 관리되어야 한다.

셋째, 경험 지향Experience-Oriented HR이다. 삶의 여정이 곧 전략이 되는 시대이다. HR의 초점은 이제 인재의 삶의 질과 성장 여정으로 이동하고 있다. 귀환 인재의 주거·교육·의료 지원, 글로벌 네트워크 확장, 창업 연

HR 혁신의 미래 방향

AI·데이터·경험을 중심에 둔 통합적 인재 전략

인공지능 기반 인사 관리 AI-Driven HR	데이터 거버넌스 기반 관리 Data-Governed HR	경험 중심 인사 설계 Experience-Oriented HR
반복적 행정 업무를 자동화하고 인재 데이터 기반 예측 분석을 통해 의사결정을 혁신합니다.	신뢰 가능한 통합 데이터 인프라를 기반으로 지속 가능한 인재 관리 체계를 구축합니다.	인재의 삶의 질과 성장 여정을 중심에 두고 직원 경험을 설계합니다.
연구자 성과 데이터 실시간 분석	해외 전문 인력 DB 구축	주거·교육·의료 통합 지원
성과 연동형 보상체계 설계	연구 지원 시스템 고도화	글로벌 네트워크 및 창업 연계
인재 최적 직무 매칭 시스템	디지털 행정 간소화	직원 경험 설계 및 동기 부여
연구 행정 부담 완화	데이터 보안 및 윤리적 활용 관리	조직 경험 설계자 역할 전환

계 등은 모두 직원 경험이 확장된 형태이다. HR은 단순한 행정 관리자가 아니라 직원의 감정·동기·성장을 설계하는 '조직 경험 설계자Experience Architect'로 진화해야 한다. AI로 구동되고, 데이터로 통제되며, 경험으로 완성되는 HR 혁신은 단순한 효율화가 아니다. 이는 인재 생태계의 근본적 설계 혁명이며, HR이 다시 사람의 미래를 설계하는 시대의 시작이다.

인재 구조 설계의 시대, 관리에서 플랫폼으로

인재의 시대에는 '누구를 데려오느냐'가 아니라 '누가 더 나은 시스템을 설계하느냐'가 경쟁력을 결정한다. 단순히 경쟁 국가의 정책을 모방하는 전략만으로는 글로벌 인재 전쟁에서 생존하기 어렵다. 한국은 중국의 HR 실험을 비롯한 글로벌 인재 생태계를 면밀히 분석하고, 그 위에서 한국형 설계 모델을 구축해야 한다. 이제 HR의 본질은 단순한 '인재 관리'를 넘어 '인재 구조 설계'로 진화하고 있다. 이는 조직이 사람을 배치하고 통제하는 것이 아니라 사람이 성장하고 협업할 수 있는 플랫폼과 규칙을 설계하는 일이다.

보상과 규제로 인재를 붙잡던 시대는 지났다. 직원 경험, 데이터 기반 의사결정, AI 활용이 결합된 리텐션 4.0은 한국형 인재 전략의 새로운 방향을 제시한다. 이 모델은 '유지'가 아니라 '진화'를 목표로 한다. 바로 인재가 머무르고 성장하며, 다시 조직의 성장을 촉진하는 선순환 구조이다. 글로벌 협업이 일상화된 지금, 한국은 열린 인재 플랫폼Open Talent Platform 으로 전환해야 한다. 정부는 자율성을 촉진하고 방향을 제시하는 설계자로, 기업은 성장을 촉진하는 플랫폼 빌더Platform Builder로 거듭나야 하는 것이다.

새로운 인재 전략 리텐션 4.0을 위한 여섯 가지 제언

1. **데이터 기반 인재 이동 관리 시스템 구축**: 대학·연구소·기업·정부 간 데이터를 통합하여 인재 이동을 실시간으로 파악할 수 있는 국가 단위 플랫폼을 마련한다면 이는 산업별·지역별 격차를 조기에 진단하는 기반이 된다.

2. **신뢰 기반 HR 원칙 확립**: 데이터와 AI를 감시가 아닌 예측과 지원 도구로 활용한다. 데이터 활용의 투명성, 알고리즘 설명 가능성, 독립적 감사 체계를 제도화하여 신뢰할 수 있는 HR 거버넌스를 확립한다.

3. **프로젝트 중심 인재 육성 구조 도입**: 직무 중심이 아니라 프로젝트 중심으로 팀을 구성해 실험과 혁신을 장려한다. 성과와 학습을 동시에 반영하는 이중 평가 체계를 도입하여 개인의 성장과 조직의 혁신이 함께 이루어지도록 설계한다.

4. **지역별·산업별 보조금 및 세제 혁신**: 특정 지역과 전략 산업에 연구비와 세제 혜택을 집중 투자하여 지역 균형 발전과 인재 유치 경쟁력을 강화한다. 이때 보조금은 단기 지원이 아니라 지속가능한 지역 혁신 생태계를 조성하는 것을 목표로 해야 한다.

5. **인재 자율권을 보장하는 규제 개혁**: 원격근무와 창업에 대한 불필요한 규제를 완화하고, 인재가 역량을 자유롭게 발휘하도록 개방적 근무 환경을 조성한다.

6. **글로벌 인재 순환 촉진을 위한 공공-민간 연합 플랫폼 구축**: 대학·기업·정부가 연합해 해외 인재와 국내 인재를 연결하는 교류 플랫폼을 구축한다. 이 플랫폼은 해외 경험이 일방적 유출로 끝나지 않고 지식과 네트워크가 국내로 순환하고 환류되도록 설계되어야 한다.

기업 체크리스트: 우리 조직은 리텐션 4.0에 준비되어 있는가

- 데이터 기반 인재 이동 현황을 실시간으로 파악하고 있는가?

- AI·데이터 활용에 대한 투명성과 윤리 기준을 갖추고 있는가?
- 인재를 직무 외에 프로젝트 중심으로도 배치하고 있는가?
- 원격근무, 유연근무 등 자율성을 보장하는 제도가 존재하는가?
- 글로벌 인재 순환·교류 프로그램을 운영하고 있는가?

위 질문에 세 가지 이상 '예'라고 답할 수 없다면, 당신의 조직은 이미 '인재 리텐션 4.0'으로 전환해야 하는 시점이라고 할 수 있다. 인재의 시대는 관리가 아니라 설계하는 시대이며, 머무름은 통제가 아니라 설계의 결과이다.

지속가능한 경쟁력의 핵심은 사람이 머무를 이유를 설계하는 힘에 있다. 보상만으로는 인재를 지켜낼 수 없고, 제도만으로는 유입을 보장할 수 없다. 신뢰를 기반으로 한 데이터, AI, 경험 중심 HR 혁신, 즉 인재 리텐션 4.0이야말로 한국이 앞으로 구축해야 할 인재 전략의 핵심이다. HR과 경영자는 이제 내부 제도의 관리자가 아니라 인재 생태계를 설계하는 설계자Ecosystem Architect로 진화해야 한다. 미래의 승자는 인재를 단순히 관리하는 조직이 아니다. 인재가 머무르고 성장하며 세계와 연결되는 플랫폼을 만들어내는 조직이다.

이제 던져야 할 질문은 하나이다. 우리는 인재가 머무를 이유를 제대로 설계하고 있는가?

참고문헌

반도체 & AI

- 화웨이 커넥트 2025 발표: Huawei Connect 2025 공식 발표 자료 및 언론 보도, 2025년 9월.
- 중국 반도체 산업 매출 및 팹리스 기업 수: 중국 반도체 산업협회(CSIA) 연간 보고서, 2014-2024.
- DeepSeek R1 모델 개발 비용 및 성능: DeepSeek 공식 기술 보고서, 2025년 1월.
- 『국가 집적회로 산업 발전 추진 요강』(2014), 『중국 제조 2025』(2015): 중국 국무원 공식 문서.
- ZTE 제재 사건: "U.S. Ban on ZTE Threatens Company's Existence," Reuters, 2018년 4월.
- 중앙과학기술위원회 신설: 중국 공산당 중앙위원회 기구 개편 관련 공식 발표, 2023년 3월.
- 국가대기금(빅펀드) 1기, 2기, 3기 규모: 중국 국가집적회로산업투자기금 공식 자료.
- 천인계획 및 자오하이쥔 사례: 중국 인재 정책 관련 공식 자료 및 SMIC 연혁.
- 중국 반도체 산업 10년 성과 지표: 중국 반도체 산업협회(CSIA) 통계, IC Insights 보고서, 2024.
- EUV 노광 장비 수출 통제: ASML 및 미국 상무부 수출 규제 관련 보도.
- 『차세대 인공지능 발전계획』: 중국 국무원 공식 문서, 2017년 7월.
- DeepSeek R1 모델 기술적 특징: DeepSeek 기술 백서 및 오픈소스 공개 자료, 2025년 1월.
- 상하이 AI 펀드: 상하이시 정부 AI 산업 육성 정책 발표 자료.
- 국가데이터국 신설: 중국 국무원 기구 개편 관련 공식 발표.
- 동수서산(東數西算) 프로젝트: 중국 국가발전개혁위원회 공식 발표 자료.
- AI for Science 플랫폼: 중국과학기술부 및 베이징 중관춘 전시관 자료.
- 샤오미 타이탄 합금 개발 사례: 샤오미 전기차 기술 발표 자료, 2024-2025.
- 바이두 아폴로 로보택시 운영 현황: 바이두 아폴로 플랫폼 공식 데이터, 2025.
- CATL 닝더 공장 등대공장 사례: 세계경제포럼(WEF) 등대공장 리포트.
- 중관춘 생태계 현황: 베이징 중관춘 관리위원회 공식 자료.
- 센스타임(SenseTime), 메그비(Megvii) 성장 사례: 각 기업 공식 연혁 및 업계 보고서.
- 화웨이 어센드 AI 칩 전략 및 CloudMatrix384 시스템: 화웨이 커넥트 2025 발표 자료 및 공식 기술 문서.
- 중국 AI 반도체 생태계 현황: 중국 반도체 산업 분석 보고서, 2024-2025.
- 알리바바 퉁이첸원(Qwen) 모델: 알리바바 클라우드 공식 발표 자료.
- 바이트댄스(틱톡 그룹) AI 전략: 바이트댄스 기업 보고서 및 언론 보도.
- 한국 『AI 기본법』: 대한민국 국회 입법 자료, 2024.

"

- 한국 반도체 금융 지원 패키지: 대한민국 정부 경제정책 발표 자료, 2024.
- AI 3대 강국 도약 비전: 대한민국 정부 국정과제 발표 자료.
- AI 대전환 15대 선도 프로젝트: 과학기술정보통신부 정책 자료.
- 초혁신 경제 및 국민성장펀드: 대한민국 정부 경제정책방향 발표 자료, 2024-2025.
- 한국 제조업 AI 적용 사례: 삼성전자, 현대자동차 기술 보고서.
- 한국 의료 AI 현황: 보건복지부 및 식품의약품안전처 자료.
- 한국 로봇 산업 현황: 현대로보틱스, 두산로보틱스, 레인보우로보틱스 기업 자료.
- HBM 및 AI 반도체 기술: 삼성전자, SK하이닉스 기술 발표 자료.
- 한국 데이터 규제 및 샌드박스: 개인정보보호위원회, 금융위원회 자료.
- 한국 AI 인재 정책: 과학기술정보통신부 인재양성 정책 자료.
- 중국 SMIC, YMTC 성장 현황: 반도체 산업 분석 보고서, 2024.
- 미·중 기술 패권 경쟁: 국제정치 및 기술정책 분석 자료.
- 中, AI 산업 발전을 위한 정책 지원 및 윤리적 거버넌스 강화(중국전문가포럼(CSF)-네이버블로그).
- 中 AI 산업의 한계…경직된 주입식 교육제도(글로벌이코노믹).
- "중국의 인공지능 기술 자립 전략: 칩부터 대형언어모델까지"(인천연구원).
- Qwen2.5 Max:DeepSeek-V3를 앞선 알리바바의 대규모 MoE 모델(Tistory).
- 중국산 AI 모델 파헤치기: Kimi K2, DeepSeek-R1, Qwen3(+Coder), GLM-4.5 (튜링포스트코리아).
- 대형 언어 모델, 뭐가 다를까? GPT부터 DeepSeek, Qwen까지 최신 LLM 아키텍처 완전 정리 (Tistory).
- DeepSeek-R1 기술 분석(한컴테크).
- DeepSeek(V3, R1) 논문을 보면서 기술적인 부분 알아보기(Tistory).
- 글로벌 AI 패권 경쟁: 중국 동향과 시사점(KISTEP).
- 中 2025년 AI 투자 980억 달러 돌파 전망…美와 AI 전쟁 가속(디지털투데이).
- 정책동향(KOSTEC 한중과학기술협력센터).
- AI 공룡 키운 中…정부가 불 붙이고 민간이 혁신 주도(한국경제).
- 생성형 인공지능에 관한 중국의 규제 및 주요이슈에 관한 분석(한국정치정보학회).
- 미국 중국 AI 경쟁력 비교 및 한국의 대응 전략(KPMG International).

제조
- UN Statistics Division, World Bank(2024), 「글로벌 제조업 생산 점유율 통계」.
- 중국 해관총서, JATO Dynamics(2023), 「2023년 중국 자동차 수출 실적」.
- Apple(2024), 「Apple Supplier List」.

- Nikkei Asia(2023),「Foxconn's Zhengzhou hub assembles about 60% of iPhones worldwide」.
- BBC(2023),「Inside Foxconn's Zhengzhou iPhone factory」.
- JATO Dynamics(2025),「BYD overtakes Tesla in some European markets」.
- CleanTechnica(2025),「BYD's EV sales in Europe」.
- 각국 자동차등록청(KBA 독일, OFV 노르웨이, BIL 스웨덴, 2024-2025),「EV 월간 신규 등록 통계」.
- Roots Analysis(2024),「Quadruped Robot Market Forecast 2024-2030」.
- Zhiyan Consulting(2024),「全球四足机器人市场分析2024」.
- Unitree Robotics(2025),「기업 발표자료」.
- 중국 과기부, 국무원(2024),「국가급 하이테크 산업개발구 및 인증기업 통계」.
- 신화사, 국무원(2025),「초장기 특별국채 발행 계획 및 정책 자료」.
- 중국 재정부(2024),「재정정책 공식 자료」.
- CAICT(2024),「2023~2024년 중국 스마트폰 시장 출하량 및 5G 보급 현황 자료」.
- Counterpoint Research(2025),「중국 스마트폰 점유율: 분기별 데이터 및 시장 판도 분석」.
- KOTRA(2024),「2024년 중국 스마트폰 시장 신제품 출시 동향 및 최신 트렌드」.
- IDC China(2025),「2025년 중국 스마트폰 시장 10대 통찰」.
- ZDNet Korea(2024), "중국 스마트폰 시장, 토종이 5위권 석권".
- 매일경제(2025), "화웨이 1위, 애플은 5위 中 시장 지각변동".
- 브랜드별 공식 발표 자료와 주요 IT 전문 매체 기사 분석(2024-2025년 상반기 기준).
- National Energy Administration of China(2025),「2025년 8월 기준 중국 전기차 충전 인프라 통계 발표」, 인민망 한국어판, 2025년 9월 19일.
- International Energy Agency(2025),「Global EV Outlook 2025 – Trends in electric car markets」(전 세계 전기차 판매 및 중국 비중 통계).
- SNE Research(2025),「2025년 1~6월 글로벌 전기차용 배터리 사용량 및 시장점유율」(CATL 37.5%, BYD 17.8% 점유율 통계).
- Autovista24(2025.2.25),「Which brand won the battle for China's EV market?」(2024년 중국 전기차 판매량 및 BYD 시장점유율).
- Bloomberg News(2025),「Analysis Reveals BYD's Hidden Debt Reaches 323 Billion Yuan」, based on GMT Research report, January 10, 2025(BYD 부채 추정).
- Caixin Global(2025.5.23),「In Depth: Foreign Carmakers Tap Local Expertise to Regain China Market Share」(2020~2024년 중국 자국 브랜드 점유율 상승 및 해외 기업 대응).
- Sergio Gevatschnaider(2025.3.24),「The Car as Code: China, AI, and the New Architecture of Automotive Power」 Medium(소프트웨어 정의 자동차와 기술 통합에 대한 분석).

- NIO Inc.(2023),「5nm 공정 기반 자체 개발 자율주행 칩 'Shenji NX9031' 공개 및 양산 적용」, Nio Day 2023 공식 발표(NIO 전략).
- CarNewsChina(2024),「Xiaomi SU7 deliveries reached 130,000 units, completing the full-year goal」(샤오미 판매 통계).
- Teslarati(2024),「Xiaomi receives 88,898 SU7 orders in 24 hours」(샤오미 판매 통계).
- S&P Global Autotech Insight(2024),「Xiaomi Boosts Sales Target To 130,000 Units This Year」(샤오미 판매 통계).
- Gasgoo(2025.1.7),「NIO so far deploys over 3,000 battery swapping stations in China」(니오 중국 내 배터리 교환소 3,000기 달성 및 고속도로망 구축 현황).
- Henrik Bork(2024.10.18),「Profiteers of the autonomous driving boom – Horizon Robotics is soaring...」All About Industries(호라이즌 로보틱스 채택 현황 및 기술 우위).
- Reuters(2025.6.5),「China's Didi Q1 revenue rises 8.5% as recovery gains pace」(디디추싱 2025년 1분기 실적 및 규제 리스크 해소 동향).
- Pandaily(2025.1.20),「Didi Launches Overseas Aggregated Travel Services, International Business Profitable」(디디추싱 해외 8개국 서비스 개시 및 멕시코시티 배달 시장 50% 점유, 해외 금융 사업 규모).
- Gasgoo(2025.5.21),「Baidu's Apollo Go surpasses 11 million rides, expands global fleet to over 1,000 driverless vehicles」(Apollo Go 누적 운행 1,100만 건 돌파 및 차량 대수 통계).
- CBT News(2025.6.2),「Waymo hits 10M driverless rides, eyes expansion across U.S.」(웨이모 완전 자율주행 로보택시 누적 1,000만 건 운행 달성 관련 보도).
- Reuters(2025.6.20),「Tesla invites select few to Texas robotaxi trial with front seat safety monitors」(테슬라 텍사스 로보택시 파일럿 운행 및 안전 모니터 동승 시범 관련 보도).
- Reuters(2023.4.26),「Pony.ai gets permit for driverless robotaxi services in China's Guangzhou」(포니.ai 광저우 완전 무인 로보택시 서비스 허가 관련 보도).
- EHang Holdings Ltd.(2023.10.12),「EHang Successfully Obtains Type Certificate for EH216-S eVTOL Aircraft from CAAC」(이항 EH216-S 세계 최초 무인 eVTOL 기체 형식증명 획득 관련 보도).
- Aviation International News(2025.7.21),「AutoFlight's V2000CG Clinches Airworthiness Certificate」(오토플라이트 V2000CG 형식증명 및 감항 인증 획득 관련).
- Dao Insights(2025.2.4),「Delivery drones: Meituan and competitors expand presence」(메이투안 드론 배송 노선 확대 및 SF/JD 드론 운용 현황).
- Zhou, Weihuan & Gao, Henry(2024.9.16),「Major economies are taking aim at China's EV industry」World Economic Forum(미국·EU 등 주요국의 중국산 전기차 견제 정책 분석).

- Reuters 특별기획(2025.9.17), 「China is sending its world-beating auto industry into a tailspin」(중국 자동차 산업의 과잉 생산 및 가격 경쟁 실태 분석).
- 산업조사실(2025), 「중국 휴머노이드 로봇 트렌드와 지원 정책」.
- 한국무역협회 베이징지부(2025), 「중국 로봇시장 4,000억 위안 돌파 전망」.
- Information Technology & Innovation Foundation(2024), How Innovative Is China in the Robotics Industry?
- ORCA(2025), China's Robot Revolution.
- MERICS(2025), China's "AI+" Drive and the Future of Robotics.
- 삼성자산운용(2025), 「다시 떠오르는 중국, 그 중심에는 '차이나 AI 테크주'와 '휴머노이드'가 있다」.
- 한국경제(2025), "中 로봇 스타트업에 '뭉칫돈'…6개월 만에 4조5000억 몰렸다".
- YTN(2024), "'중국판 머스크' 출사표…휴머노이드 춘추전국".
- KIEP 중국전문가포럼(2025), 「中 로봇 생태계 급성장과 투자 러시」.
- KIPOST(2024), 「CATL, 휴머노이드 로봇 회사 갈봇(Galbot) 투자」.
- 미래에셋증권(2025), 「AI·로봇·자율주행으로 미래 여는 중국」.
- The Robot Report(2025), Galbot Picks Up $153M to Commercialize Semi-Humanoid Robots.
- KIEP 중국전문가포럼(2025), 「중국 로봇 생태계 급성장과 구조적 리스크」.
- 산업연구원(2024), 「로봇산업 동향 보고서」.
- 서울신문(2025), "중국 트렌드 2026".
- 지디넷코리아(2025), "로봇 감속기 성능평가장치 개발…국내 기술 자립 신호탄".
- 이데일리(2025), "국산 기술 로봇 감속기, '가성비'로 글로벌 승부수".
- MERICS(2025), China's Robotics Strategy: Risks and Global Reactions.

금융

- Bain & Company(2025), 「Greater China private equity market saw modest recovery in 2024」.
- BDA Partners(2023), 「China Private Equity Report 2023」.
- CSF 중국전문가포럼(2023), 「얼어붙은 中 사모펀드 시장」.
- EY(2023), 「Overview of China outbound investment of 2022」.
- Global SWF(2024), Data cited by South China Morning Post and HKTDC on Middle East SWF investments.
- GlobalData(2025), 「VC funding in China shrinks 21.7% to $35.2 billion in 2024」.

- International Federation of Robotics(2025),「World Robotics 2024 Report」.
- JD Capital Official Website,「Investment Cases and News」.
- KPMG(2025),「2024 global VC investment rises to $368 billion」.
- Mergermarket(2025),「Asia private equity fundraising hits 12-year low in 2024」.
- Preqin(2023),「Private Equity and Venture Capital in Greater China 2023: Preqin Territory Guide」.
- PwC(2022),「Mainland China TMT M&A 2022 mid-year review and outlook」.
- S&P Global Market Intelligence(2024),「Private equity investment in China in 5-year decline」.
- Tracxn,「Moonshot AI Funding Rounds」.
- TrendForce(2025),「China's "Big Fund III" Invested RMB 450 Million in Semiconductor Equipment」.
- 디 이코노미(2023),「미·중 갈등 장기화에 흔들리는 중국 PE 시장」.
- 한국경제(2024), "요즘 누가 중국에 투자하나요…나락 떨어진 이유 있었다".
- Melody Yang & Alan Tang(2025), "Evolvement of programme trading regulation in China", AIMA Journal, June 23, 2025.
- Reuters(2024), "China plans higher transaction fees for high-frequency trading", June 7, 2024.
- Reuters(2024), "China's 'quant' funds conform as regulators crack down after crash", March 15, 2024.
- Reuters(2024), "China restricts quant fund Lingjun in effort to boost market", February 21, 2024.
- Zichen Wang(Pekingnology)(2025), "CEO of DeepSeek's parent, High-Flyer Quant, spoke in 2020", January 27, 2025.
- South China Morning Post(Bloomberg)(2024), "'Quant quake': China stock market rout mirrors 2007 US meltdown", Feb 22, 2024.
- FX News Group(2025), "Doo Group inks MoU with Alibaba Cloud to jointly build a new fintech ecosystem", July 15, 2025.
- Shanghai Stock Exchange(2023), "SSE Formally Launches the 4th Generation Trading Supervision System", SSE News Release, 2023.
- KCMI 자본시장연구원(2024),「전자거래 확산에 따른 글로벌 외환시장의 구조적 변화와 시사점」, 2024. 12. 26.

럭셔리

- EDHEC Business School(2024),「Luxury consumption in China: a story of dynamic transformation」.
- Bain & Company(2022),「A Year of Contrasts for China's Growing Personal Luxury Market」.
- Bain & Company(2023),「China Luxury Report 2023」.
- China Briefing(2023),「Exploring China's Luxury Market: Emerging Trends and Prospects」.
- RetailAsia(2024),「China's luxury market declines 18%-20% in 2024 amid reopening」.
- Deloitte China(2023),「Douyin Luxury Industry White Paper 2023」.
- Daxue Consulting(2025),「Quiet Luxury in China: A refined twist on a Western fashion trend」.
- China Briefing(2022),「Sustainable Fashion in China: An Emerging Trend in the Apparel Industry」.
- Wallpaper*(2025),「Louis Vuitton launches The Louis in Shanghai」.
- Luxus+(2023),「Chanel extends its VIP boutiques to Shenzhen and Guangzhou」.
- British Vogue(2017),「Exclusive: Inside Shanghai's Hermès Club」.
- China Daily(2024),「Louis Vuitton unveils four pop-up spaces in Beijing」.

Contents

- 한국콘텐츠진흥원(2025),「CICAF를 통해 본 중국 애니메이션 시장 트렌드」.
- 한국콘텐츠진흥원(2025),「중국 콘텐츠산업 2025 상반기 방송·게임·영화의 흐름」.
- 한국콘텐츠진흥원(2025),「IP 확장 중심의 중국 서브컬처 산업 동향」.
- 한국콘텐츠진흥원(2025),「중국 OTT 시장 현황 및 주요 플랫폼의 글로벌 진출 전략 분석」.
- 문화체육관광부(2024),「2024 콘텐츠산업백서 연차보고서」.
- 한국콘텐츠진흥원(2025),「2025년 2분기 콘텐츠산업 동향분석 보고서」.
- 한국콘텐츠진흥원(2025),「중국 웹소설 IP 발전 현황과 성공사례」.
- 한국콘텐츠진흥원(2025),「라부부 열풍을 통해 본 중국 라이선스 IP 시장」.
- 한국콘텐츠진흥원(2025),「중국 콘텐츠산업 정책과 저작권, 무엇이 달라졌나」.
- 한국콘텐츠진흥원(2025),「감성 소비자를 잡아라! 중국 문화 소비 트렌드 총정리」.
- Xinhua News(2023),「《哪吒2》登顶全球影史单一市场票房榜」.
- Sina News(2020),「电影《姜子牙》票房破16亿」
- 证券时报(Securities Times)(2023),「中文在线：拟收购国产头部IP罗小黑」.

- Prnewswire(2023), 「Bilibili Showcases Global Expansion Ambitions for Original Chinese Content at Asia TV Forum & Market」.
- Cartoon Brew(2020), 「'Scissor Seven' Becomes First Chinese Animated Series To Debut As A Netflix Original」.
- 腾讯广告(2020), 「2020腾讯二次元营销通案」.
- 第一财经(2024.7.5), 「我们研究了一下中国动漫游戏IP，这份报告够新、够好懂」.
- 新浪财经(2024.7.5), 「中国动漫游戏IP产业报告揭晓：IP是数字化时代核心驱动力」.
- China Daily(2020.7.7), 「前方高能预警！鹅厂超硬核二次元营销指南已上线」.
- 新浪科技(2020.7.9), 「平台角力二次元, 腾讯的支点在哪里？」.
- China Daily(2021.6.1), 「天音互动合作腾讯动漫, 寻找 IP 营销新玩法」.
- 艾瑞咨询(iResearch)(2022), 「中国社交媒体 ACGN 内容发展研究报告」.
- 中国经济网(2025.4.11), 「国产动画从崛起到突围的成功之路」.
- 21世纪经济报道(21jingji)(2025.8.26), 「为了这个6000亿的市场, 互联网大厂又'打起来'了」.
- 艾媒咨询(iiMedia)(2025), 「2025-2026年全球及中国动漫产业现状剖析及前景预判投资分析报告」.
- Octmedia 홈페이지(www.octmedia.com).
- www.imdb.com

HR

- Washington Post(2018), 「'피에 굶주린 늑대': 화웨이의 군대식 기업문화」.
- Reuters(2019), 「알리바바 마윈, '996 근무는 젊은이에게 축복' 발언」.
- Reuters(2021), 「중국 최고인민법원, '996 초과노동은 불법' 판결」.
- SCMP(South China Morning Post)(2021), 「바이트댄스, '1075 근무제' 도입 및 격주 토요일 근무 폐지」.
- Global Times(2021), 「텐센트 게임스튜디오, '저녁 9시 이후 근무 금지' 시행 화제」.
- Harvard Business Review(HBR)(2022), 「ByteDance는 어떻게 세계 최고 유니콘이 되었나: A/B 테스트와 데이터 기반 의사결정 문화」.
- London Business School(2019), 「텐센트의 위챗 사례로 본 내부 경마 전략」.
- Baiguan News(2023), 「핀둬둬의 극단적 성과주의와 271 평가제 운영 분석」.
- Ryan Financial Daily(2023), 「핀둬둬(PDD)의 사업전략과 조직문화 내부 분석」.
- Reuters(2023), 「알리바바, 24년 만에 6개 사업부 분할⋯"직원 모두 창업가처럼"」.
- The Wall Street Journal(WSJ)(2024), 「CATL의 초고강도 '896 근무제' 논란」.
- The Guardian(2022), 「'탕핑'과 '바이런': 과열 경쟁에 등 돌린 중국 젊은이들」.

- Financial Times(2025), 「딥시크(DeepSeek), 'AI 효율 경쟁'의 새로운 표준 제시」.
- Reuters(2021), 「시진핑, '공동부유(Common Prosperity)' 정책 통해 빅테크 규제 강화」.
- The China Project(2021), 「ByteDance·Tencent, 주말근무 폐지 및 퇴근 장려로 번아웃 완화 시도」.
- HiredChina(2025), 「중국 반도체 인력 영입 전략: 글로벌 인재 전쟁의 최전선」.
- 한국경제(2024), "韓 핵심두뇌 유출 1위…中의 11배".
- 한국경제(2025), "서울대 이공계 석·박사 '미달'…한국 '연구 허리'가 무너진다".
- Digitimes(2023), "China's semiconductor talent supply faces structural imbalance".
- Taipei Times(2022), "GigaDevice 불법 인재 스카우트로 대만 당국 수사".
- Taipei Times(2015), "중국 LED 기업의 대만 인재 포섭과 타이완의 대응".
- 电子工程专辑(2021), 「中芯国际, 핵심 인재 붙잡기 위해 4,000명 대상 주식 인센티브」.
- 배진건(2025), 「딥시크 충격으로 되돌아본 중국 과학기술 인재정책과 패권 경쟁」, 한국과학기술단체총연합회.
- 韓國經濟新聞(2025), 「우리가 몰랐던 중국: "미국 내 AI 인재, 절반이 중국인"」.
- Bloomberg Opinion(2024), 「반도체 산업의 여성 인력 부족과 글로벌 혁신 과제」.
- China Briefing(2021), 「996 근무제 불법 판결: 변화하는 중국 노동환경」.
- Daxue Consulting(2023), 「중국 MZ세대와 996 근무 문화의 변화」.
- SemiMedia(2024), 「Tongfu Microelectronics, AMD와의 협력으로 글로벌 공급망 진입」.
- 경제·인문사회연구회 중국종합연구 협동연구총서(2019), 「과학기술분야 여성인력양성에 대한 한·중 실태 분석 연구」.
- National Center for Science and Engineering Statistics(2023), 「Most U.S.-Trained Science and Engineering Doctorate Recipients on Temporary Visas Remain in the U.S.」.
- 중국 GDP 연간 성장률(2026), 「1989-2025 데이터 및 2026-2027 예상」.
- MERICS(2024), 「Where China Stands in the Global Race for Talent」.
- China Daily(2024), 「Race for AI Talent Heats Up Amid Demand」.
- Chatham House(2024), 「Workplace AI in China: From Hiring to Firing」.
- Reuters(2025), 「China Tries to Call Time on Its '996' Culture of Long Hours」.
- China Briefing(2025), 「Navigating China's Evolving Labor Market in 2025」.
- HiredChina(2025), 「China's AI Employment Boom 2025: High-Salary Benchmarks, In-Demand Skills, and Visa Policies」.
- HROne(2025), 「AI Hiring in China: A Game-Changer for Modern Recruitment」.
- 대한상공회의소(2024), 「한국의 고급인력 해외유출(brain drain) 현상의 경제적 영향과 대응방안」.

- 과학기술정보통신부(2026), 「2026년도 국가연구개발 투자방향 및 기준(안)」.
- CSET(2020), 「Chinese Talent Program Tracker」.
- Willis Towers Watson(2024), 「Salary Budget Planning Report: Mainland China 2024–2025」.
- Business Standard(2025), 「No More 70 Hour Work Weeks? China Clamps Down on 996 Overtime Culture」.
- KISTEP(2025), 「제4차 과학기술인재 육성·지원 기본계획('21~'25) '25년 시행계획 및 제5차 기본계획 수립 사전 연구」.

차이나 비즈니스 트렌드 2026

초판 1쇄 발행 2025년 12월 29일

지은이 이선민, 권재현, 문고운, 박철용, 박훈종, 안현웅,
　　　　엄운현, 우아파파, 이충섭, 최영진, 최현길, Bruce

책임편집 이현은　**편집** 김민경　**디자인** 정승현
제작·마케팅 이태훈　**경영지원** 김도하　**인쇄·제본** 재영P&B

펴낸곳 주식회사 잇담
펴낸이 임정원
주소 서울특별시 강남구 언주로 93길, 28-2, 상아빌딩 4층
대표전화 070-4411-9995
이메일 itdambooks@itdam.co.kr
인스타그램 @itdambooks

ISBN 979-11-94773-11-5 03320